城市道路设计与工程施工研究

王锋元　靳　伟　吴学院◎著

经济日报出版社

北京

图书在版编目（ＣＩＰ）数据

城市道路设计与工程施工研究 / 王锋元，靳伟，吴
学院著. -- 北京 ：经济日报出版社，2025.3
ISBN 978-7-5196-1485-0

Ⅰ．①城… Ⅱ．①王… ②靳… ③吴… Ⅲ．①城市道
路－设计－研究②城市道路－道路施工－研究 Ⅳ.
①U412.37②U415

中国国家版本馆 CIP 数据核字(2024)第 088582 号

城市道路设计与工程施工研究

CHENGSHI DAOLU SHEJI YU GONGCHENG SHIGONG YANJIU

王锋元　靳　伟　吴学院　著

出版发行 *经济日报* 出版社

地　　址：北京市西城区白纸坊东街 2 号院 6 号楼

邮　　编：100054

经　　销：全国各地新华书店

印　　刷：廊坊市博林印务有限公司

开　　本：710mm×1000mm　1/16

印　　张：15

字　　数：235 千字

版　　次：2025 年 3 月第 1 版

印　　次：2025 年 3 月第 1 次印刷

定　　价：78.00 元

前言

　　道路建设作为城市的基础建设内容之一，关系着大众出行的安全，影响着城市的交通运输和城市化进程。城市道路涉及多方面的知识和内容，内部影响因素有很多，需要全面提高设计能力，保证城市交通运输的基本功能，为人们提供优质的生活物质条件。同时，还要体现城市风情地貌。因此，一个城市的道路设计和施工质量是影响城市化建设的关键。

　　本书以城市道路设计与工程施工为研究方向，从城市道路设计基础知识入手，对城市道路设计、城市道路景观设计、城市道路系统可持续发展规划设计等城市道路设计内容做系统分析，对城市道路工程施工技术、城市道路排水（雨污）工程施工技术进行了探讨，具有实用性、综合性，希望能够给从事相关行业的读者参考和借鉴。

　　作者在写作本书的过程中，参考了相关学术文献，得到许多专家学者的帮助，在此表示真诚的感谢。由于作者水平有限，书中难免有不足之处，恳请读者朋友批评指正。

王锋元　靳伟　吴学院

2024 年 9 月

目　录

第一章
城市道路设计基础知识

第一节　城市道路工程概述

一、城市道路工程的定义和特点

（一）城市道路工程概述

1. 城市道路的定义

城市道路是指城市供车辆、行人通行的，具备一定技术条件的道路、桥梁及其附属设施。

2. 城市道路的要求

现代的城市道路是城市总体规划的主要组成部分，它关系到整个城市的有机活动。为了适应城市的人流、车流顺利运行，城市道路要具备以下要求：①适当的路幅以容纳繁重的交通；②坚固耐久、平整抗滑的路面以利于车辆安全、舒适、迅捷地行驶；③少扬尘、少噪声以利于环境卫生；④便利的排水设施以便将雨雪水及时排除；⑤充分的照明设施以利于居民晚间活动和车辆运行；⑥道路两侧要设置足够宽的人行道、绿化带、地上杆线、地下管线。

此外，城市道路还应针对地震、火灾等灾害提供隔离地带、避难处所和抢救通道（地下部分并可作人防之用）；为城市绿化、美化提供场地，配合城市重要公共建筑物前庭布置；为城市环境需要的光照通风提供空间；为市民散步、休息和体育锻炼提供方便。

3. 城市道路发展的展望

随着汽车工业的发展，各国汽车保有量飞速增加，各国城市道路为适应汽车交通的需要，在数量上有大幅度增长，在质量上有大幅度提高，如世界大都市伦敦、巴黎、柏林、莫斯科、纽约、东京等，均建有完善的道路网为汽车交通运输服务，其他各国的城市道路也均有不同程度的发展。

但是由于城市的发展、人口的集中，各种交通工具大量增加，城市交通日益拥挤，公共汽车行驶速度缓慢，道路堵塞，交通事故频发，人民生活环境遭到废气、噪声的严重污染。解决日益严重的城市交通问题已成为当前重要课题。已开始实施或正在研究的措施有：①改建地面现有道路系统，增辟城市高速干道、干路、环路以疏导、分散过境交通及市内交通，减轻城市中心区交通压力，以改善地面交通状况；②建设地上高架道路与路堑式地下道路，供高速车辆行驶，减少地面交通的互相干扰；③研制新型交通工具，如气垫车、电动汽车、太阳能汽车等速度快、运量大的车辆，以加快运输速度和增加运量；④加强交通组织管理，如利用电子计算机建立控制中心，研制自动调度公共交通的电子调度系统、广泛采用绿波交通（汽车按规定的速度行驶至每个平交路口时，均遇绿灯，不需停车而连续通过）、实行公共交通优先等；⑤开展交通流理论研究，采用新交通观测仪器以研究解决日益严重的交通问题。

（二）城市道路工程的特点

1. 准备期短，开工急

城市道路工程通常由政府出资建设，出于减少工程建设对城市日常生活干扰的考虑，对施工周期的要求十分严格，工程只能提前完成，不准推后。因此施工单位往往根据工期，倒排进度计划，难免缺乏周密性。

2. 施工场地狭窄，动迁量大

由于城市道路工程一般是在市内的大街小巷进行施工，场地狭窄，常常影响施工路段的环境和交通，给市民的生活和生产带来了不便，也增加了工程进度控制、质量控制的难度。

3. 地下管线复杂

城市道路工程建设实施中，经常遇到供热、给水、煤气、电力、电信等管线位置不明的情况，若盲目施工极有可能挖断管线，造成重大的经济损失和严重的社会影响。同时也会对道路工程进度带来负面影响，增加额外的投资费用。

4. 原材料投资大

城市道路工程材料使用量大，在工程造价中，所占比例达到50%左右，如何合理选材，是工程监理工作质量控制的重要环节。施工现场的分布，运距的远近都是材料选择的重要依据。

5. 质量控制难度大

在城市道路的施工过程中，往往会出现片面追求施工进度，不求质量，只讲施工方效益的情况，给施工监理工作带来了很大困难。

6. 地质条件影响大

城市道路工程中的雨水、污水排水工程，往往受施工现场地质条件的影响，如遇现场地下水位高就需要采取井点降水或深井降水措施，待水位降至符合施工条件时，才能组织沟槽的开挖；如管道埋设深、土质差，还需要做沟槽边坡支护，方能保证正常施工。

二、城市道路的功能、组成和特点

（一）城市道路的功能

道路是供各种车辆和行人等通行的工程设施。按其所处位置、交通性质、使用特点分为公路、城市道路、厂矿道路、林区道路及乡村道路等。它主要承受车辆荷载的重复作用和经受各种自然因素的长期影响。根据功能特点，道路分为两大类：公路与城市道路。位于城市郊区及城市以外、连接城市与乡村，主要供汽车行驶的具备一定技术条件和设施的道路，称为公路。而在城市范围内，供车辆及行人通行的具备一定技术条件和设施的道路，称为城市道路。

作为一定地域内政治、经济和文化中心的城市，对外交通是在与它周围地区（空间）进行密切联系的过程中存在的。一个城市对外交通的运输是促使这个城市形成、发展的重要条件，也是构成城市的主要物质要素。城市对外交通的方式是多种多样的。例如航空、水运、铁路等。而道路是"面"的交通运输，它比"点"和"线"的交通运输方式具有更高的机动灵活性，能够深入到各个领域和角落。

在城市里，道路交通的运输功能更加明显。以汽车为主要工具的道路运输，无论在时间上还是地区上几乎随意运行。一方面，在货物品种、运输地段、运距以及包装形式等方面有较高的机动、迅速、准确、直接到位的特点；另一方面，随着人们生活方式的变化，还体现出快捷、舒适、直达家门、尊重私人生活等优点。

道路按空间论，有四种功能：一是把城市的各个不同功能组成部分，例如市中心区、工业区、居住区、机场、码头、车站、货物站、公园、体育场（馆）等，通过城市道路连接起来的连通功能；二是把不同的区域，按用地分区，使其形成具有不同使用要求的区划功能；三是敷设各种设施的容纳功能；四是由城市道路网构成的美化城市功能。把这些功能有机地组合，道路空间便有多种作用。按道路空间的作用可分为四种空间：交通空间、环境空间、服务设施的容纳空间和防灾空间。

城市的各个功能组成部分通过道路的连接，形成城市道路网（包括快速路、主干路、次干路和支路），构成统一的有机体，表现城市建筑各个方位的立面以及建筑群体之间组合的艺术。建筑这种"凝固的诗"通过在道路上律动的视点，变为"有节奏的乐章"，可以使人获得丰富而生动的环境感受。因此，城市道路在承担最基本的交通运输任务以外，还成为反映城市面貌与建筑风格的手段之一。

（二）城市道路的分类

城市道路的功能是综合性的，为发挥其不同功能，保证城市中的生产、生活正常进行，交通运输经济合理，应对道路进行科学的分类。

分类方法有多种形式：根据道路在城市规划道路系统中所处的地位划分为快速路主干路、次干路及支路；根据道路对交通运输所起的作用分为全市性道路、区域性道路、环路、放射路、过境道路等；根据道路承担的主要运输性质分为客运道路、货运道路、客货运道路等；根据道路所处环境划分为中心区道路、工业区道路、仓库区道路、文教区道路、行政区道路、住宅区道路、风景游览区道路、文化娱乐性道路、科技卫生性道路、生活性道路、火车站道路、游览性道路、林荫路等。以上各种分类方法，主要是发挥道路在交通运输方面的功能。

1. 快速路

快速路完全为交通功能服务，是解决城市大容量、长距离、快速交通需要的主要道路。快速路要有平顺的线形，与一般道路分开，使汽车交通安全、通畅和舒适。与交通量大的干路相交时应采用立体交叉，与交通量小的支路相交时可采用平面交叉，但要有控制交通的措施。两侧有非机动车时，必须设完整的分隔带。横过车行道时，需经有控制的交叉路口或地道、天桥。

2. 主干路

主干路为连接城市各主要分区的干路，是城市道路网的主要骨架，以交通功能为主。主干路上的交通要保证一定的行车速度，故应根据交通量的大小设置相应宽度的车行道，以供车辆通畅地行驶。线形应顺捷，交叉口应尽可能少，以减少相交道路上车辆进出的干扰，平面交叉要有控制交通的措施，交通量超过平面交叉口的通行能力时，可根据规划采用立体交叉。机动车道与非机动车道应用隔离带分开，交通量大的主干路上的快速机动车如小客车等也应与速度较慢的卡车、公共汽车等分道行驶。主干路两侧应有适当宽度的人行道，并严格控制行人横穿主干路。主干路两侧不宜建设吸引大量人流、车流的公共建筑物，如剧院、体育馆、大商场、医院等。

3. 次干路

次干路是一个区域内的主要道路，是一般交通道路兼有服务功能，配合主干路共同组成干路网，起广泛联系城市各部分与集散交通的作用，一般情况下快慢车混合行驶。条件许可时也可另设非机动车道。道路两侧应设人行道，可设置吸引人流的公共建筑物。

4. 支路

支路为次干路联系各居住小区的连接线路。为解决局部地区交通，直接与两侧建筑物出入口相接，以服务功能为主，也起集散交通的作用，两旁可有人行道，也可有商业性建筑。

（三）城市道路路面的分类

城市道路路面按照以下方式分类。

1. 按结构强度分类

（1）高级路面

路面强度高、刚度大、稳定性好是高级路面的特点。它使用年限长，适应繁重交通量，且路面平整、车速高、运输成本低、建设投资高、养护费用少，适用于城市快速路、主干路。

（2）次高级路面

路面强度、刚度、稳定性、使用寿命、车辆行驶速度、适应交通量等均低于高级路面，但是维修、养护、运输成本较高，城市次干路、支路可采用。

2. 按力学特性分类

（1）柔性路面

在荷载作用下产生的弯沉变形较大、抗弯强度小。在反复荷载作用下产生累积变形，它的破坏取决于极限垂直变形和弯拉应变。柔性路面主要代表是各种沥青类路面。

（2）刚性路面

在行车荷载作用下产生板体作用。抗弯拉强度大，弯沉变形很小，呈现出较大的刚性，它的破坏取决于极限弯拉强度。刚性路面主要代表是水泥混凝土路面。

（四）路基与路面的性能要求

城市道路由路基和路面构成。路基是在地表按道路的线形（位置）和断面（几何尺寸）的要求开挖或堆填而成的岩土结构物。路面是在路基顶面的行车部分用不同粒料或混合料铺筑而成的层状结构物。

1. 路基的性能要求

路基既为车辆在道路上行驶提供基本条件，也是道路的支撑结构物，对路面的使用性能有重要影响。对路基性能要求的主要指标有：

（1）整体稳定性

在地表上开挖或填筑路基，必然会改变原地层（土层或岩层）的受力状态。原先处于稳定状态的地层，有可能由于填筑或开挖而引起不平衡导致路基失稳。软土地层上填筑高路堤产生的填土附加荷载如超出了软土地基的承载力，就会造成路堤沉陷；在山坡上开挖深路堑使上侧坡体失去支撑，有可能造成坡体坍塌破坏。在不稳定的地层上填筑或开挖路基会加剧滑坡或坍塌。因此，必须保证路基在不利的环境（地质、水文或气候）下具有足够的整体稳定性，以发挥路基在道路结构中的强力承载作用。

（2）变形量

路基及其下承的地基，在自重和车辆荷载作用下会产生变形，如地基软弱填土过分疏松或潮湿时，所产生的沉陷或固结、不均匀变形，会导致路面出现过量的变形和应力增大，促使路面过早被破坏并影响汽车行驶舒适性。由此，必须尽量控制路基、地基的变形量，才能给路面以坚实的支撑。

2. 路面的使用要求

路面直接承受行车的作用。设置路面结构可以改善汽车的行驶条件，提高道路服务水平（包括舒适性和经济性），以满足汽车运输的要求。路面的使用要求指标是：

（1）平整度

平整的路面可减小车轮对路面的冲击力，行车产生的附加振动小，不会造成车辆颠簸，能提高行车速度和舒适性，不增加运输费用。依靠优质的施工机具、精细的施工工艺、严格的施工质量控制及经常、及时的维修养护，可实现路面的高平整度。为减缓路面平整度的衰变速率，应重视路面结构及面层材料的强度和抗变形能力。

（2）承载能力

当车辆荷载作用在路面上，会使路面结构内产生应力和应变，如果路面结构整体或某一结构层的强度或抗变形能力不足以抵抗这些应力和应变时，路面便会出现开裂或变形（沉陷、车辙等），降低其服务水平。路面结构暴露在大气中，受到温度和湿度的周期性影响，也会使其承载能力下降。路面在长期使用中会出现疲劳损坏和塑性累积变形，需要维修养护，但频繁维修养护势必会干扰正常的交通运营。为此，路面必须满足设计年限的使用需要，具有足够抗疲劳损坏和塑性变形的能力，即具备相当高的强度和刚度。

（3）温度稳定性

路面材料特别是表面层材料，长期受到水文、温度、大气因素的作用，材料强度会下降，材料性状会变化，如沥青面层老化，弹性—黏性—塑性逐渐丧失，最终路况恶化，导致车辆运行质量下降。为此，路面必须保持较高的稳定性，即具有较低的温度、湿度敏感性。

（4）抗滑能力

光滑的路面使车轮缺乏足够的附着力，汽车在雨雪天行驶或紧急制动或转弯时，车轮易产生空转或溜滑危险，极有可能造成交通事故。因此，路面应平整、密实、粗糙、耐磨，具有较大的摩擦系数和较强的抗滑能力。路面抗滑能力强，可缩短汽车的制动距离，降低发生交通安全事故的频率。

（5）不透水性

路面应具有不透水性，以防止水渗入道路结构层和土基，致使路面的使用功能丧失。

（6）噪声量

城市道路在使用过程中产生的交通噪声，使人们出行感到不舒适，居民生活质量下降。因此，城市区域应尽量使用低噪声路面，为打造谧静的社会环境创造条件。

第二节   道路设计的基础知识

一、道路设计的基本内容

道路设计可分为线形设计、结构设计以及交通工程设施设计。从某种技术角度讲，于道路而言，线形犹如其骨骼，结构犹如其肌肉，交通工程设施则像其各种器官。

（一）线形设计

工程设计首要解决的问题是设计图的制作，即如何将这个实体用设计图表达出来，道路设计也不例外。道路是在高低起伏的原地面上通过开挖或填筑的空间线形带状构筑物，不能像机械零件设计一样直接用主视图、俯视图和侧视图以及必要的剖面图表达。近一个世纪以来，人们仿照三视图表达实体设计的思想，将道路实体设计用其平面图、纵断面图和横断面图叠合表达，从而解决了道路设计图制作的问题。只要将道路平面、纵断面、横断面分别设计出来，道路实体就可以表达出来，设计方就能够制作出交付施工的设计文件，施工方也就能够按照设计意图将道路建造出来。

道路线形设计是确定道路线形空间位置和各部分几何尺寸的工作。在道路线形设计中，线形是指道路中线在空间的几何形状和尺寸。道路中线是一条三维空间曲线，由直线和曲线组成。道路线形设计是从平面线形、纵断面线形和横断面线形三个方面来研究的。

第一，道路平面图：道路中线在水平面上的投影为路线的平面。

第二，道路纵断面图：沿道路中线的竖向剖面图，再行展开即是路线的纵断面。

第三，道路横断面图：道路中线上任意一点的法向切面是道路在该点的横断面。

线形设计主要是对道路几何尺寸和外形形状的控制。体现安全、经济、舒适、美观、环保要求的道路是通过理论和实践相结合的合理设计来实现的。理论上需要探讨车辆、驾驶员、乘客与道路之间的关系，这些关系包括：确定尺寸——设计车辆；取定速度——设计速度；车的多少——交通量；路的容量——通行能力；自由程度——服务水平；行车轨迹——道路线形；视觉连续——行车视距；行车条件——行驶理论。

（二）结构设计

结构设计主要是根据道路使用条件和使用环境的要求，采用合理的结构层次和建筑材料，设计具有安全、稳定、耐久特征的"长寿命"构造物。结构设计需要探讨道路结构、道路材料在自然环境、车辆荷载、地质与水文条件下的物理、力学状态，使用性能发展规律、损坏模式和设计指标等。道路的结构组成包括路基、路面、桥涵、隧道、交叉工程、排水系统、防护工程等。

1. 路基

路基是按照道路平面位置和纵坡要求在原地面上开挖或堆填而成的具有一定断面形状的带状土质或石质构造物，它是道路这一线形建筑物的主体，又是路面的基础，承担由路面传来的行车荷载及各种自然因素的作用。

（1）路基横断面形式

由于地形的变化和填挖高度的不同，路基横断面也各不相同，典型的横断面形式有路堤、路堑、半填半挖三种。路堤是高于原地面的填方路基，路堑是低于原地面的挖方路基，半填半挖路基既有填方也有挖方。

（2）路基的基本要求

路基是道路的基础结构，既要保证车辆行驶的通畅和安全，又要具备支持路面承受行车荷载的能力，因此，路基必须满足以下基本要求。

①足够的强度和刚度。道路上的行车荷载通过路面传递给路基，对路基产生一定的压力，同时路基和路面自重也给予路基和地基一定压力。这些压力都可使路基产生一定的变形，破坏路基，影响路面的使用品质。因此，路基应有足够的强度和刚度，以保证在外力作用下，不产生超过允许范围的变形。

②足够的整体稳定性。路基是直接在地面上填筑或挖除一部分地面建成的。路基的修建改变了原地面的自然平衡状态。在工程地质不良的地区修建的路基加剧了原地面的不平衡状态，可能会引起路堑边坡坍塌和路堤下滑。为使路基具有抵抗自然因素侵蚀的能力，必须因地制宜地采取一定的技术措施，保证路基整体结构的稳定性。

③足够的水温稳定性。路基在地面水和地下水的作用下，其强度将显著降低。特别是在季节性冰冻地区，土在冻结过程中水分发生迁移和积聚，引起水温状况的变化，路基发生周期性的冻融循环，其强度急剧下降。因此，应保证路基在最不利的水温状况下，仍具有足够的强度，即要求路基具有足够的水温稳定性。

2. 路面

路面是由各种不同的材料，按一定厚度与宽度分层铺筑在路基顶面上的结构物，以供车辆直接在其表面上行驶。

（1）路面的结构组成

铺筑在路基顶面上的路面结构，是用各种材料分层铺筑而成。路面结构层主要由面层、基层和垫层组成。

①面层。面层是直接承受自然影响和行车荷载作用的层次。因此，它应具有足够抵抗车辆垂直、水平及冲击作用的能力和良好的水温稳定性，应耐磨不透

水，表面具有良好的抗滑性和平整度。

面层由两层或三层组成，分别称为上面层和下面层，或上面层、中面层和下面层。

修筑面层用的材料主要有水泥混凝土、沥青混凝土、混凝土块料以及级配碎石或砾石等。高等级公路一般采用沥青混凝土或水泥混凝土作为面层材料。

②基层。基层是位于面层之下，主要承受由面层传来的车轮荷载垂直压力，并把它向下一层次扩散分布的层次。设置基层可减小面层的厚度，所以基层应具有足够的抗压强度和扩散荷载的能力。车轮荷载水平力作用沿深度递减很快，对基层影响很小。虽然车轮不直接与基层接触，但基层应有平整的表面，以保证面层厚度均匀。基层与面层应结合良好，以提高路面结构整体强度，避免面层沿基层滑移推挤。基层不能阻止地下水和地表水侵入，当面层透水时，也不能阻止雨水侵入，所以基层应具有足够的水稳定性。

修筑基层用的材料主要有：碎（砾）石，天然砂砾，用石灰、水泥或沥青处治的土，用石灰、水泥或沥青处治的碎（砾）石，各种工业废渣（煤渣、矿渣、石灰渣等）与土、砂、石所组成的混合料，以及水泥混凝土等。

基层有时分两层铺筑，即上基层和底基层。修筑底基层所用材料的质量要求可较上基层低些。

③垫层。垫层是设置在基层与土基之间的层次，主要用来调节和改善路面结构的水温状况，减轻土基不均匀冻胀，隔断地下毛细水上升，排蓄基层或土基中多余的水分，阻止路基土挤入基层中，以保证路面结构的稳定性；它还能扩散由基层传来的车轮荷载垂直作用力，以减小土基的应力和变形。

修筑垫层所用的材料对强度要求不高，但水稳定性、隔热性和吸水性要好，常用材料有两种类型：一种是由松散颗粒材料组成，如用砂、砾石、炉渣、片石以及锥形块石等修成的透水性垫层；另一种是由整体性材料组成，如用石灰土、炉渣石灰土类修筑的稳定性垫层。

（2）路面的分类及特点

道路路面可分为沥青路面、水泥混凝土路面和砌块路面三大类。

①沥青路面。沥青路面是指铺筑沥青面层的路面。沥青路面在车辆荷载作用下所产生的弯沉变形较大，路面结构本身抗拉强度低，车辆荷载通过各结构层向

下传递到土基，使土基受到较大的单位压力，因而土基的强度、刚度和稳定性对路面结构整体强度和刚度有较大影响。沥青路面包括沥青混凝土路面、沥青贯入式路面和沥青表面处治等。沥青路面表面平整无接缝、柔性好、噪声小，具有明显的行车舒适性、耐磨性等优点，但受到沥青材料温敏性的限制，沥青面层结构的强度受温度变化影响较大。

②水泥混凝土路面。水泥混凝土路面是指铺筑水泥混凝土面层的路面。水泥混凝土的强度，特别是抗弯拉强度，比其他类型路面要高得多；它的弹性模量较其他类型路面也大得多，故呈现较大的刚性。水泥混凝土路面板在车辆荷载作用下的垂直变形极小，荷载通过混凝土板体的扩散分布作用传递到路基上的单位压力要比沥青路面小得多。水泥混凝土路面包括普通混凝土路面、钢筋混凝土路面、连续配筋混凝土路面、钢纤维混凝土路面。水泥混凝土路面刚度大，扩散荷载能力强，稳定性好，抗压、抗折性能好。其缺点是：接缝较多，噪声大，行车舒适性不佳；抗滑、表面耐磨性能的保持难度大。

③砌块路面。砌块路面是指用一定形状的石料或人工预制砌块铺筑面层的路面。砌块路面适用于支路、广场、停车场、人行道与步行街。砌块路面材料类型包括：天然石材，水泥混凝土预制砌块，地面砖，装饰用建筑砖和其他砌块材料，如木砌块、橡胶砌块以及其他特殊用途的砌块等。用于城市道路路面铺筑的砌块路面多为天然石材路面和混凝土预制块路面。

（3）路面的基本要求

车辆直接行驶于路面表面，路面的作用是能够担负车辆的载重而不被破坏，并能保证车辆有一定的行驶速度，全天候安全通车。对路面的基本要求如下。

①足够的强度、刚度和稳定性。路面应有足够的强度和刚度，以承受车辆荷载的作用，而不产生破坏路面的形变和磨损；应有足够的稳定性，在不利的自然因素（水、温度等）作用下，其变化幅度减少到最低限度。

②耐久性。路面因要承受车辆荷载和气候因素的重复作用，而逐渐出现疲劳损坏和塑性变形累积，以及因老化衰变而被破坏，从而导致养护工作量增大、路面寿命缩短。所以，路面必须经久耐用，具有较高的抗疲劳、抗老化及抗变形累积的能力。

③表面平整度。路面表面应平整，以减小车轮对路面的冲击力，保证行车的

平稳、舒适并达到要求的速度,避免行车颠簸和震动、速度下降、运输成本提高以及路面破坏程度加剧的情况。

④表面抗滑性。路面表面要有一定的粗糙度,以免因为车轮与路面间的摩擦系数过小,而在气候条件不利(雨、雪天)时产生车轮打滑,迫使车速降低、燃料消耗增加,甚至在车辆转弯或制动时发生滑溜等交通安全事故。

⑤低噪声和低扬尘性。车辆发动机的轰鸣、排气、轮胎与路面摩擦及喇叭声等形成的噪声,使人感到厌烦,影响沿线生产和居民生活。所以路面应尽可能平整、无缝,以减小噪声,并使路面在车辆通行时扬尘较少。扬尘会对行车视距、车辆零件、乘客舒适度以及环境卫生产生不良影响,也不利于沿线农作物的生长。

(4)路面类型选择及设计使用年限

路面类型应根据道路功能、技术等级、交通量、环境保护以及工程造价等因素进行综合论证后选用;路面结构形式应根据当地气候条件、交通荷载、当地材料,并结合路面结构耐久性、资源循环利用等因素进行全寿命周期经济分析后合理确定。

(三)交通工程设施设计

道路除线形组成和结构组成外,为了保证行车安全舒适,路容美观,还需设置各种交通设施,主要有以下3种。

1. 交通安全设施

为保证行车和行人安全、充分发挥道路的作用而设置的设施,如信号灯、交通标志、标线、护栏、防护网、隔离栅、照明设施、视线诱导设施、防眩设施、防雪栅、积雪标杆等。交通安全设施应根据公路功能、交通组成、公路环境、运营条件等设置,以满足交通安全管理与服务的需求。

2. 交通管理设施

为道路营运全线管理、养护服务的设施,主要包括监控、收费、通信、供配电、照明和管理养护等设施。

3. 交通服务设施

为车辆和乘客提供各种服务的设施,如服务区、加油站、维修站、停车场、客运汽车停靠站等。服务设施是道路交通运输的基本组成部分，是体现道路交通文化的窗口，应根据路网规划、道路服务水平和交通量有重点、分层次地设计。

二、道路设计的依据

(一) 自然环境条件

1. 影响道路结构的自然环境因素

道路裸露在大气中，其稳定性在很大程度上由当地自然条件所决定。因此，需要深入调查道路沿线的自然条件，从总体到局部、从大区域到具体路段的自然情况，分析其对道路线形和结构的影响，因地制宜地采取有效的工程措施，以确保路基、路面具有足够的强度和稳定性。对道路结构有影响的自然环境因素包括地理条件、地质条件、气候条件、水文和水文地质条件以及土的类别等。

(1) 地理条件

道路沿线的地形、地貌和海拔高度不仅影响路线的选定，也影响路基与路面的设计。平原、丘陵、山岭各区地势不同，路基的水温情况也不同。平原区地势平坦，排水困难，地表易积水，地下水位相对较高，因而路基需要保持一定的最小填土高度，路面结构层应选择水稳定性良好的材料，并采取一定的结构排水设施；丘陵区和山岭区，地势起伏较大，路基、路面排水设计至关重要，否则会导致稳定性下降，影响路基、路面的耐久性。

(2) 地质条件

道路沿线的地质条件，如岩石的种类、成因、节理、风化程度和裂隙情况，岩石走向、倾向、倾角、层理和岩层厚度，有无夹层或遇水软化的夹层以及有无断层或其他不良地质现象（岩溶、冰川、泥石流、地震等），都对道路结构的稳定性有一定的影响。

(3) 气候条件

气候条件，如气温、降水、湿度、冰冻深度、日照、蒸发量、风向、风力等，都会影响道路沿线地面水和地下水的状况，并且影响到路基、路面的水温情况。在一年之中，气候有季节性的变化，道路结构的水温情况也随之变化。气候还受地形的影响，例如山顶与山脚、山南坡与山北坡的气候有很大的差别。这些因素都会影响道路结构的稳定性。

（4）水文和水文地质条件

水文条件包括公路沿线地表水的排泄，河流洪水位、常水位，有无地表积水和积水时间的长短、河岸的淤积情况，等等；水文地质条件包括地下水位，地下水移动的规律，有无层间水、裂隙水、泉水，等等。这些地面水及地下水都会影响路基、路面的稳定性，如果处理不当，常会引起各种地质灾害。

（5）土的类别

土是建筑路基和路面的基本材料，不同的土质具有不同的工程性质，直接影响路基和路面的强度与稳定性。不同的土质含有不同粒径的土颗粒。砂粒成分多的土，强度构成以内摩擦力为主，强度高，受水的影响小，但施工时不易压实；较细的砂，在渗流情况下，容易流动，形成流沙；黏粒成分多的土，强度形成以粘聚力为主，其强度随密实程度的不同，变化较大，并随湿度的增大而降低；粉土类的土，毛细现象强烈，路基、路面的强度和承载力随着毛细水上升和湿度增大而下降，在负温度坡差作用下，水分通过毛细作用移动并积聚，使局部土层湿度大幅增加，路基冻胀，最后导致路基翻浆、路面结构层断裂等各种损坏。

2. 温度和湿度对道路结构的影响

（1）温度

大气的温度在一年四季和一昼夜之间发生着周期性的变化。受大气直接影响的路面温度也相应地在一年之间和一日之间发生着周期性的变化。道路表面温度变化与气温变化大致是同步的，但是由于部分太阳辐射热量被路面吸收，导致道路表面的温度较气温高，尤其是沥青路面，由于吸热量大，温度增加的幅度超过水泥混凝土路面。面层结构内不同深度的温度同样随气温的变化呈周期性变化，升降的幅度随深度的增加而减小，其峰值的出现也随深度的增加而越来越滞后。

影响道路结构内温度状况的因素有很多，可分为外部因素和内部因素两类。外部因素主要是气象条件，如太阳辐射、气温、风速、降水量和蒸发量等，其中太阳辐射和气温是决定路面温度状况的重要因素；内部因素则为路面各结构层材料的热物理特性参数，如热传导率、热容量和对辐射热的吸收能力等。

道路结构内的温度状况，可通过外部因素和内部因素建立联系的方法来预估。这种方法有两类，即统计方法和理论方法。

统计方法就是在道路结构的不同深度埋设测温元件，连续观测年循环内不同时刻的温度变化，同时收集当地的气象资料，包括对应的气温和辐射热等。然后，对记录的路面温度和气象因素进行逐步回归分析，选择符合显著性检验要求的因素，分别建立不同深度的各种路面温度指标的回归方程式。

理论方法是应用热传导理论方程，推演出由各项气象资料和路面材料热物理特性参数组成的温度预估方程。通常，由于参数确定的难度大和理论假设的理想化，预估的结果与实测结果有一定的差距。

（2）湿度

大气湿度的变化以及降水、地面积水和地下水浸入路基、路面结构，是自然环境影响的另一个重要方面，它除了影响路基土湿度的变化，使路基产生各种不稳定状态之外，对路面结构层也有许多不利的影响。

路基、路面结构的强度、刚度及稳定性，在很大程度上取决于路基的湿度变化。例如在北方季节性冰冻地区，冰冻开始时路基水分向冻结线积聚形成冻胀，春暖融冻期形成翻浆的现象较普遍。而在南方非冰冻区，当雨季来临时，未能及时排除的地面积水和离地面很近的地下水将使路基土浸润而软化。

保持路基干燥的主要方法是设置良好的地面排水设施和路面结构排水设施，经常养护，保持畅通。地下水对路基湿度的影响由于地下水位的高低与土的性质而存在不同。通常认为受地下水影响的高度：黏土为 6 m，砂质黏土或粉土约为 3 m，砂土为 0.9 m。在这个深度范围内，路基湿度受地下水位控制，其影响程度随土质而异；在这个范围以上部分，路基湿度主要受大气降水、蒸发以及地面排水控制。对于干旱地区，路基的湿度主要受空气相对湿度的控制，受降水的影响很小，相当于当地覆盖土相同深度处的湿度。

面层的透水性对路基、路面的湿度有很大影响，若采用不透水的面层结构，将减少降水和蒸发的影响。在道路完工两三年内，路面结构与路基上部中心附近的湿度逐渐趋向稳定。对于透水的面层结构，若不做专门处理，则路面结构和上层路基的湿度状况将受到降水和蒸发的影响而产生季节性的变化。

路肩以下路基湿度的季节性变化，对路面结构及其下的路基也有影响。通常在路面边缘以内 1 m 左右，湿度开始增大，直至路面边缘与路肩下的湿度相当；路肩如果经过处理，防止雨水渗入，则路面下的土基湿度将趋向于稳定，与路基中心湿度相当。

（二）交通条件

道路是供车辆行驶的，因此，道路设计要适应车辆通行的需要，能够长期保证车辆安全、快速、平稳通行。车辆荷载又是造成路基、路面结构损伤的主要成因。因此，为了保证道路能够达到预定的功能，具有良好的结构性能，应调查和掌握交通条件，包括交通量及其增长率、方向系数、车道系数、车辆类型组成、不同车型轴型的布置、车辆轴重的大小与特性、设计期限内车辆轴型的分布以及车辆静态荷载与动态荷载特性等。

1. 设计车辆

道路上通行的汽车车辆可分为乘用车和商用车。乘用车（不超过9座）分为普通乘用车、活顶乘用车、高级乘用车、小型乘用车、敞篷车、仓背乘用车、旅行车、多用途乘用车、短头乘用车、越野乘用车和专用乘用车共11类；商用车分为客车、货车和半挂牵引车共3类。客车细分为小型客车、城市客车、长途客车、旅游客车、铰接客车、无轨电车、越野客车和专用客车；货车细分为普通货车、多用途货车、全挂牵引车、越野货车、专用作业车和专用货车。因此，行驶在道路上的车辆类型是多种多样的。如果道路设计中每种车型都考虑，将会是很困难的事情，只有归类取代表车辆分析才能使道路设计工作简化，为此引入设计车辆的概念。

道路采用的设计车辆是代表性车辆，这些车辆能够代表路上所有车辆的几何尺寸和对道路的影响，其外廓尺寸、载质量和动力性能是确定公路几何参数的主要依据。道路设计时应根据道路功能、交通组成、车型比例，确定设计车辆。对于不同功能和等级的道路项目，设计车型选用应有所差异和侧重，不是所有设计车型均适用于各技术等级的道路项目。如干线公路应满足5种设计车型的通行要求，同时与干线公路直接衔接的集散公路则应当兼顾干线公路设计车型的通行需要；而支线公路应以满足小客车和载重汽车的通行要求为主。

2. 设计速度

道路设计中的车速是一项重要指标。设计速度是确定道路几何设计指标并使其相互协调的基本要素。一经选定，道路的所有相关要素如平曲线半径、视距、超高、纵坡、竖曲线半径等指标均与其配合以获得均衡设计，所以在设计中确定车速是很重要的。

设计速度是当气候条件良好、交通密度小、车辆行驶只受道路本身条件的影响时，具有中等驾驶技术的驾驶人员能安全顺适地驾驶车辆的速度。设计速度还可以理解为在理想的道路交通条件下，道路的设计要素起控制作用时路段的最大安全速度。

设计速度的选用应根据道路的功能与技术等级，结合地形、工程经济、预期的运行速度和沿线土地利用性质等因素综合论证确定。

三、道路分类与技术分级

（一）道路分类

道路是供车辆和行人通行的工程设施，按使用范围可分为以下 5 类。

第一，公路：连接城市之间的道路。

第二，城市道路：城市范围内的道路，它作为城市的公共空间，是城市建设的基础，是城市交通、生产和生活的必要设施，是城市总平面布置的骨架。

第三，厂矿道路：主要供工厂、矿山运输车辆通行的道路。

第四，林区道路：建在林区，主要供各种林业运输工具通行的道路。

第五，乡村道路：建在乡村、农场，主要供行人及各种农业运输工具通行的道路。

由于各类道路所处位置、功能和性质均不相同，在设计时所遵循的标准也各不相同。因此，在设计时应选用适用的规范和标准。

（二）公路分类与技术分级

1. 公路分类

（1）依据交通功能分类

公路按照交通功能分为干线公路、集散公路和支路三类。干线公路细分为主要干线公路和次要干线公路，集散公路细分为主要集散公路与次要集散公路。

主要干线公路主要连接 20 万人口以上的大中城市、交通枢纽、重要对外口岸和军事战略要地，提供省际及大中城市间长距离、大容量、高速度的交通服务。

次要干线公路主要连接 10 万人口以上的城市和区域性经济中心，提供区域内或省域内中长距离、较高容量和较高速度的交通服务。

主要集散公路主要连接 5 万人口以上的县（市）、主要工农业生产基地、重要经济开发区、旅游名胜区和商品集散地，提供中等距离、中等容量及中等速度的交通服务，并与干线公路衔接，使所有的县（市）都在干线公路的合适距离之内。

次要集散公路主要连接 1 万人口以上的县（市）、大的乡镇和其他交通发生地，提供较短距离、较小容量、较低速度的交通服务，衔接干线公路、主要集散公路与支线公路，疏散干线公路交通、汇集支线公路交通。

支线公路主要以服务功能为主，直接与用路者的出行源点相衔接，并衔接集散公路，为地区出行提供接入与通达服务。

（2）依据行政管理属性分类

公路按其在公路路网中的地位分为国道、省道、县道和乡道。

①国道：包括普通国道和国家高速公路。在国家公路网中，国道由具有全国性和区域性的政治、经济、国防意义的干线公路组成，以英文字母"G"表示。普通国道提供普遍的、非收费的交通基本公共服务，国家高速公路提供高效、快捷的运输服务。

②省道：在省公路网中，具有全省性的政治、经济、国防意义，并经确定为省级干线的公路，以英文字母"S"表示。

③县道：具有全县性的政治、经济意义，并经确定为县级的公路。

④乡道：具有全乡性的政治、经济意义，并经确定为乡级的公路。

（3）公路功能类别的确定

公路功能类别可按下列步骤确定。

①依照行政属性、用地性质、交通需求等实施区域划分，并将区域抽象为节点。

②确定节点重要度：节点重要度是定量描述区域内各节点间相对重要程度的指标，主要以总人口、工业总产值、人均收入等指标为定量分析各节点重要度的指标。当一条公路的主要控制点为 A 层节点时，该公路为主要干线公路；当主要

控制点为 B 层节点时，该公路为次要干线公路；当主要控制点为 C 层节点时，该公路为主要集散公路；当主要控制点为 D 层节点时，该公路为次要集散公路；当主要控制点为 E 层节点时，该公路为支线公路。

2. 公路分级与技术标准

（1）公路分级

公路根据交通特性及控制干扰的能力分为高速公路、一级公路、二级公路、三级公路及四级公路 5 个技术等级。

①高速公路：高速公路为专供汽车分方向、分车道行驶，全部控制出入的多车道公路。高速公路的年平均日设计交通量在 1.5 万辆小客车以上。高速公路单向最少设置两个车道，对允许进入的车辆进行限制，设置中央分隔带分隔对向交通，采用立交接入等措施全部控制出入，排除纵横向干扰，为通行效率最高的公路。

②一级公路：一级公路为供汽车分方向、分车道行驶，可根据需要控制出入的多车道公路。一级公路的年平均日设计交通量在 1.5 万辆小客车以上。一级公路单向至少设置两个车道，根据功能需要采取不同程度的控制出入。

具备干线功能的一级公路，为保证其快速、大容量、安全的服务能力，通常采用部分控制出入措施，只对所选定的相交公路或其他道路提供平面出入连接，而在同其他公路、城市道路、铁路、管线、渠道等相交处设置立体交叉，并设置隔离设施以防止行人、低速车辆、非机动车以及牲畜等进入；而当一级公路用作集散公路时，纵横向干扰都较大，通常采取接入管理措施，合理控制公路和周围土地接口的位置、数量、形式，提高安全保障和服务水平。

③二级公路：二级公路为供汽车行驶的双向公路。二级公路的年平均日设计交通量为 5000~1.5 万辆小客车。二级公路一般不设中央分隔带，不控制出入。当慢行车辆交通量较大、街道化程度严重时，可采取加宽硬路肩的方式增设慢行车道，减少纵横向干扰，保证行车安全。

④三级公路：三级公路为供汽车、非汽车交通混合行驶的双车道公路，不设中央分隔带，限速较低。三级公路的年平均日设计交通量为 2000~5000 辆小客车。

⑤四级公路：四级公路为供汽车、非汽车交通混合行驶的双车道或单车道公路。双车道四级公路年平均日设计交通量在 2000 辆小客车以下；单车道四级公

路年平均日设计交通量在 400 辆小客车以下。

三、四级公路为供汽车、非汽车交通混合行驶的双车道公路（四级公路在交通量较小时采用单车道），允许拖拉机等慢行车辆和非机动车使用行车道，其混合交通特征明显，抑制干扰能力最弱。

（2）公路技术等级与设计速度选用

公路技术等级选用应根据路网规划、公路功能，并结合交通量论证确定。确定一条公路的等级，首先应确定该公路的功能，是干线公路还是集散公路，即属于直达还是连接，以及是否需要控制出入等，根据预测交通量初拟公路等级；然后再结合地形、交通组成等，确定设计速度和路基宽度。

由于公路的使用任务、功能和远景交通量不同，可按设计路段分段采用不同的公路技术等级，或同一公路技术等级不同的设计速度。在公路技术等级选用中应遵照"按设计路段确定公路技术等级的原则"。

①公路设计交通量预测：公路设计交通量预测应符合下列规定。

A. 高速公路和一级公路设计交通量预测年限为 20 年；二级公路、三级公路设计交通量预测年限为 15 年；四级公路可根据实际情况确定。

B. 设计交通量预测年限的起算年为该项目的计划通车年。

C. 设计交通量预测应充分考虑走廊带范围内远期社会、经济的发展规划和综合运输体系的影响。

②公路技术等级选用：应在论证确定公路功能的基础上，结合项目所在地区的综合运输体系、远景发展规划及设计交通量论证确定，并应遵循下列原则。

A. 主要干线公路作为公路网中结构层次最高的主通道，应选用高速公路。

B. 次要干线公路作为主要干线公路的补充，应选用及二级以上公路。当年平均日设计交通量达到 1.5 万辆小客车时，宜选用一级及以上公路；当年平均日设计交通量达到 1 万辆小客车，且沿线纵横向干扰较大时，宜选用一级公路；当年平均日设计交通量低于 1 万辆小客车时，可选用二级公路；当货车混入率较高时，宜间隔设置超车车道，减小纵向干扰。

C. 主要集散公路连接干线公路与支线公路，宜选用一级公路、二级公路。当年平均日设计交通量达到 1.5 万辆小客车时，可选用一级公路；当年平均日设计交通量在 5000~1.5 万辆小客车时，可选用二级公路；当年平均日设计交通量达到 1 万辆小客车，且沿线纵横向干扰较大时，宜选用一级公路；当年平均日设计交通量低于 5000 辆小客车时，宜选用二级公路。

D. 次要集散公路服务于县乡区域交通，宜选用二级公路、三级公路。当年平均日设计交通量达到 5000 辆小客车时，宜选用二级公路；当年平均日设计交通量低于 5000 辆小客车时，宜选用三级公路。

E. 支线公路宜选用三级公路、四级公路。当年平均日设计交通量达到 5000 辆小客车时，宜选用二级公路。

F. 当既有公路不能满足功能需要时，应结合公路网发展规划，有计划地进行改建。

③设计速度的选用：应根据公路功能与技术等级，结合地形、工程经济、预期运行速度和沿线土地利用性质等因素综合论证确定，并应符合下列规定。

A. 高速公路设计速度不宜低于 100 km/h，受地形、地质等条件限制时，可以选用 80 km/h。高速公路的设计速度为 120 km/h、100 km/h 和 80 km/h，目的是保证高速公路的高速、安全和舒适等特点，世界各国高速公路标准的设计速度最低为 80 km/h 也是这个道理。

B. 作为干线的一级公路，设计速度宜采用 100 km/h；受地形、地质等条件限制时，可采用 80 km/h。作为集散的一级公路，设计速度宜采用 80 km/h；受地形、地质等条件限制时，可采用 60 km/h。

C. 高速公路和作为干线的一级公路的局部特殊困难路段，因新建工程可能诱发工程地质灾害时，经论证，该局部路段的设计速度可采用 60 km/h，但长度不宜大于 15 km，或仅限于相邻两互通式立体交叉之间的路段。

D. 作为干线的二级公路，设计速度宜采用 80 km/h；受地形、地质等条件限制时，可采用 60 km/h。作为集散的二级公路，设计速度宜采用 60 km/h。考虑到我国地域广泛、经济基础薄弱、山区及环境脆弱地区选线和建设的难度，根据我国公路建设的特点和政策的延续性，若二级公路位于地形、地质等自然条件复杂的山区，经论证，该路段的设计速度可采用 40 km/h，但应采取保证线形顺适和运行安全的措施。

E. 三级公路设计速度的选用主要视地形、地质等自然条件而定。三级公路设计速度宜采用 40 km/h；受地形、地质等条件限制时，可采用 30 km/h。

F. 四级公路只有一档，主要适用于地形、地质等自然条件复杂的山区，或交通量很小的路段。四级公路设计速度宜采用 30 km/h；受地形、地质等条件限制时，可采用 20 km/h。

同一公路项目可分段选用不同的技术等级。同一技术等级可分段选用不同的设计速度。不同技术等级、不同设计速度的设计路段之间应选择合理的衔接位置或地点，过渡应顺适、衔接应协调。

(三) 城市道路分类

城市道路按其在城市道路系统中的地位、交通、服务功能分为快速路、主干路、次干路和支路 4 类。

第一，快速路是城市道路中设有中央分隔带，具有 4 条以上的车道，全部或部分采用立体交叉与控制出入，供车辆以较高的速度行驶的道路。快速路完全为交通功能，是城市内长距离快速交通运输的动脉，设计速度为 60~80 km/h。在快速路两侧不宜设置吸引大量人流的公共建筑物的进出口，且两侧一般建筑物的进出口应通过辅路加以控制。

第二，主干路是在城市道路网中起骨架作用的道路，以交通功能为主的道路 (小城市的主干路可兼沿线服务功能)。主干路的设计速度为 40~60 km/h。非机动车交通量大时，宜采用机动车与非机动车分隔的形式。主干路上平面交叉口间距以 800~1200 m 为宜，以减少交叉口交通对主干路交通的干扰。交通性的主干路负责大城市各区之间的交通联系，以及与城市对外交通枢纽之间的联系。例如，北京的东、西长安街是全市性东西向主干路。

第三，次干路是联系主干路之间的干道，与主干路共同组成干道网，起到广泛连接城市各部分和集散交通的作用。次干路的设计速度为 40 km/h。次干路沿街多数为公共建筑和住宅建筑，兼有服务功能。

第四，支路是次干路与街坊内道路的连接线，解决地区交通，以服务功能为主。沿街以居住建筑为主。

第三节　车行道与人行道设计概述

一、车行道与公共交通

(一) 一般规定

第一，结合街道类型、道路等级与建设条件，对机动车、地面公共交通、非机动车合理分配通行及停靠空间。

第二，车行道与公共交通设计应符合因地制宜、用地集约、安全分离的原则。

(二) 机动车道与非机动车道

第一，机动车道宽度应结合道路等级、街道类型及建设条件选取合理的数值，并符合下列规定：

A. 城市主干路、交通性次干路、货运车辆较多的通行性街道应按大型车道或混行车道值选取。

B. 非交通性城市次干路及以下等级的街道，可根据通行车型论证按小客车专用道取值。

C. 在商业街道、生活服务街道、历史文化风貌区的景观休闲街道或建设条件受限的情况下，设计车道宜取低值。

D. 街坊、里弄等非市政道路的机动车道宽度一般不小于 2.75 m。

第二，除步行街以外，其他具备建设条件的街道应设置连续的非机动车道。

第三，非机动车道宽度不宜小于 2.5 m，困难情况下最小宽度可取 1.5 m，骑行交通量大的街道应结合实际需求与建设条件适当加宽非机动车道。

第四，轨道交通站、大型商场、医院、学校、体育场馆等公共建筑出入口周边的街道，应根据骑行需求及街道空间条件确定非机动车道宽度及非机动车停车空间。

第五，港湾式公交车站处非机动车道宜向道路外侧绕过公交站台，应保证非机动车道外绕后，步行道的有效通行宽度不小于 1.8 m。

（三）机动车路内停车

第一，机动车停车应以地块配建为主，建成区停车配建不足且需求较大的街道、老旧小区周边街道应严格控制路内机动车泊位的设置，并以临时泊位为主。

第二，商业、生活服务、景观休闲街道、次干路及以下等级的通行性街道，具有大量停车需求但配建泊位不足时，有条件设置停车泊位的，可设置分时利用停车泊位，但仍应保证非机动车最小通行宽度不小于 1.5 m，且路段上的非机动车道宽度应保持一致。

第三，路内停车泊位应明确标识允许停车时段。

第四，路内停车泊位不得侵占公交车站的公交停靠区。

第五，路内停车泊位不得妨碍行人过街、无障碍设施的正常使用。

（四）公共交通

第一，公交车站应设置在主要客流集散点附近，有便捷的换乘组织，并便于过街。

第二，公交车站宜采用港湾式车站，条件受限的街道可采用直线式车站。设置车站后，应保证步行道有效通行宽度不小于 1.8 m。

第三，公交车站应设置不小于 1.5 m 宽的站台，并设置交通标识、标线保证公交车辆、非机动车及上下车乘客的安全、有序。

第四，路中式公交专用道的车站，宜靠近交叉口设置，通过交叉口人行横道线过街。当过街距离长、车流量大、站点人流量大，或需与轨道交通站实现换乘时，宜设置立体过街设施。

第五，路侧式中运量公交与常规公交宜同站台换乘。

第六，轨道交通站、公交车站、出租车临时停靠泊位、机场或旅游大巴候车点、非机动车停放设施等各类换乘交通方式之间宜紧凑布置、便捷换乘。

第七，轨道交通站出入口周边应设置非机动车停车泊位，数量应根据各站点客流量及接驳需求因地制宜地确定，但不得妨碍行人出入车站。

第八，轨道交通站出入口至第一个道路交叉口之间的步行道宽度不宜小于3.0 m，非机动车道宽度不宜小于3.5 m。

第九，港湾式公交车站处的非机动车道宜采用以下处理方式：

①当非机动车道标高低于步行道、公交站台标高时，可将非机动车道标高抬升至与步行道、公交站台标高一致，通过缓坡，车站处的非机动车道与其上下游的标高平顺过渡。

②当非机动车道与步行道、公交站台的标高相同时，可设置醒目的让行标志提醒非机动车减速。

③该区域非机动车道可采用差异化的铺装面层或色彩。

（五）沿街机动车出入口

第一，地下机动车停车库出入口不宜面向城市道路开设，宜通过地块内道路进行衔接，并设置清晰的标志进行交通引导。

第二，沿街机动车出入口应与步行通道位置、标高、坡道等协调，保障步行通道的安全、连续与平顺。

二、交叉口

（一）一般规定

第一，交叉口范围内要进行空间、功能、设施的统筹布局，合理控制街道交叉口范围内的停留、过街等行为，保障交叉口环境的安全、整洁。

第二，交叉口设计应确保行人、非机动车、机动车交通安全有序，并体现慢行与公交优先。

第三，交叉口形式应根据道路等级、分向流量、交叉口周围用地性质及建设条件等进行确定。

第四，充分利用交叉口内空间资源，合理设置机动车、非机动车、行人等候区以及过街设施。

第五，交叉口道路红线宽度应满足交叉口渠化、公交车站、行人过街安全岛等的设置要求。

（二）交叉口布局与交通组织

第一，交叉口布局应结合街道类型与建设条件进行整体布置，不得影响交通安全与过街、疏散要求，商业和生活服务型街道交叉口渠化设计不应压缩行人和非机动车的通行空间，宜根据渠化方案，预留足够的红线宽度。

第二，交叉口的交通组织应根据街道类型、相交道路等级、交通量、交通管理条件等因素综合确定，遵循分离冲突、合理充分利用时空资源的原则。

第三，交叉口及渠化范围内的沿街建筑不得设置机动车出入口，建筑退界宜作为公共开放空间，但应满足建筑疏散以及交叉口交通组织要求。

第四，平面交叉口形式根据交通组织方式分为信号控制交叉口、无信号控制交叉口、环形交叉口三大类，可根据相交道路等级选取合适的平面交叉口形式。

第五，交叉口路缘石转弯半径应结合街道类型与建设条件因地制宜地选择合理的数值，并符合下列规定：

街道缘石转弯半径按表 1-1 内数值选取。

城市主干路等级的道路、以货运为主的交通性街道应按表 1-1 中高值选取。

生活服务、商业街道以及行人密集的景观休闲街道宜按表 1-1 中低值选取。

有非机动车道或建设条件受限时，可按表 1-1 中低值选取。

表 1-1　街道缘石转弯半径取值（m）

机动车道	10~15
非机动车道	5~10

第六，交叉口视距三角形限界内，不得设置影响驾驶员视线的障碍物；当不满足要求时，应清除相应的障碍物。

第七，交叉口空间范围大且机动车流量较高时，宜设置机动车待行区，以提高蓄车能力及通行效率。

第八，交叉口非机动车过街设施设置应兼顾交叉口机动车交通特征、人行交通需求、交叉口范围布局条件等因素，保障非机动车过街设施布置合理与安全。

第九，在交叉口机动车和非机动车流量均较大的情况下，宜设置引导非机动车过街的标识标线。

（三）行人过街

第一，交叉口均应规划设置行人过街设施，保障行人过街的安全与便捷，生活服务和商业街道应缩短行人过街等待时间。

第二，信号控制的平面交叉口应根据各向交通流量确定相位相序及信号配时方案，保证各向人流得到合理的通行时间及等待时间。

第三，交叉口处人行横道的宽度应根据过街行人数量及信号控制方案确定，应与路口行人流量及行人过街特征相适应。商业街道的人行横道宽度不宜小于5.0 m，其他类型的街道人行横道宽度不宜小于3.0 m。

第四，交叉口设置行人过街相位应体现以人为本、确保安全的原则，并符合下列规定：

行人过街信号相位设置应与车辆信号相位协调。

行人过街绿灯时长不得小于行人安全过街所需时间。

行人与右转机动车流量均较大时，应避免右转机动车与行人在同一相位放行，宜早启行人相位，使行人提前通过冲突点。

街道类型为商业街道，且各方向过街行人流量均较大的交叉口，可增设交叉口行人过街全绿专用相位。

第五，机动车与行人交通流量均较大的交叉口，宜设置连接两侧商业、办公等公共建筑的天桥、地道等，并满足无障碍设施要求。

第六，商业街道、生活服务街道的行人过街设施距离沿街主要出入口的间距不宜大于100 m，在景观休闲街道、通行性街道上距离不宜大于200 m。

第七，双向机动车四车道及以上且未设置信号灯的人行横道宜在中央设置安全岛，安全岛驻留区长度不宜小于与其相连的人行横道宽度。

（四）交叉口静稳化

第一，道路等级为次干路及其以下等级的道路，且街道类型为生活服务街道、景观休闲街道、商业街道时，可采取交叉口静稳化措施。

第二，相交道路等级为支路的交叉口，可在交叉口处通过减少机动车车道的方式对路段进行收缩处理，降低机动车车速。

第三，相交道路等级为支路或街坊路的交叉口，且机动车路面与人行道路面高差较小时，可整体抬高交叉口，且采用连续人行道铺装。

第四节　城市排水系统设计概述

一、下穿立交道路地表排水系统设计

（一）城市道路下穿立交概述及特点

下穿式立交是指当两条道路交会时，为避免相互干扰，将其中一条道路的高度降低2~8 m，从而可以穿过另一条道路的下方，实现空间上的多维化，充分利用空间上的维度，大幅度节约占地面积。城市下穿式立交可以分为互通式和非互通式，一般城区道路与道路的交叉为互通式，而铁路与城区的交叉为非互通式。因下穿式立交占地面积小，具有对周围环境影响较小且不影响城市美观等优点，故主要建设在城市车辆交会流量大、用地紧张的交通要道，从而实现现代化道路设施建设。

下穿式立交引道部分长度仅占上跨式立交的66%，使工程的造价降低，在建设过程中对噪声的控制也相对容易。另外，在下穿式立交桥上过往车辆交叉而行，增大车流量的同时也增加了交通安全度。据统计，在我国，下穿式立交桥的数量在已建成的立交桥中占比高达75%，这也充分说明下穿式立交符合当代社会的发展需求。但是在暴雨时期，下穿式立交道路最低点极易迅速形成积水，这一重大弊端制约着下穿式立交道路的发展。

（二）城市道路下穿立交排水系统特点

立交排水系统是道路立体交通不可或缺的一部分，是立体交通能否高效运行的决定性因素之一。立交排水系统主要包括：上跨桥面排水、道路路面排水、下穿式道路地表排水、下穿式道路下排水及立交绿化区域排水五大方面。根据往年暴雨发生时的城市内涝状况分析，下穿式道路排水是整个立交排水系统中至关重要同时也是最复杂的环节。

在理想状态下，下穿式立交排水系统的作用是在降雨甚至是暴雨时，有能力将立交区域服务范围内收集的雨水排除，保障城市道路安全顺畅高效地运行。但是一般来说，城市下穿式立交道路两边的引道纵坡坡度很大，下穿段标高比正常路面低 7~8 m，在下雨天，引道处的雨水快速汇集，所以最低点几乎是逢水就涝。而现阶段立交排水的设计标准虽然普遍高于常规排水设计，但是仍难以满足下穿立交道路排水的需求。

由于下穿式立交通常设置在城市道路咽喉部位，道路上车辆多、速度快，增加了对后期排水系统设施养护和管理的困难及成本。此外，下穿式立交周边的道路标高往往高于下穿式立交道路本身，容易使地势相对较高的雨水流入地势低的区域，导致低区的雨水还未排除，高区的雨水相继涌入，增大排水难度，所以采取防止高区的雨水流入低区的措施是有必要的。

当下穿式立交路段最低点在地下水位以下时，地下水就会渗透进下穿立交道路。若不及时采取措施，长期在水中浸泡的路基则会软化，路面遭到破坏。因此，下穿立交道路结构设计应有可靠的防水排水措施，避免路基和路面遭到破坏。

（三）城市道路下穿立交排水系统设计方法及原则

1. 下穿立交排水方式

在选择排水方式前，应优先考虑排水的安全性、可靠性、施工是否方便以及在满足质量的前提下造价是否低廉等因素，最后综合性地考虑以上因素来确定下穿立交排水的方式。

下穿式立交排水方式可分为三种：重力排水、调蓄排水及泵站强制抽排。也可以采取两两组合或三种组合的方式。在设计过程中，应根据工程的实际需要，多方面考虑后选择最适合的方式。

2. 下穿立交排水的适用范围

若下穿立交道路的地面径流能够通过重力排出，则采取重力排出；若无法自流排出，则需要增设泵站。

（1）重力排水

当下穿立交道路的最低点标高高于市政排水管网或高于附近的河流、自然水体或沟渠时，则优先采用重力（自流）排水将雨水排除。这种排水方式不使用电力，也不需专门的人员监管，是三种方式中最经济可靠的排水方式。因此，在下穿立交排水系统设计过程中，一般优先考虑重力排水（自流排水）的方式。

在设计时，应当充分考虑市政管道的排水能力。若不能满足不利情况下的雨水量，应增大管道的直径，增强排水的能力，严格核准市政管道标高等，防止暴雨时出现雨水倒灌的现象。

（2）调蓄排水

从功能上区分，调蓄池可分为两种类型：一种是拦截存留污水管道溢流出来的污废水和污染性较大的初始雨水。这个时期的雨水由于囊括了空气中的酸性气体，如二氧化硫、三氧化硫以及燃油交通工具等排出的污染性气体，而且雨水落地后直接携带地面上的杂质，使得初始雨水掺杂着许多有机物、病菌和固体杂质等，所以收集进入下穿立交道路的初期雨水是不可避免的。另一种是当雨水量超过设计重现期时，暂时留存径流的高峰流量，待停雨或雨量减小时，再将存留的雨水进行利用。这样既可以减小下游管道和河道的排水压力，也可以保障排水系统的安全和高效运行，在此基础上，还能节约水资源。

当下穿桥下路面的地形为较深的盆地、管道或水位高于桥下最低点、雨水量较大重力排水无法全部及时排出时，可以先将雨水流量引进雨水调蓄池暂时贮存，避开雨水洪峰时期，待雨水量降低或停雨后，即水体高度回落后，再通过重力排水的方式将雨水排出。但下穿式立交道路一般位于城市道路中重要的交通线路，必须核验调蓄池容积的大小，且最大不宜超过 1000 m^3。另外，根据实际工程选择合适的位置布置调蓄池，使下穿立交道路雨水管道的雨水流入调蓄池，并且调蓄池能够接入市政干管或附近河道排出。由于用地受限且日常管理费用较高，所以在我国使用的范围较小。

（3）泵站强制抽排

当城市下穿立交道路的雨水不能通过重力排水或重力排水能力不足，并且附近也无适合修建调蓄池的地方或排水效率不高时，可以通过泵站强制抽升排水。雨水泵站通常被置于排水管道系统以及一些无法自流排水的城市道路，从而将城市雨水顺利排除，因此立交雨水泵站在排除雨水的过程中尤为重要。虽然立交雨水泵站的规模相对于城市雨水系统泵站小，但这并不意味着对其技术要求不高。相反，需要结合实际工程精准地确定泵站的位置、泵房形式、泵的类型，并且完善运行维护管理。

3. 设计规范原则

城市立交雨水排水系统的主要任务是排除雨天形成的地表径流和影响立交道路的地表水。一般情况下，不考虑降雪的影响，但针对少数有大量降雪情况的城市，应就其雪融流量进行校核。

虽然下穿立交雨水排水系统设计与城市雨水排水系统设计原理相同，但是由于下穿立交雨水排水的特殊性，即保证下穿式立交范围内的雨水能够被快速排除，防止下穿立交道路最低点积水的现象发生，在设计过程中应遵循以下原则。

第一，对雨水进行分区排水。下穿式立交桥应分区排水，也就是应采取措施阻止高区雨水进入低区并尽可能降低低处的排水压力。各排水系统之间应保持隔离，不应相互连通。

第二，应综合考虑道路路面材质、粗糙度、道路坡长、坡度等因素，并且通过计算确定地面集水时间，一般在 2~10 min。

第三，下穿立交道路内的雨水尽可能用重力排水，不能重力排除的，则设置泵站抽排，但应尽量减小泵站的汇水面积。由于泵站在下穿立交道路的最低点，容易在暴雨时被淹没，因此在设计时，还需要着重注意其安全性。

（四）雨水调蓄池

雨水调蓄是雨水调节和雨水储存两者结合的总称。一般来说，雨水调节主要目的是降低洪峰雨水流量，而雨水存储则是为了能更好地利用雨水，是节约水资源的一种方法。即在暴雨过程中给雨水提供一个暂时存储的空间，在暴雨停歇后，将存储空间内的雨水通过净化措施，达到各种类型用途所需的水质要求，如城市景观用水、道路用水、城市绿化用水等。

雨水调蓄池按空间维度可分为三类：地下封闭式调蓄池、地上封闭式调蓄池和地上开敞式调蓄池。地下封闭式雨水调蓄池适用于用地紧张且对水质要求高的地方，但是这种调蓄池施工难度大，工程所需费用高。地上封闭式雨水调蓄池安装简易，施工速度快，但因设置在地面上，占地面积大，水质安全难度高，通常需要防冻的功能。地上开敞式雨水调蓄池可以调蓄的容积较大，且所需费用不高，与地面封闭式调蓄池一样，其所需道路地表面积较大；又由于是开敞式，其蒸发量较大，所以这种调蓄池在设计和后期维护中，要着重考虑其防渗漏的措施，否则对后期的维护和修复都会造成巨大影响，维修成本也会大大增加。

二、排水泵站设计

（一）排水泵站的设计

1. 泵站选址

对于城市下穿立交道路泵站位置的选择，需从经济技术条件上进行深入研究。所以需要到实地去现场勘测，整合下穿立交周边整体规划状况，既要考虑附近的卫生要求、原始地质状况、电力供应安全以及保护泵站安全的相关安全措施，还要对雨水排出河水流域的水质进行调查，收集其水文资料，分析下穿立交道路排水泵站排水进入河道后对河道的影响。除此之外，还要对下穿立交道路的泵站防洪状况做深入了解。这是因为泵站的位置一般应设置于城市下穿立交道路的标高最低点，若遭遇洪水被淹没，会造成排水失控和严重的经济损失。同时，应尽量选择泵站挖深浅、管线段以及交会少的位置，这样可以减少泵站的工程投资。

2. 泵房的设计

泵房是泵站最主要的构筑物，泵房的设计有以下四点原则。

（1）机房的设备和尺寸应尽可能紧凑布置，以便于工人前期设备的安装和后期的维护运营，从而减少工程投资和运营成本。

（2）泵房应布置在下穿立交道路最低点的稳定地基上，不可设置在斜坡或滑坡地段上，且泵房应满足在各种工作条件下都稳定的要求，其构件的刚度和强度应满足相关规定，防洪抗震性能要良好。

（3）泵房浸水部分的构件要进行防渗处理和抗压抗裂的检验。

（4）在经济技术条件允许的情况下，力求建筑艺术和整齐美观。

常用的泵房形式及特征如下。

（1）干式泵房

机械设备与集水池分离可打造干燥的工作环境，各种机器构配件不受雨、污水腐蚀，有利于机器的维修保养。

（2）湿式泵房

结构简单，但水泵受雨、污水腐蚀严重，工作环境差，使用寿命较短。

（3）圆形及上圆下方形泵房

圆形泵房使用的水泵数应不多于 4 台，直径范围 7~15 m，适用于沉井法施工，相对矩形泵房的造价低。

（4）矩形泵房或组合泵房

适用于大中型泵房，流量范围 1~3 m^3/s，泵房占地面积大，工程投资较大。

（5）自灌式（半自灌式）泵房

运行操作方便，启动迅速可靠，无须借助饮水设备。需要挖掘较深的深度安置泵房，造成地下工程施工成本增加。

（6）非自灌式

安置泵房需要下挖的深度较浅，造价也较自灌式低，结构简单，通风良好且路桥工程管理与给排水规划设计室内干燥，但需要饮水设备辅助启动。

（7）半地下式

结合自灌式与非自灌式的特点。

（8）全地下式泵房

几乎无地面结构，泵房环境潮湿，泵机组易受腐蚀，通常采用潜水泵。

（9）合建式泵房

结构紧凑，占地面积小，一般与自灌式结合使用。

（10）分建式泵房

结构处理方便简单，仅适合于自灌式泵房，无渗漏问题，水泵维修检查方便。但吸水管长，水头损失大。

在实际运用中，通常不只选用一种泵房的类型，而是几种泵房形式的结合，城市立交雨水泵站通常采用矩形、合建、全地下式、自灌式和组合型。

3. 泵的选型

作为下穿立交道路的雨水立交泵站的核心，水泵的选择尤为重要，会对泵站的运行效率产生直接的影响。因此，必须保证在降雨（暴雨）过程中水泵能够及时高效地将下穿立交道路积水排除。以下是常用的水泵类型。

（1）潜水泵

潜水泵是整个水泵机组可以放在水中运行，防腐措施和防水绝缘性能在不断优化。其占地面积小，管路较简单，配套设备少，易于安装，便于后期维护管理，更重要的是潜水泵运行安全可靠，故障频率小。

使用潜水泵的注意事项：

①尽量避免短时间内多次启停潜水泵，因为启动时，泵机组的电流很大，若是频繁启动，潜水泵机组极易烧坏。

②为了保障工作人员以及泵机组本身的安全，必须安装漏电保护器。

③安装潜水泵时，电缆线需要悬空而挂，电源线不宜太长。在泵机组下水或提升的过程中，要避免电缆受到外力，以防电缆受力断裂。

④确认电机的旋转方向，虽然多数潜水泵正向和反向旋转都可以出水，但反向旋转出水量较小，电流偏大，长期反向旋转易损坏电机绕组。

⑤勤于检查，及时发现问题并进行有效维护。

（2）螺杆泵

螺杆泵可以输送所有流动介质甚至非流动物料，因其具有可不均量输送且自吸能力强等优点，使用范围非常广泛。

（3）轴流泵

轴流泵可输送清水和轻度污水，泵站规模相对较小，建筑结构相对简单，工程造价较低，泵机组一体化，便于安装和维修。其中，立式轴流泵依靠叶片的升力将流体引到出口，同样是轴向进水和出水，有流量大的特点。

（4）离心泵

离心泵可以分为卧式泵和立式泵两种形式，而城市排水通常采用立式泵，因为立式泵占地面积小，节省工程投资，且水泵和电动机可以分开布置，易于寻找到更合适的位置。但立式泵也存在一些缺陷，它的轴向推力很大，各部分零件容易遭到磨损，且需要较高的安装技术，检修维护都不如卧式泵方便。

（5）混流泵

混流泵主要用于传送清洁和污染的介质以及中性或偏酸性的化学介质。混流泵的构造基本与离心泵相同，不同点在于叶轮的设计，泵内的主流方向在轴向与辐射之间。

（6）螺旋泵

螺旋泵主要应用于排涝、灌溉，提升污水和污泥。其特点是流量大，耗电少，节约能源，可以自行控制出水量，减少水头损失。设备装置简易，后期维修养护方便，无须特设集水井和密封的管道。但是它的扬程较低，范围在 6~8 m，且螺旋泵是斜接式，所需面积大，使得螺旋泵的使用范围受限。

使用螺旋泵应注意以下事项：

长时间不使用螺旋泵时，应在固定的间隔时段内，将螺旋转动一定的角度来抵消挠曲所导致的影响。在北方冬季使用螺旋泵前，应该先去除冰雪，避免驱动装置等受到积冰损坏。

（7）空气提升泵

空气提升泵主要用于提升回流活性污泥，其结构简单，易于管理，有现成的压缩空气来源时，可以采用空气提升泵。

水泵作为城市下穿立交道路雨水泵站至关重要的一环，直接影响雨水泵站的运行效果，针对这一点，应选用易于安装维护、工期短、投资省、安全可靠的水泵。目前，潜水泵是最适于下穿立交道路的泵型。潜水泵的电机与泵机一体化，直接安置在流道内，结构紧凑，节省用地，其水力性能好，装置效率高，且在运行过程中产生的噪声相对较小，投资省，只占其他水泵投资总额的三分之二左右，可在水中安全可靠地运行。对于道路标高低于一般城市道路的下穿立交道路，水泵运行安全可靠尤为重要。潜水泵前期不仅易于安装，后期的维护修养也较为方便，而且潜水泵的自动化控制也日趋成熟。

4. 集水池

雨水排水泵站对于提升城市下穿立交道路的雨水，保证在降雨时汇水面积范围内的雨、污水能够及时排除有着重要的意义。

泵站安全有效的工作对于整个排水系统的安全运行起着重要的作用，尤其是城市下穿立交道路的泵站。为了保障泵站安全正常地运行，集水池布置要合理，且必须有有效容积来留存暴雨时的部分雨量。不同的泵站对应集水池的有效容积定义方式不同，对于城市下穿立交道路的泵站，有效容积即集水池最高设计水位与最低设计水位之间的容积。随着日益精进的技术发展，水泵机组的可靠性有了较大的提高，但水泵的频繁启停依旧会影响机组的使用寿命。在实际工程应用以及现场条件和经济条件允许的情况下，应扩大集水池的容积，采取有效的措施来控制水泵的启动，尽可能控制水泵频繁启停。

常见的不利水力现象主要有三种：进水流道预旋过量、水泵吸入口流速不恒定以及集水池水体产生漩涡。

（1）进水流道预旋过量

水流经过进水流道进入泵站集水池时，合速度方向分解为轴向分速度和切向分速度。由于两个分速度分布不对称，从而产生预旋，造成汽蚀现象。汽蚀现象是指在水泵的运行过程中，不可避免地会产生杂音，还有流量和扬程损失，致使水泵工作效率降低，水泵性能下降，且会破坏过流部件，甚至致使水泵不能工作的现象。通常预旋的角度不应超过 5°，否则会对水泵的运行造成较大的影响。

（2）水泵吸入口流速不恒定

由于水泵在抽水时，吸入口的流速不均匀，当流速达到较大的变化幅度时，会造成水泵叶轮和轴承负载不平衡，导致振动产生噪声。在实际运用中，吸入口流速不均是无法避免的，我们需要做的是减小流速变化幅度，控制水泵吸入口轴向分速度的均值偏差不超过 10%。

（3）集水池水体产生漩涡

集水池内的水流流动速度是不均衡的，这是因为水在水泵中，受到了水泵台数、集水池形状以及其位置和布置形式的影响。由于水流流速的不均匀，当空气进入水体中时，使泵站多处产生漩涡，造成汽蚀现象。泵机组随之引起大分贝的噪声、振动等，使其工作能力大打折扣。

城市下穿立交道路多数位于城市的交通要道，对于降低集水池不利水力现象的影响有着重要的意义。在着重寻找降低其不利影响的方法过程中，应该系统地从排水系统的布置、集水池位置以及形式的布置、泵站选址以及泵的类型方面综合考虑。如在雨水流入集水池前，尽量使雨水朝着泵站正向进水；当条件受限制，有多个方向的来水时，应在它们进入泵站前先汇集，再沿着直线段匀速流入集水池；而为了保证水流能匀速流动，在经济技术条件允许的情况下，应尽可能延长直线段的距离，直线段距离通常为 5~10 d（d 为进水管直径）。

由于我国雨水泵站集水池的设计通常只是为了减小水泵的工作压力,使水泵能够有效地运行并且确保吸水口等设施所需要的容积,导致在暴雨时集水池的雨水量会超过其设计水位,水泵频繁启停,导致水泵使用性能下降。而城市下穿立交道路又属于易发生积水路段,因此在选择集水池计算容积公式时,建议采用国外的计算方法或者用于大中型雨水泵站的秒换水系数法,确保整个排水系统的排水安全。

三、道路大排水系统设计

(一)地表径流行泄通道设计

对于地表径流行泄通道,主要有地表漫流(竖向控制)、道路路面及带状生态沟渠等形式。其中,地表漫流主要通过竖向规划、设计实现,良好的竖向条件作为"非设计地表径流行泄通道",利于排水防涝。此外,还应重视道路低点渐变下凹的人行道、小区低洼处底部打通的围墙等区域的设计,以便于地表径流顺畅汇入设计径流行泄通道及调蓄设施。

对于道路径流行泄通道、沟渠,其设计应根据当地内涝防治设计标准,计算该设计标准对应的汇水区域径流总量和排水管渠系统的最大排水量,由此得出需要地表行泄通道排除的径流量,并计算得出该道路最大汇水面积,与实际汇水面积进行比较,由此反复进行校核与设计调整,直至满足设计标准要求。道路路面的排水能力可根据路面积水深度、积水延伸宽度、道路构造形式、横纵坡度等多种因素综合分析计算确定。生态沟渠设计与道路路面排水设计类似,其排水能力计算可采用明渠均匀流计算公式。高重现期降雨条件下(超过沟渠自身设计标准)一般是生态沟渠与道路路面方式组合成为地表径流行泄通道,这时在计算排水能力时需将二者的过流流量进行叠加计算,然后对最大可服务面积进行计算校核。

当汇水面积较大时,建议采用模型模拟分析,模拟城市管网、地表径流行泄通道与周边调蓄空间、末端河道的综合耦合作用。

1. 确定地表行泄通道

地表行泄通道的选择应依据当地水文条件、地形地貌分析及不同降雨条件下的内涝风险评估等因素综合确定。

2. 汇水区水文分析

汇水区水文分析应包括下列内容：区域降雨资料调研分析；汇水区总边界、整体竖向、用地构成分析；确定汇水区道路网布局与竖向；分析道路作为排水通道时的径流区域范围及其水力特性；区域内道路周边可用于设计生态沟渠的绿地布局分析；雨水管道的设计重现期及雨水管道和雨水口淤堵情况分析；分析其他相关的水问题，如内涝、污染等；明确地表排水方向；明确汇水区关键节点竖向、断面控制要求，如汇流路径交叉点、道路交叉口等。

3. 确定地表径流行泄通道设计重现期与暴雨强度

地表径流行泄通道承担超过地下管渠系统的超标径流的排放，因此，较高的排水防涝标准是由小排水系统（地下管渠系统）和大排水系统（地表路面/沟渠、调蓄水体、深险等）共同承担，综合作用达到的。

地表径流行泄通道的设计降雨选择有以下四个步骤：

选择适合的内涝防治设计重现期；

确定超过小排水系统的流量；

确定合适的设计降雨历时；

确定设计降雨的暴雨强度，结合管网重现期确定行泄通道排水设计重现期。

（二）汇水分区划分

1. 划分方法

（1）数字高程模型 DEM 划分

目前 DEM 是用于流域地形分析的主要数据，主要用于根据流域中河流水系、地形地貌提取分水线和汇水路径，实现地形的自然分割。基于以上分析研究，也应用于城市环境的水文特征分析。

（2）实际踏勘人为划分

通过收集城市水系、管网、地形及道路等资料，结合现场目测和人为估计，在 CAD 图或地图上人工勾画出城市排水分区，这种划分方法存在较大误差，不能准确判断雨水汇流路径，精度较差。

（3）模型模拟汇流路径划分

在排水模型中建立 1D 与 2D 模型耦合，分析汇水区时结合管网排水与道路汇流排水路线。在 DEM 数据分析的基础上，分析高重现期降雨时径流漫过分水岭的情形，体现雨水管段分区合并的过程，得出超标径流情境下以管网和地表汇流为基础的汇水分区。

2. 不同控制目标对应的汇水区划分

（1）雨水管渠设计标准的排水分区

管网设计重现期对应的汇水区划分，主要以雨水出水口为终点，以雨水管网系统和地形坡度为基础，排水分区相对独立，不互相重叠。地势平坦的地区，按就近排放原则采用等分角线法或梯形法进行划分，地形坡度较大的地区，按地面雨水径流方向进行划分。主要采用泰森多边形工具自动划分管段或检查井的服务范围，再根据雨水系统出水口进行合并得到。

（2）防洪设计标准的排水分区

此排水分区为流域排水分区，以地形和河湖水系为主要依据，以河道、行政区界及分水线等为界线划定，汇水区之间没有公共边界，一般情况下是不变的。

（三）蓄排组合设施设计

蓄排组合设施在内涝防治系统中至关重要。蓄排组合设施应以城市总体规划、城市排水防涝规划及海绵城市专项规划为依据，结合降雨规律和暴雨内涝风险等因素，统筹规划，合理确定布局规模。在一个系统中，究竟是采用地下/地面调蓄设施，还是蓄排设施的组合布局，需要通过具体项目具体分析。根据调蓄设施与排水管渠、径流行泄通道位置关系及运行情况的不同，分为在线式和离线式两种，可根据实际条件选用。

关于调蓄设施的设计，应根据项目条件，考虑兼顾峰值控制、径流污染控制及休闲娱乐功能，其规模可根据调蓄设施汇水面水文计算、调蓄设施水位变化对应的出流口水力计算，得到设施的入流和出流过程线后确定。总结国内外调蓄设施相关计算方法，调蓄设施计算方法主要采用对降雨历时内进出调蓄设施的径流流量与时间积分值的最大值，即在计算径流流量的基础上，通过积分求得不同历时内进出调蓄设施径流总量差值的最大值。目前较为精确的计算方法为基于质量守恒定律的有限差分法，分析计算一系列时间步长内入流和出流过程线的差值，从而确定蓄水体积和水面高程变化的过程。

　　调蓄设施的进水方式一般为排水管渠、地表径流行泄通道等，主要提出一种地表径流行泄通道与调蓄塘组合的设计方法。其主要核心概念为超过小排水系统排水能力的超标径流流量，采用基于暴雨强度公式的芝加哥雨型/长历时降雨时程分配计算地表径流行泄通道的流量过程线，地表径流行泄通道与调蓄塘顺接，其排放通道末端出口流量过程线即调蓄设施进水流量过程线。行泄通道流量过程线通过地表汇流计算方法获得。调蓄设施设计根据调蓄设施形式、构型和出口结构通过有线差分法演进分析计算获得出流过程线，最大外排流量与开发前相应重现期降雨时间下的峰值流量校核，不合理的话可重新调整出水口尺寸或调蓄设施容积，最终满足区域内涝防治标准。

第二章
城市道路设计方法

第一节　城市道路路基设计

一、路基土的干湿类型

路基的强度和稳定性在很大程度上与路基的湿度及大气温度引起的路基水温状况有关系，路基的湿度还直接影响路面结构层的选择和厚度的确定。

路基按土的干湿状态不同，可分为干燥、中湿、潮湿和过湿。为了保证路基路面结构的稳定性，一般要求路基处于干燥或中湿状态，过湿状态的路基必须经过处理方可铺筑路面。影响路基土湿度的因素包括大气降水、地表水和地下水等。此外，毛细水、水蒸气凝结水等也会影响路基的湿度，其影响程度随当地自然和气候条件及所采取的工程措施等而不同。

1. 路基干湿类型应根据不利季节路床顶面以下 80 cm 深度内路基土的湿度状况而确定。

2. 对新建道路，路基湿度状况可以根据当地的实际条件，结合路基土的类型，通过基质吸力进行预估。所谓基质吸力是指在路基土中，孔隙气压力与孔隙水压力不相等，并且孔隙气压力大于孔隙水压力，孔隙气压力与孔隙水压力之差就是基质吸力。

具体来说，路基土的湿度可以根据实测在最不利季节路床顶面以下 80 cm 深度内土的平均稠度划分。

$$\omega_c = \frac{\omega_L - \omega}{\omega_L - \omega_P}$$

式中：

ω_c ——土的平均稠度，%；

ω_L ——土的液限含水率，%；

ω_P ——土的塑限含水率，%；

ω ——土的平均含水率，%。

土的平均稠度准确地表示了土的各种形态与湿度的关系，稠度指标综合了土的塑限、液限，全面直观地反映了土的软硬程度，物理概念明确。

二、路基土的压实

土是由土颗粒、土颗粒之间的孔隙中所包含的水和空气组成的三相体。在路基施工过程中，土的原始天然结构被破坏，为了使路基具有足够的强度和稳定性，就必须进行人工压实使土颗粒重新排列，互相靠近，小颗粒土填充于大颗粒土之间的孔隙中，挤出孔隙中的空气，降低土体孔隙率，提高土体的密实度，增加土的内摩擦力和粘聚力。因此路基土的压实可以提高土体的密实度，降低土体的透水性，降低毛细水的上升高度，防止水分的聚集和侵蚀导致土基软化或因冻胀引起不均匀变形。为路面正常工作提供有利条件，是路基施工过程的一个重要工序，也是保证路基强度和稳定性的根本措施之一。

（一）填料的选择

路基土按照有机质含量多少，划分为有机土和无机土两大类。无机土按照颗粒直径大小划分为巨粒土、粗粒土和细粒土3类。

理想的路堤填料应该是稳定性好、压缩性小的材料。砾石、不容易风化的石块是最好的填料；碎（砾）石土是良好的填料；砂性土是填筑路堤良好的材料；黏性土不是理想的路基填料；粉性土是最差的筑路材料；重黏土一般不用作筑路材料。

1. 路床填料最大粒径应小于 100 mm，路床顶面横坡应与路拱横坡一致。

2. 填方路基应优先选用级配较好的砾类土、砂类土等粗粒土作为填料，填料最大粒径应小于 150mm。

3. 泥炭、淤泥、冻土、强膨胀土、有机土及易溶盐超过允许含量的土等，不得直接用于填筑路基。冰冻地区的路床及浸水部分的路堤不得直接采用粉质土填筑。液限大于 50%、塑性指数大于 26 的细粒土，不得直接作为路堤填料。

（二）路基土的压实设计

1. 压实指标和标准

通常采用干密度作为表征路基密实度的指标，路基的压实程度通常用压实度表示。压实度是指压实后土的干密度和该种土室内标准击实试验下所得的最大干密度之比，即：

$$K = \frac{\ddot{a}}{\ddot{a}_0}$$

式中：

　　　　$\ddot{a}$——工地试样的干密度，g/cm^3；

　　　　$\ddot{a}_0$——击实试验得到试样的最大干密度，g/cm^3。

路基压实度的确定应该根据气候条件、土基的水温、道路等级和路面类型等情况进行确定。道路等级越高，压实度要求越高，路基上部压实度比路基下部高。在路基压实过程中只有达到规定的压实度，才能保证路基的强度和稳定性。

2. 影响路基压实效果的因素

影响路基压实效果的因素包括内因和外因两个方面，内因主要是含水量和土的性质，外因包括压实功能、压实机具和压实方法等。

（1）含水量，含水量是影响土体压实效果的决定性因素。在最佳含水量的条件下，土体处于硬塑状态，容易获得最佳的压实效果，强度最高，水稳定性最好。在一定的压实功的作用下，通过击实试验可以获得土的含水量和干密度之间的关系曲线。

土的干密度随含水量的变化而变化，当含水量达到一特定值时，土的干密度达到最大。干密度达到最大后，随着含水量继续增加，土中的孔隙更多地被水占据，压实时水的体积不能被压缩，而其密度又小于土颗粒密度，因此土的干密度随着含水量的继续增加而减小。

所谓最佳含水量是指在一定的压实条件下，可以使土体达到最大干密度时的含水量。实践表明，在最佳含水量时压实到最大干密度的土体，在遇水饱和后其密度和强度下降的幅度最小，其水稳性最好。同时最大干密度时的土体孔隙率最小，因此吸水量最小，密实度下降也最小。

（2）土的性质。不同性质的土对压实效果也有很大的影响。土质不同，最佳含水量和最大干密度也不同，分散性（液限、黏性）较高的土，其最佳含水量较高，干密度较低。砂性土的压实效果优于黏性土，主要原因是黏性土较细，表面积较大，土颗粒表面水膜所需的湿度较大；砂性土颗粒较大，呈松散状，水分易散失。

（3）压实功能和时间。压实功能指压实作用的大小，如压实机具的重量、碾压次数、落锤高度、作用时间等。研究结果表明：同一种土，随着压实功能增大，土的干密度提高，最佳含水量减小。因此在实际工程中可以通过增加压实功能来提高路基强度，降低最佳含水量；压实时荷载作用时间越长，土的密实度越大，压实效果越好。当压实功能和压实时间提高到一定程度时，压实效果的提高将变得缓慢，甚至会破坏路基结构，在经济效益和施工组织上也不尽合理。因此，严格控制最佳含水量比增加压实功能的效果要好很多。

（4）压实工具。不同压实工具的压力对深度有不同影响，因此压实效果也不同。通常夯击式机具作用深度最大，振动式次之，静力碾压式最浅。

对于处在特殊气候，或者存在重要管线保护等地区的路基，如标准实施确有困难，条文规定，在不影响路基基本性能的前提下，本着可靠、可行、经济的原则，可适当放宽重型击实的标准。

专用非机动车道和人行道的路基荷载水平相对较低，故压实度标准可按机动车道降低一个等级执行，但必须避免不同部位压实差异可能造成的稳定性隐患或者不均匀变形。

对于零填方、挖方及填方高度小于 80 cm 的路段，在整个路床（0~80 cm）范围内按照一个标准来控制压实，操作难度大且不经济。考虑到车辆荷载沿路基深度的分布特征，可以采用"过渡性压实"的方法来控制不同深度的路基压实，下路床部分的压实标准较上路床部分可略有降低。

三、路基断面形式设计

按照路基挖填条件不同，常见的城市道路路基横断面形式可分为路堤、路堑和半挖半填 3 种类型。其断面由路基宽度、边坡、路基高度、排水结构（边沟、排水沟、截水沟等）、支护结构等部分组成。

路堤是指路基顶面高于原地面的填方路基。填方路基包括路床和路堤两部分。路床是指路面以下 80 cm 范围内的路基部分，分为上路床（0~30 cm）和下路床（30~80 cm）两部分。路堤是指路面以下 80 cm 至地基范围内的路基部分，路面底下 80~150 cm 范围内的填方部分为上路堤，上路堤以下的填方部分为下路堤。

路堑是指路基顶面低于原地面的挖方路基。路堑是从天然地面开挖而成的路基结构物，开挖破坏了原地面层的天然平衡状态，因此路堑设计的中心问题是结构的整体稳定性。

半挖半填路基是路堤和路堑的综合形式，横断面上部分为挖方部分，下部分为填方的路基，一般常用于丘陵山区及地面横坡较陡的路段。通常路中心线的设计标高接近原地面标高，可减少土石方数量，保持土石方数量的横向挖填平衡，半挖半填路基是一种比较经济的断面形式。

（一）路基的宽度

路基宽度为道路两侧路肩外边缘之间的宽度，是中间带、行车道、侧分带、路肩等宽度的总和。路基宽度应按道路等级、服务功能、交通特性，结合各种控制条件，在规划红线宽度范围内合理布设。道路占地必须综合规划、统筹兼顾，讲究经济效益，减少高填深挖，加强道路绿化美化。

（二）路基的高度

路基高度是指路堤的填筑高度加上路面结构厚度或路堑的开挖深度，即道路中桩原地面标高与路基设计标高之差，也可以称为路基填挖高度或施工高度。路基的填挖高度由路线纵断面设计确定。而边坡高度是指填方坡脚或挖方坡顶与路基边缘的高差。路基高度是保证路基稳定的重要措施，也是保证路基强度、减薄路面、降低造价的重要途径。

路基设计高度应使路肩边缘的路基相对高度不低于路基土的毛细水上升高度，并应满足冰冻的要求；对于沿河及浸水路段的路基边缘标高，不应低于路基设计洪水频率的水位加壅水高、波浪侵袭高度和 0.5 m 的安全高度。因此，路基最小填土高度应根据路基临界高度，结合沿线的具体条件及排水和防护措施，保证路基处于干燥和中湿状态。否则应采取相应措施，如换土、设置隔离层或修筑地下渗沟，避免地面积水或地下水浸入路基，保证路基工作区内的土基强度和稳定性。

（三）路基的边坡

路基的边坡一般用边坡高度和宽度之比来表示，即 $1:b/H=1:m$，比值称为边坡坡率。路基边坡的设计是路基设计的重要任务，其取值大小直接影响路基的填挖工程量和稳定性。

1. 路堤边坡

路堤边坡坡度主要根据填料性质、气象条件、边坡高度及基底的工程地质和水文地质条件综合考虑确定。如果路堤基底良好，路堤边坡坡度可以按照规范选定；高路堤需要进行边坡稳定性验算。

（1）边坡的形式

直线形是最常用的一种，适用于一般路堤。但从路堤受力条件看应上部陡下部缓，因此直线形路堤上部偏安全，下部偏危险。路堤高度大时，为了保证路堤安全，需要更缓的边坡坡率，因此需要占用更多的土地而造成浪费。

折线形采用上陡下缓的边坡形式，符合路堤的受力条件，上部下滑力减小，下部抗滑力增加。但边坡不应过多，增加施工难度。

台阶形一般每间隔一定高度（8~10 m）设置 1~3 m 的护坡道，护坡道具有 1%~3% 的向外横坡。台阶形适用于高路堤，设置护坡道可以增加路堤的稳定性，并作为坡面防护的通道。此外，护坡道可以减缓流经较长坡面的地面水流速度，防止坡面受冲刷。

（2）路堤边坡坡率

应根据填料的物理力学性质、边坡高度和工程地质条件确定。当地质条件良好，边坡高度不大于 20 m 时，边坡坡率应遵循表 2-1 的规定。

表 2-1 路堤边坡坡率的选用

填料类别	边坡坡率	
	上部高度（H≤8 m）	下部高度（H≤12 m）
细粒土	1:1.5	1:1.75
粗粒土	1:1.5	1:1.75
巨粒土	1:1.3	1:1.5
硬质岩土	1:1.1	1:1.3
中硬岩土	1:1.3	1:1.5
软质岩土	1:1.5	1:1.75

2. 路堑边坡

路堑边坡的稳定性主要和当地工程地质、水文地质和地面排水条件有关系。土质路堑边坡形式及坡度应根据工程地质、水文地质条件、边坡高度、排水措施、施工方法，并结合自然稳定山坡和人工边坡的调查及力学分析综合确定。

四、路基的防护和加固

为了确保路基的强度和稳定性，路基防护加固也是不可缺少的工程技术措施。防护和加固工程可以稳定路基，保证道路的使用品质，美化道路，保持其与自然环境的协调，提高投资效益。一般把防止冲刷和风化，主要起隔离作用的措施称为路基防护工程，防护的重点是路基的边坡。防止路基或山体因重力作用而坍塌，主要起支撑作用的支挡结构物称为路基加固工程，挡土墙是常见的支挡结构物。

（一）坡面防护

坡面防护又称边坡防护，其目的主要是防护易于冲蚀的土质边坡和易于风化的岩石边坡，保护路基边坡表面免受雨水冲刷，减轻温差和湿度变化的影响，防止和减缓软弱岩石表面的风化、碎裂和剥蚀过程，保护路基的稳定性，在一定程度上兼顾路基美化和协调自然环境。路基边坡应根据当地的气候环境、工程地质、材料供应和坡面具体情况，选用合适的防护类型。引起路基边坡变形和破坏的主导因素是水，因此，防水、治水、排水就成为坡面防护的首要任务。

　　常用的坡面防护方式有植物防护和工程防护。植物防护可美化路容，协调环境，调节边坡土的湿度，起到固结和稳定边坡的作用。对于坡高不大，边坡比较平缓的土质坡面，植物防护是一种容易且有效的防护设施；当不宜使用植物防护或考虑就地取材时，采用矿石、水泥、石灰等矿质材料进行坡面防护是常用的防护形式。在一定程度上，植物防护在边坡稳定和改善路容方面优于工程防护。常见的植物防护和工程防护见表2-2和表2-3。

表 2-2　常见的植物防护类型、特点和适用条件

类型	特点和适用条件
种草	适用于冲刷轻微、宜于种草的土质边坡；铺草皮适用于冲刷严重、需要快速绿化的边坡，且坡率缓于1:1的土质边坡和严重风化的软质岩石边坡
种树	适用于沿河路基，水的流速低，促使泥沙淤积，坡率缓于1:1.5的各种土质边坡和风化极严重的岩石边坡，尤其适用于堤岸边的漫水河滩，用来降低水流速度，使泥沙淤积，防止水流直接冲刷路堤。根据不同的防护要求，可按梅花形、方格形将树栽成条带状或连续式。为保证防护效果，最好与种草、铺草皮配合使用
三维植被网	适用于砂性土、土夹石及风化岩，且坡率缓于1:0.75的边坡防护。三维植被网中的回填土采用客土或土、肥料及含腐殖质土的混合物
骨架植物防护	骨架植物防护包括浆砌片石和水泥混凝土骨架植草护坡。浆砌片石骨架植草护坡适用于坡率缓于1:0.75的土质和全风化的岩石边坡；水泥混凝土植物护坡适用于坡率缓于1:0.75的土质边坡和全风化、强风化的岩石路堑边坡

表 2-3　常见的工程防护类型、特点和适用条件

类型	特点和适用条件
砂浆抹面	适用于易风化而表面完整、尚未剥落的岩石路堑边坡，抹面厚度根据材料和坡面状况而定，一般为2~10 cm
喷护	适用于坡率缓于1:0.5的易风化但未遭强风化的岩石路堑边坡。喷浆防护厚度不宜小于50 mm，采用的砂浆强度不应低于M10

类型	特点和适用条件
锚杆挂网喷浆	适用于坡面为碎裂结构的硬岩或层状结构的不连续地层，以及坡面岩石与基岩分开并有可能下滑的挖方边坡。锚杆应嵌入稳固基岩内，锚固深度应根据岩体性质确定
砌石护坡	干砌片石护坡适用于坡率缓于 1∶1.25 的土（石）质路堑边坡，干砌片石护坡厚度不宜小于 250 mm；浆砌片（卵）石护坡适用于坡率缓于 1∶1 的易风化的岩石和土质路堑边坡，浆砌片（卵）石护坡的厚度不宜小于 250 mm

（二）挡土墙

深挖、高填、沿河等路段的路基边坡，必须根据其工程特性进行路基防护设计。对存在稳定性隐患的路基，应进行稳定性分析，当稳定性不满足要求时，必须采取加固措施。

挡土墙简称挡墙，是支挡土体而承受侧向土压力的墙式支挡结构物，具有阻挡墙后土体滑塌、保护和收缩边坡等功能，是一种常见的路基加固方式。挡土墙可以保证路基边坡或山坡土体稳定，支挡天然边坡、挖方边坡和人工填方边坡，收缩边坡，减少路基占用土地，支撑隧道洞口、桥头及河流岸壁，等等。在道路工程中，被广泛用于支撑路堤或路堑边坡、隧道洞口、桥梁两端及河流岸壁等。

1. 挡土墙的类型

（1）按照设置位置

挡土墙可分为路堤墙、路堑墙和路肩墙。路堤墙一般设在高路堤、陡坡路堤或者沿河路堤处，可以防止路堤滑动、收缩坡脚；路堑墙一般设在路堑边坡处，支挡开挖后不能自行稳定的边坡，减少挖方数量；路肩墙设在高路堤、陡坡路堤的路肩下方，可以防止路基边坡或基底滑动，防止水流冲刷边坡。

（2）按照挡土墙的结构形式

挡土墙可分为重力式、锚定式、薄壁式和加筋式等。各类挡土墙的使用范围取决于墙址地形、工程地质、水文地质、建筑材料、墙的用途、施工方法、技术经济条件及当地的经验等因素。

①重力式挡土墙。重力式挡土墙通过依靠自身的重力抵抗墙后土体的侧向压

力来维持稳定。一般就地取材采用片（块）石砌筑，在缺乏石料的地区可以用混凝土修建。重力式挡土墙圬工数量大、结构形式简单、取材容易、施工方便、适应性强，故被广泛应用。但是由于圬工数量大，因此对地基的承载能力要求较高。

②薄壁式挡土墙。薄壁式挡土墙一般是钢筋混凝土结构，包括悬臂式和扶壁式两种形式。它主要是依靠底板上的土压力平衡侧向土压力，具有断面尺寸小、圬工数量小、自重轻等特点，适用于石料缺乏、地基承载能力较低的填方路段。

③加筋式挡土墙。加筋式挡土墙由竖直墙面板、拉筋和墙内填料三部分组成。每隔一定高度设置水平拉筋，然后填土压实，通过拉筋和填料之间的摩擦力把侧向土压力传递给拉筋，从而维持土体稳定。拉筋材料可以采用薄钢带、高强度土工合成材料等。

④锚定式挡土墙。锚定式挡土墙一般分为锚杆式和锚定板式两种类型。锚杆式挡土墙主要是由混凝土立柱、挡土板构成墙面，与水平或倾斜的钢锚杆联合组成。锚杆一端与肋柱连接，另一端被锚固在山坡深处的稳定岩层中，通过锚杆的抗拔力来抵抗墙后土压力，保持墙的稳定。适用于墙高较大的岩质路堑地段。锚定板式挡土墙由锚定板、拉杆、钢筋混凝土墙面和填土组成，锚定板被埋在墙后的稳定土层内，通过锚定板的抗拔力来抵抗墙后侧向土压力，维持墙的稳定。适用于缺乏石料地区的路肩墙、路堤挡土墙。

2. 挡土墙的构造

挡土墙一般由墙身、基础、填料和排水设施、沉降缝和伸缩缝组成。其构造必须满足强度与稳定性的要求，同时应考虑就地取材、经济合理、施工养护的方便和安全。

（1）墙身。挡土墙墙面和墙背坡度应根据墙址处地形情况及经济比较进行合理选择。墙背仰斜时，其坡率一般采用 $1:0.3 \sim 1:0.25$；俯斜时一般为 $1:0.4 \sim 1:0.25$；凸形折线式或衡重式下墙，墙背多采用坡率为 $1:0.3 \sim 1:0.25$ 的仰斜，上墙墙背根据上墙高度，采用 $1:0.45 \sim 1:0.25$ 的坡率。墙面一般为直线，其坡率一般应与墙背坡度相协调。地面坡度较陡时，坡率可取 $1:0.2 \sim 1:0.05$；地面坡度较缓时，坡率可取 $1:0.35 \sim 1:0.2$。

（2）基础。挡土墙基础形式的选择主要根据所在位置的地质条件来决定，主要包括普通基础、扩大基础、切割台阶基础和拱形基础。基础的埋置深度应按照地基的性质、冻胀的影响、地形和水文条件来确定。为保证挡土墙的稳定，应保证基础底部土层允许承载力大于可能出现的最大应力，同时也要保证基础不受地下水的冲刷。

（3）填料和排水设施。挡土墙的填料应采用易于压实、内摩擦较大、透水性好、遇到水不膨胀和非冻性的材料。挡土墙的排水方式包括地面排水和墙身排水两部分。

（4）伸缩缝和沉降缝。为了防止墙身因不均匀沉降而引起的墙身断裂，在地基性质、墙高和墙身断面等条件变化处应设置沉降缝。为了防止混凝土或砖石砌体因为温度变化而产生裂缝，应该设置伸缩缝。设置时将沉降缝和伸缩缝合并设置，沿线方向每隔 10~15 m 设置一道，缝宽 2~3 cm。

第二节　城市道路路面设计

一、沥青路面的结构设计

沥青路面是铺筑在柔性基层、半刚性基层上具一定厚度的沥青混合料面层的路面结构。沥青面层是由沥青材料、矿料以及外掺剂按要求比例混合或分层洒铺铺筑而成的单层、多层结构层。沥青路面由于使用了粘聚力较强的沥青材料作为结合材料，大大加强了矿料之间的粘聚力，从而提高了混合料的强度和稳定性，使路面的使用性能和耐久性都得到了提高。

沥青路面施工的方法可分为层铺法、路拌法和厂拌法等，施工方法便于机械化施工，质量易得到保证，施工进度较快，沥青路面材料养护期短，交通开放快并且便于修补和分期修建。与水泥混凝土路面相比，沥青路面具有路面使用质量和耐久性好、无缝、表面平整、行车舒适、噪声低、耐磨、施工期短、养护维修简便等优点。同时也具有沥青路面抗拉弯强度较低，沥青面层温度稳定性差等缺点。

第一，沥青路面结构设计的内容。

　　沥青路面设计的主要任务就是提供适应环境并能够承受预期交通荷载的路面结构，应为汽车行驶提供快速、舒适、安全、稳定的服务功能，并满足设计交通量下应具有足够的整体刚度及各结构层的应力应变要求。为提高路面设计质量，使路面工程在设计年限内满足各级公路相应的承载能力和安全、耐久的要求。沥青路面设计包括：

　　路面结构层材料的调查和选择；

　　沥青混合料配合比设计及基层材料配合比设计；

　　设计参数的测试和确定；

　　路面结构层组合设计；

　　路面结构层厚度计算；

　　路面结构的方案比选。

　　除了行车道路面外，路面设计还包括路缘带、匝道、硬路肩、紧急停车带、公交车站、停车场、城市广场及路面排水系统设计等。

　　第二，沥青路面结构设计的原则。

　　路面设计应认真做好现场资料收集，掌握沿线路基特点，查明路基干湿类型，在对不良地质路段处理的基础上，进行路基路面综合设计。

　　在满足交通流量和使用要求的前提下，应遵循因地制宜、合理选材、节约投资的原则，选择技术先进、经济合理、安全可靠、方便施工的路面结构方案。

　　应结合当地条件，积极、慎重地推广新材料、新工艺、新技术，并认真铺筑试验段，总结经验，不断完善，逐步推广。

　　设计方案应符合国家环境保护的有关规定，注意施工中废弃料的处理，积极推广新技术。

　　沥青路面属于柔性路面，其强度和稳定性在很大程度上取决于基层、垫层和土基等特性。在进行沥青路面设计时，应注意以下几点。

　　第一，沥青路面的抗弯拉强度较低，因此需要其基础具有足够的强度和稳定性。基层设计必须具有足够的强度，并且能够保证在水、温度作用下具有良好的稳定性。路表弯沉70%~95%取决于路基，因此路基必须密实、均匀、稳定。控制好路基土的压实度和含水量，提高路基强度是沥青路面综合设计的首要措施，其次是提高基层的模量和厚度。

第二，沥青路面低温时，其抗变形能力下降很多，因此在季节性冰冻地区的中湿和潮湿路段需要设置防冻垫层，以防止路基不均匀冻胀而导致沥青路面开裂。

第三，为提高沥青路面结构的整体性，应采取一定的工程措施，如设置粘结层来加强路面结构各层之间的紧密结合，保证各结构层之间不产生层间滑动。

（一）沥青路面材料特性

1. 沥青混合料的强度特性

沥青混合料是指由矿料与沥青混合料拌和而成的混合料的总称，它是一种复杂的多成分材料，属于黏、弹塑性材料，其强度取决于矿物骨架结构、沥青的结构、矿物材料与沥青材料相互作用的特点、沥青混合料的密实度及其毛细孔隙结构特点等因素。

沥青路面按强度可分为密实类和嵌挤类两种。密实类是指沥青混合料的强度是以沥青和矿料之间的粘聚力为主，矿料之间的嵌挤力和内摩擦力为辅的沥青路面。它具有强度大，但路面强度会随着温度升高、受潮以及荷载作用时间延长而降低等特点，沥青混凝土路面属于这种结构。嵌挤类是指沥青混合料的强度以矿料之间的嵌挤力和内摩擦力为主，粘聚力为辅的沥青路面。它具有热稳性好，孔隙率大，易渗水，耐久性差等特点，沥青贯入式、沥青表面处治、沥青碎石路面属于这种结构。

表征沥青混合料力学强度的参数是抗剪强度、抗压强度、抗拉（包括抗弯拉）强度。一般情况下，沥青混合料均具有较高的抗压强度，而其抗剪和抗拉（抗弯拉）强度较低。因此沥青路面的损坏，往往是从拉裂或滑移开始而逐渐扩展的。

（1）抗剪强度

沥青混合料的剪切强度可按摩尔-库仑原理进行分析，沥青混合料的抗剪强度主要取决于沥青与矿料相互作用产生的粘聚力以及矿料在沥青混合料中相互嵌挤产生的内摩擦角。粘聚力和内摩擦角可采用三轴试验进行确定。

$$\tau_{max} < \sigma \tan\varphi + c$$

式中：

τ_{max} ——在外荷载作用下某一点产生的剪应力，MPa；

σ ——在外荷载作用下某一点剪切面上的正应力，MPa；

φ——材料的内摩擦角；

c——材料的粘聚力。

（2）抗拉强度

在气候较寒冷地区，冬季低温情况下，特别是急剧降温时，沥青混合料收缩，如果收缩受到限制，将在路面内产生拉应力，如果该应力超过沥青混合料的抗拉强度，路面就会产生开裂。因此要求沥青混合料具有足够的抗拉强度。沥青混合料的极限抗拉强度为：

$$S_t = 2P_{max} / \pi t d$$

式中：

P_{max} ——破坏荷载，MN；

t ——劈裂试件的厚度，m；

d ——劈裂试件的直径，m。

（3）抗弯拉强度

沥青混合料在车辆荷载反复作用下，往往因路面弯曲而产生开裂破坏。沥青混合料的抗弯拉强度为：

$$\sigma_t = P / h^2$$

式中：

P ——最大荷载，MN；

h ——试件的高度，m。

2. 沥青路面的温度稳定性

（1）沥青路面的高温稳定性

沥青混合料具有强度和抗变形能力随温度升高而降低的特点。温度升高时，沥青的黏滞度降低，矿料之间的粘聚力减小，导致强度降低，沥青混合料易出现剪切破坏。由于沥青混合料的这种性质，导致沥青路面稳定性和工作状况变差，使用性能降低。例如夏季高温时，在停车地点（平面交叉口、公共汽车站、收费站等）和行车变速的路段上，由于汽车的启动与制动、加速和减速，路面受到很大的水平作用力且在车辆重复荷载作用下会发生变形累积，如果沥青混合料的高温稳定性不足，路面就会出现较大的剪切变形，形成推移、车辙和拥包等破坏现象。因此提高沥青混合料的高温稳定性是十分必要的。

（2）沥青路面的低温稳定性

沥青路面的强度虽然随着温度的降低而增加，但其刚度也随着温度的降低而增加，刚度的增加导致其抗变形能力降低。特别是温度急剧下降时，沥青混合料受基层约束而不能收缩，将会产生很大的温度应力，若累积温度应力超过沥青混合料的极限抗拉强度，路面就会出现开裂等破坏现象。这种破坏现象可分为两种情况，一种是由于温度下降而造成路面表面开裂而逐渐发展成裂缝；另一种是由于冰冻作用导致路基、基层收缩，基层出现开裂逐渐延伸到沥青面层而产生裂缝。低温产生的路面裂缝大多是横向的，这往往是沥青路面损坏的开始，裂缝会进一步发展，随着雨水由裂缝渗入路面结构，逐渐导致路面工作状况的恶化。

3. 沥青路面的水稳定性

水可以使沥青从矿料表面脱落而出现路面水毁坏的现象。提高沥青路面水稳性的措施包括提高沥青与矿料之间粘聚力、在沥青中掺加抗剥落剂以及矿料用石灰浆处理。

（二）沥青路面的结构组合设计

沥青路面各结构层如何选择和布置，使整个路面结构既能够经受住行车荷载和各种不利的自然因素的作用，又能发挥结构层材料的最大效能，这是沥青路面结构组合设计所要解决的问题。

1. 路面结构组合的原则

（1）根据各结构层功能和交通的特点选择层次结构。

由于面层、基层和垫层的作用是不同的，因此面层材料应选择高强度、耐磨、热稳定性好以及不透水的材料；基层是主要的承重层，应选用有足够的强度、刚度和水稳性的材料；垫层应隔水、隔温，应选择水稳性、隔热性和吸水性好的材料。

（2）采用适当的层数和层厚。

路面结构层数越多，越能体现材料内应力和应变的规律，层厚应考虑施工和造价，自上到下，应由薄到厚。

（3）根据各层的结构特点，做好层间组合结构层。

各层间应该紧密稳定，消除相邻层间的不利影响。一般可以在沥青面层和半刚性基层或粒料基层之间设置连接层；沥青路面不能直接铺筑在片石基层上，应该设置碎石过渡层；在多雨地区或多雨的施工季节，为了防止雨水渗入基层，可以用单层的沥青表面处置做下封层。

（4）路面等级、面层类型和厚度的选择。

应满足交通量的要求，沥青路面类型应根据道路等级、使用要求、交通等级，并考虑施工难易和材料供给、施工机械设备等因素进行选择。

2. 路基设计要求

在不利季节路基顶面设计回弹模量值，对快速路和主干路不应小于 30 MPa；对次干路和支路不应小于 20 MPa。当不能满足上述要求时，应采取措施提高路基的回弹模量。

路床应处于干燥或中湿状态。

季节性冰冻地区各级公路的中湿、潮湿路段，设计时应进行防冻厚度检验。防冻厚度与路基潮湿类型、路基土类、道路冻深以及路面结构层材料的热物性有关。若结构层总厚度小于最小防冻层，应增加防冻层使其满足最小防冻厚度的要求。

3. 垫层设计要求

垫层应具有一定的强度和良好的水稳定性。

在下述情况下，应在基层下设置垫层：季节性冰冻地区的中湿或潮湿路段；地下水位高、排水不良，路基处于潮湿或过湿状态；水文地质条件不良的土质路堑，路床土处于潮湿或过湿状态。

垫层宜采用砂、砂砾等颗粒材料，小于 0.075 mm 的颗粒含量不宜大于 5%。

排水垫层应与边缘排水系统相连接，厚度宜大于 150 mm，宽度不宜小于基层地面的宽度。

4. 基层设计要求

基层是主要承重层，应具有稳定、耐久、较高的承载能力。基层可为单层或双层，无论是沥青混合料或粒料类基层，还是半刚性基层、刚性基层，均要求具有相对较高的物理力学性能指标。例如，半刚性基层应具有足够的强度和稳定性，较小的温缩、干缩变形和较强的抗冲刷能力，在冰冻地区还应具有一定的抗冻性；用作上基层的半刚性材料宜选用骨架密实型级配，应具有一定的强度、抗疲劳开裂性能与抗冲刷能力。

基层、底基层设计应贯彻就地取材、就近取材的原则，可选用无机结合料、稳定集料类或沥青混合料、粒料、贫混凝土等材料。根据交通量及其组成、气候条件、筑路材料以及路基水文状况等因素，选择技术可靠、经济合理的结构。

基层材料应根据交通等级、气候条件等具体选定。石灰稳定类材料宜用于各类交通等级的下基层以及重、轻交通的基层。刚性基层适用于重交通、特重交通及港区等的道路工程。刚性基层最小厚度应大于150mm。

5. 沥青面层设计要求

应根据使用要求、气候特点、交通荷载与结构层功能要求等因素，结合沥青层厚度和当地经验，合理地选择各结构层的沥青混合料类型。表面层宜选用SMA、AC-C 和 OGFC 沥青混合料，在各个沥青层中至少有一层应为密级配沥青混合料。

沥青材料品种与标号的选择应根据道路等级、气候条件、交通量及其组成、面层结构与层次、施工工艺等因素，结合当地使用经验确定。

沥青面层结构可采用单层式、双层式和三层式：单层式面层应以加铺封层，或者铺筑微表处作为抗滑磨耗层；双层式沥青面层结构分为表面层、下面层；三层式沥青面层结构分为表面层、中面层、下面层。

面层各层的混合料类型应与交通荷载等级及使用要求相适应，并应符合下列规定。

A. 表面层应选用优质混合料铺设，并根据道路交通等级选择。轻交通道路，宜选用密级配 AC-F 型混合料；中交通道路，宜选用密级配粗型 AC-C 型混合料；重交通和特重交通道路，应选用 SMA 混合料、密级配粗型 AC-C 混合料，结合料应使用改性沥青；支路可选用沥青表面处治和沥青封层；交通量小的支路可选用冷拌沥青混合料。

B. 中面层和下面层应采用密级配 AC 型混合料。在特重交通和重交通道路上，宜使用 SMA 混合料或改性沥青密级配 AC 型混合料。

C. 在年平均降雨量大于 800 mm 的地区，快速路宜选中级配沥青混合料

OGFC 作为沥青表面磨耗层或者排水路面的表面层。

各类沥青面层的厚度应与混合料最大公称粒径相匹配，混合料一层的最小压实厚度宜符合下列规定：AC 混合料路面厚度不宜小于混合料公称最大粒径的 3 倍；SMA 混合料和 OGFC 混合料路面厚度不宜小于混合料公称最大粒径的 2.5 倍。

沥青路面各结构层之间应保持紧密结合。各个沥青层之间应设粘层；各类基层上应设透层；快速路、主干路的半刚性基层上宜设下封层。

非机动车道、人行道、步行街采用沥青路面铺装时，沥青混合料面层厚度不应小于 30 mm，沥青石屑、沥青砂面层厚度不应小于 20mm。

二、水泥混凝土路面结构设计

（一）概述

水泥混凝土路面主要指以水和水泥合成的水泥浆为结合料，碎砾石为骨料，砂为填充料，按照适当的比例，铺筑而成的路面。即用水泥混凝土作为面板或基（垫）层所组成的路面。水泥混凝土路面具有刚度高和强度高，耐久性好；稳定性，水稳性和温度稳定性优于沥青路面；平整度和粗糙度好；养护费用少，运输成本低；路面色泽鲜明，能见度好，利于夜间行车等优点。但是路面必须设置接缝，增加施工和养护的难度，且易引起跳车，影响行车舒适性；混凝土需要养护，施工后不能立即开放交通；挖掘和修补困难，施工工艺较沥青路面复杂；对水泥和水的需求量大等缺点。

1. 水泥混凝土路面的分类

水泥混凝土路面按照面层类型可分为以下几种。

第一，普通混凝土（素混凝土或无筋混凝土）路面，只在接缝和局部范围内部设置钢筋的水泥混凝土路面，它是目前我国采用最广泛的一种水泥混凝土路面。

第二，钢筋混凝土路面，是指为了防止混凝土面层产生裂缝而在板内设置横、纵向钢筋或钢筋网的水泥混凝土路面。钢筋混凝土路面适用于混凝土板尺寸较大、形状不规则、路基或基层可能产生不均匀沉降的路段。

第三，连续配筋混凝土路面，是指除了在邻近的构造物或与其他路面交接处设置胀缝以及施工需要设置施工缝外，在路段内部不设置横缝。而连续配置纵向或横向钢筋的路面，由于钢筋用量较大，所以造价较高。

第四，钢纤维混凝土路面，是指在混凝土中掺加钢纤维的路面。钢纤维可以提高混凝土的韧度和强度，因此其路面厚度小于普通钢筋混凝土路面。一般适用于标高受到限制的路段的路面、旧混凝土路面上加铺层、桥面铺装、公共汽车站等地点。

第五，预应力混凝土路面，是指对混凝土面板施加预应力以抵消部分轮载和温度产生的拉应力的路面。它具有较大的柔性和弹性，可适应基础较大的不均匀变形，一般面板厚度 10~15 cm，板长可达 100~150 m。

2. 混凝土路面的设计内容

第一，路面的结构组合设计。是指根据交通繁重程度，结合当地环境条件和材料供应情况，选择安排混凝土路面的结构层次，包括土基、垫层、基层和面层的结构层次，各层的路面结构类型、弹性模量和厚度。技术先进、工程经济合理的路面结构组合设计方案，应能保证混凝土面板在设计使用期内能承受预期交通的作用、提供良好的使用品质。

第二，混凝土面板的厚度设计。是指按照设计标准的要求，确定满足设计年限内使用要求所需的混凝土面层的厚度。

第三，混凝土面板的平面尺寸和接缝设计。是指根据混凝土面板内产生的荷载应力和温度应力，进行面板的平面尺寸设计，确定接缝的位置，设计接缝的构造，并采取有效措施提高接缝的传荷能力。

第四，混凝土路面材料组成设计。是指确定混凝土水灰比、单位用水量、单位砂石料用量和外加剂用量，以保证混凝土路面具有合适的抗弯拉强度、耐久性、工作性和经济性。

第五，混凝土路面配筋和混凝土材料组成设计。是指当交通量较大、地基有不均匀沉降或面板形状不规则时，沿板纵向设置钢筋种类和配筋率以提高面板的抗弯拉强度、表面平整、抗滑耐磨，防止裂缝的出现。

（二）接缝设计

水泥混凝土面板由一定厚度混凝土板组成，具有热胀冷缩的性质。由于一年四季气温的变化，混凝土板会产生不同程度的膨胀和收缩。而在一昼夜中，白天气温升高，混凝土板顶面温度比底面高，这种温度差会形成板的中部隆起的趋势。夜间气温降低，板顶面温度比地面低，会使板的周边和角隅发生翘起趋势，这都使板内产生附加温度应力，在交通荷载的反复作用下，会造成板的断裂或拱胀等破坏。因此，水泥混凝土面层需要设置各种类型的接缝，把面层划分为尺寸较小的板，以减小伸缩变形和挠曲变形受到约束而产生的应力，减小面层破坏的可能性。

接缝的设计要能实现以下三个方面的要求：控制温度收缩应力和翘曲应力所引起的裂缝出现的位置；通过接缝能提供一定的荷载传递能力；防止坚硬的杂物落入接缝内和路面水的渗入。因此，接缝设计应考虑接缝设置位置、构造和缝隙的填缝。

水泥混凝土面层的接缝可分为纵缝、横缝，按接缝的功能可分为施工缝、胀缝和缩缝。设置缩缝的目的是减少温度收缩应力和翘曲应力，保证板因温度和湿度的降低而收缩时沿该薄弱面缩裂，从而避免产生不规则的裂缝；设置胀缝的目的是为混凝土面层膨胀提供余地，保证板在温度升高时能部分伸张，从而避免产生路面在热天的拱胀和折断破坏，同时胀缝也能起到缩缝的作用；施工缝是在每天路面施工完以及因雨天或其他原因施工需要中断混凝土浇筑时而设置的。

1. 纵向接缝的设置

（1）纵向接缝的布设应依据路面宽度和施工铺筑宽度确定。

①当一次铺筑宽度小于路面宽度时，应设置纵向施工缝。纵向施工缝宜采用平缝形式，上部应锯切槽口，深度宜为 30~40 mm，宽度宜为 3~8 mm，槽内应灌塞填缝料。

②当一次铺筑宽度大于 4.5 m 时，应设置纵向缩缝。纵向缩缝宜采用假缝形式，锯切的槽口深度应大于施工缝的槽口深度。当采用粒料基层时，槽口深度应为板厚的 1/3；当采用半刚性基层时，槽口深度应为板厚的 2/5。

（2）纵缝应与路线中线平行。

在路面等宽的路段内或路面变宽路段的等宽部分，纵缝的间距和形式应保持一致。路面变宽段的加宽部分与等宽部分之间，应以纵向施工缝隔开。加宽板在变宽段起终点处的宽度不应小于 1 m。

2. 横向接缝的设置

（1）每日施工结束或因临时原因中断施工时，必须设置横向施工缝，其位置应选在缩缝或胀缝处。设在缩缝处的施工缝，应采用传力杆的平缝形式；设在胀缝处的施工缝，其构造与胀缝相同。当有困难需设在缩缝之间时，施工缝应采用设拉杆的企口缝形式。

（2）横向缩缝可等间距或变间距布置，应采用假缝形式。快速路和主干路、特重和重交通道路、收费广场以及邻近胀缝或自由端部的3条缩缝，应采用设传力杆假缝形式。其他情况可采用不设传力杆的假缝形式。

（3）横向缩缝顶部应锯切槽口，深度宜为面层厚度的 1/5～1/4，宽度宜为 3～8 mm，槽内应填塞填缝料。快速路的横向缩缝槽口宜增设深 20 mm、宽 6～10 mm 的浅槽口，缝内设置可滑动的传力杆。

（4）在邻近桥梁、其他固定构造物处或与其他道路相交处、板厚改变处、小半径平曲线处，应设置横向胀缝。设置的胀缝条数，应视膨胀量大小而定。低温浇筑混凝土面层或选用膨胀性高的基料时，应酌情确定是否设置胀缝。胀缝宽 20 mm，缝内应设置填缝板和可滑动的传力杆。

第三节　城市道路附属设施设计

一、交通信号设备

城市道路主、次干道交叉口一般都设置交通信号设备指挥交叉口交通的通行。交叉口交通信号设备有：指挥信号灯、车道信号灯和人行横道信号灯。

（一）信号灯的设置

1. 人行横道信号灯主要设置在交通繁杂的交叉路口或路段，用以保证行人安全有秩序地横过车行道。人行横道信号灯在交叉路口一般与交叉路口指挥信号灯联ona同步使用，设置在人行横道线的两端。

2. 车道信号灯是为适应交通信号线控制和区域控制的需要，用以提前提示前方车道能否通行的信号灯，设在可变车道上。

3. 指挥信号灯是指挥交叉口各路口车辆通行的信号灯。指挥信号灯在交叉口的设置方式有三种：第一种是设在交叉口中央，这种形式的信号比较醒目，注意力容易集中，当交通特别拥挤时利于配合交通警察手势指挥；第二种是设置在进入交叉口的路口停止线前，是最常见的设置形式，当道路宽度很大时，靠中间的机动车驾驶人员不易看清信号，所以宜用于一般的交叉口；第三种是设置在交叉口出口一侧，适用于较小的交叉口，有利于将停车线向前布置，缩短车辆通过交叉口的时间，信号也较醒目。道路宽度很大的三块板道路，可以分别为机动车道和非机动车道设置指挥信号灯。

4. 夜间黄色警告灯是夜间停止使用指挥信号灯指挥交通后，提醒车辆、行人注意前方是交叉口而设置的。黄色警告灯可以悬吊于交叉路口中央上空，也可以利用指挥信号灯的黄色灯代替。

（二）信号灯灯制

我国城市现行的信号灯灯制是：红—黄—绿灯制。红灯表示禁止通行；黄灯为腾清交叉口的变灯过渡信号，表示只许驶出交叉口，禁止驶入交叉口；绿灯为通行信号。此外还有闪灯信号，预示即将变换色灯信号。

目前在一些交通混乱的交叉口，已开始采用多方位信号灯，用绿箭头灯信号表示特许某方向通行，对改善交叉口交通秩序效果明显，但通行能力会受影响。

（三）信号灯操纵方式

1. 人工控制

人工控制是人工根据交通状况操纵信号灯，可灵活变换色灯周期以适应交通量的瞬时变化，当道路使用效率不高、交通流量不均衡变化的时候，人工控制的信号灯效率较高，但在大城市很少采用。

2. 定时自动调节

使用按固定的周期变换色灯的自动信号灯。可以根据每天不同时间交通量的变化规律，调整和安排一段时间内的色灯周期，还可以与相邻交叉口联动，组织"绿波式交通"。绿波式交通就是在交叉口间距大致均匀、车种车速大致相同，车流量较大的一条城市主道上，合理调整各交叉口的信号灯周期，使进入这条干道的车辆依次行至各交叉口时都能遇到绿灯而无阻通行的交通信号灯线控制方式。

3. 电子计算机和传感系统控制

由传感系统将车辆驶近交叉口的讯号送入电子计算机分析，按分析后的最佳组织方案控制交通指挥信号，组织交叉口的交通，可以实现点（一个交叉口）、线（一条道路）、面（一个地区的道路网）的信号灯自动控制。

在国外一些先进国家的城市，由于车种单一、交通量较为均匀，都已实现这种形式的自动控制。在我国城市，由于车种复杂，道路未形成完整系统，交通分布很不均匀，又存在大量与机动车流特点差异很大的非机动车流，实现这种形式的自动控制比较困难，目前仅在少数特大城市的部分地区进行试验性的区域调控。

二、交通标志

道路交通标志是用图形、符号、颜色和文字向交通参与者传递特定信息，用于管理交通设施。我国现行的交通标志分为主标志和辅助标志两大类。

（一）主标志：按其含义可分为 6 种

1. 警告标志：是警告车辆、行人注意危险地点的标志。为顶角朝上的等边三角形，黄底黑边黑图案的标志牌，共 42 种。

2. 禁令标志：是禁止或限制车辆、行人交通行为的标志。主要为白底红圈、红杠黑图案的圆形标志牌，此外还有白底黑圈、黑图案的解除禁令标志及八角形和倒三角形的让行标志，共 42 种。

3. 指示标志：是指示车辆、行人按标志含义行进的标志，为圆形、长方形和正方形蓝底白图案的标志牌，共 29 种。

4. 指路标志：是传递道路方向、地点、距离信息的标志，为长方形和正方形标志牌。一般道路为蓝底白图案，高速公路为绿底白图案，共 62 种。指路标志中的道路编号标志，国道为红底白字白边，省道为黄底黑字黑边，县道为白底黑字黑边。

5. 旅游区标志：是提供旅游景点方向、距离的标志。分为指引标志和旅游符号两类，为棕底白色的正方形和长方形标志牌，共 17 种。

6. 道路施工安全标志：是通告道路施工区通行的标志。除路栏、锥形交通路标、警告灯号和道口标志外，施工标志为长方形，蓝底白字，图案部分为黄底黑图案，共 26 种。

（二）辅助标志

辅助标志是设于主标志下起辅助说明的标志，不能单独使用。按其用途又可分为表示区域、距离、时间、车辆种类，警告禁令理由等，为矩形白底黑字黑边的标志牌，共 16 种。

此外，还有用于高速公路、城市快速路的可变信息标志，可及时通告关于速度限制、车道控制、道路状况、交通状况、气象状况等信息的变化。

（三）警告标志的视距要求

机动车驾驶员在驾车行进中对交通标志的感觉有发现、识别、认读、理解和行动五个阶段，完成这五个阶段车辆所行驶的距离可称为标志视距，与车速、标志尺寸、视角等有关。

三、交通标线

城市道路交通标线是由标划于路面上的各种线条、箭头、文字、立面标记和轮廓标等所构成的交通安全设施，共 70 种。其作用是管制和引导交通，可以与标志配合使用，也可单独使用。高速公路，一、二级公路，城市快速路，主干路上的交通标线应使用反光材料。

（一）交通标线按设置方式的分类

1. 纵向标线：沿道路行车方向设置；
2. 横向标线：与道路行车方向成角度设置；
3. 其他标线：字符标记或其他形式标线。

（二）交通标线按功能的分类

1. 指示标线：指示车行道、行车方向、路面边缘、人行道等设施；

2. 禁止标线：告示道路交通的遵行、禁止、限制等特殊规定，车辆驾驶人员及行人需严格遵守；

3. 警告标线：促使车辆驾驶人及行人了解道路上的特殊情况，提高警觉，准备防范应变措施。

（三）交通标线按形态的分类

1. 线条：标划于路面、缘石或立面上的实线或虚线；

2. 字符标记：标划于路面上的文字、数字及各种图形符号；

3. 突起路标：安装于路面上用于标示车道分界、边缘、分合流、弯道、危险路段、路况变化、路面障碍物位置的反光或不反光体；

4. 路边线轮廓标：安装于道路两侧，用以指示道路的方向、车行道边线轮廓的反光柱（或照片）。

（四）交通标线的标划

1. 白色虚线：划于路段中时，用于分隔同向行驶的交通流或作为行车安全识别线；划于路口时，用以引导车辆行进。

2. 白色实线：划于路段中时，用于分隔同向行驶的机动车和非机动车，或指示车行道的边缘；划于路口时，可用作导向车道线或停止线。

3. 黄色虚线：划于路段中时，用于分隔对向行驶的交通流；划于路侧或缘石上时，用以禁止车辆长时间在路边停放。

4. 黄色实线：划于路段中时，用于分隔对向行驶的交通流；划于路侧或缘石上时，用以禁止车辆长时间或临时在路边停放。

5. 双白虚线：划于路口时，作为减速让行线；划于路段中时，作为行车方向随时间改变的可变车道线。

6. 双黄实线：划于路段中时，用于分隔对向行驶的交通流。

7. 黄色虚实线：划于路段中时，用于分隔对向行驶的交通流；黄色实线一侧禁止车辆超车、跨越或回转，黄色虚线一侧在保证安全的情况下准许车辆超车、跨越或回转。

8. 双白实线：划于路口时，作为停车让行线。

第三章
城市道路景观设计

第一节　城市道路景观概述

一、城市道路景观设计的基本原则

（一）动态性原则

随着时代的发展和人类的进步，道路景观也存在着不断更新演替的过程，因此在道路景观的设计中应考虑道路景观的发展演替趋势。同时，道路景观空间大部分呈带状，故应注意规划空间层次，做到一步一景，景随步移。

（二）地区性原则

我国地大物博，不同地区有其独特的地理位置和地形地貌特征、气候气象特征、植被覆盖特征等。同时，不同地区的人们有自己独特的审美理念、文化传统和风俗习惯。因此，在道路景观的规划、设计中，应考虑其地域性特点，以形成不同地区特有的道路景观。

（三）整体性原则

城市景观是由各种景观元素共同构成的视觉艺术综合体。由于城市具有可达性的功能使用要求，所以各种城市景观元素都将与城市道路网产生直接的联系。城市各景观元素由道路网串联起来，就形成了完整、和谐的城市景观。因此，城市道路景观是城市景观的重要组成部分。在道路景观设计中，应统一考虑道路两侧的建筑物、绿化、街道设施、色彩、历史文化等方面，避免其成为片段的堆砌和拼凑。

（四）实用性原则

在道路景观的规划和设计中，首先要满足交通运输、防灾减灾、隔离噪声、引导城市布局等功能要求，然后考虑如何体现它的商业价值。不应将精力放在那些耗费大量人力、物力、财力的观赏景观塑造上，而应着重考虑对道路沿线景观资源、原有设施、构筑物等的保护、利用与开发，使道路空间的人工景观与自然景观相协调，达到和谐、美观。

（五）可识别性原则

道路在某种程度上是一个城市的标签。在设计中，不同等级的道路或不同功能的道路需要有所区别；在设计时，既要体现城市的地方特色，也要形成富有特色的街道空间，应合理利用现状地形，在尽可能减少工程量的前提下达到理想的视觉效果和环境效果。

二、城市道路景观的作用

城市道路景观是城市景观的重要组成部分，它不仅与景观资源的审美情趣及视觉环境质量有密切的联系，还对生态环境、自然资源与文化资源的可持续发展和永续利用起着非常重要的作用。现代化的城市道路，除满足交通运输等使用功能外，还应做好道路的绿化、美化，起到防眩光、缓解驾车疲劳、屏障交通噪声、调节行人的心情和稳定情绪等作用。

（一）城市道路是展现城市风貌、提升城市品位的有效途径

道路可以看作城市的骨架和血管，同时又是一个窗口，直接影响着人们对城市的印象。无论是道路的宽度，道路两侧建筑物的体量与风格，色彩和形态各异的广告牌，独具特色的绿带、小品，还是道路上穿梭的车流，或漫步或急行的人们，这些由城市道路所联结的道路情景往往会成为这座城市景观的代表。因此，加强道路景观建设，讲究道路空间的艺术设计，追求其与周边环境的和谐，是完善城市功能、提升城市品位的有效途径。

（二） 城市道路是组织和联系城市各区域空间的景观廊道

城市道路具有把城市中的人文、自然景点组织起来，形成连贯的城市景观的作用。城市道路所形成的路线可以使人们得到清晰的城市意象，好的路线还能将一系列景点组织起来，加深人们对城市风貌的印象。

（三） 城市道路景观是展现城市景观形象的重要途径

城市道路的景观形象功能主要有两个方面：一是人工景观功能，二是自然景观功能。城市道路的人工景观功能是指反映出城市的人文、历史、传统的景观文化等；而自然景观功能是指维护生态环境、改善空气质量、延长道路寿命等。

（四） 城市道路是人们观察和欣赏城市景观的公共空间

人们对城市景观最直接、最常见的感受往往来自于城市的道路。道路是人们公共生活的场所，观光的游客沿着道路游览了城市，认识了城市；当地居民习惯性地在道路上活动并感受着道路及其周围的环境。

（五） 城市道路绿化对发挥道路的环境生态功能起到积极作用

植物景观具有隔绝风沙、噪声、视线，防止行人穿越及交通事故发生等作用。因此，城市道路景观设计应结合道路两侧及周边地带的绿化和水土保护，发挥道路的环境生态作用。

三、城市道路景观的构成要素

在城市道路景观中，凡是城市道路空间中可看见的都是城市道路景观的构成要素。城市道路景观的构成要素可分为动态和静态两种。其中，静态景观的构成要素又可分为自然景观要素与人工景观要素两大类。

自然景观要素大体可分为植被、地形地貌、水体和气象气候等。人工景观要素主要包括道路路面、道路交通设施、人工水体、构筑物、道路绿化、街道小品及广告等。而道路上来往的车流、人流及各种人的活动给道路带来了无限生机，成为了城市道路景观的动态要素。

　　城市道路景观设计的内容大致可以分为道路本体景观、道路附属设施景观、道路外围区域景观以及与道路历史文化相关的人文景观等。

　　道路本体景观是由构成道路本体的要素形成的景观，主要有道路线形走向、道路竖向以及道路横断面布置、路面铺砌、隔离池栏杆、道路绿化、挡土墙、护坡、立交桥和人行天桥等。

　　道路附属设施景观包括照明设施、交通安全设施（如交通标志、标线）、公共设施和小品（如公交站点、休闲椅凳、卫生设施、通信设施、雕塑、喷泉）等。

　　道路外围区域景观包括沿街景观和远景景观。沿街景观是指建（构）筑物、设置于道路外围和附着于建筑物上的广告设施、围墙栏杆、绿化带以及街边广场、公园等；远景景观由山川、湖海、森林等自然要素和远处的高楼大厦、塔台、城墙等人工景观要素组成。而与道路历史文化相关的人文景观，是指由融合或点缀在道路范围之中、带有历史文化内涵的人文要素所形成的景观，这在古都老城中尤为突出。

四、城市道路景观设计步骤

　　城市道路景观设计的基本步骤主要包含前期准备阶段、景观概念设计阶段、景观方案设计阶段、景观初步设计阶段、景观施工图阶段等。

（一）前期准备阶段

　　城市道路景观设计的前期准备阶段主要包括现状调查与资料收集两部分。

　　1. 接受设计委托、收集现有基础资料

　　根据甲方提供的设计任务书，了解工程概况，清楚场地道路概况、具体设计内容、总体功能与布局要求、种植设计要求、图纸表达要求、成果内容、施工图阶段图纸要求等。

　　收集的基础资料主要包括现状地形图、地质、地貌、土壤、水文、气象、文物、古迹、构筑物、小品、地方民俗、传统文化等资料。借鉴和学习同类型已建成的景观项目，也可为后期建设提供设计依据。前期材料收集得越完整，越有利于后期风格的确定以及材料的选择。

2. 现场调研与测绘

设计师到现场进行调研,一方面可以对现场进行核对;另一方面也可以加深对现场的感受。调研内容包括自然环境条件,人文环境条件,现有道路的宽度、分级、材料、标高、排水形式,现有广场的位置、大小、形式、铺砖、标高,等等。同时,还需测量基地的地形地貌,并用地平面图绘制现状。测量可用卷尺测或步测。

(二) 景观概念设计阶段

概念设计阶段应提出概念性草图及相关设计意向图,确定景观设计方向、设计原则、风格定位等基本策略。其成果要求有设计要点说明、建筑规划布局分析、景观条件分析、彩色总平面图、设计条件分析图、平面分析图(包括功能、空间、交通等区位关系分析)、竖向关系分析图、重要景观场地设计意向图及场地剖面图、绿化及景观分析图、概念方案汇报资料等。

(三) 景观方案设计阶段

方案设计阶段是在概念设计阶段确定的基础上,进行整体景观方案设计。本阶段应确定各种景观空间内的平面布局,完成景观元素组织、竖向关系梳理、特色景观节点设计,确定软景效果意向及植物配置方式。其成果要求如下:

1. 设计关键点说明;

2. 彩色景观方案总平面图(含主要经济技术指标);

3. 分析平面图(包括区位分析、交通分析、景观及视线分析、功能分析等);

4. 分项平面图(包括竖向设计平面图、功能分区平面图、主要物料平面图、景观小品、景点要素及服务设施平面布置图等);

5. 场地纵、横断面图(应针对重要的景观断面绘制断面图,需反映景观空间的各项要素,如尺度比例、重要高程、地下空间利用情况、周边道路、植物等);

6. 景观立面图(应结合建筑及街道景观进行绘制,需明确反映景观与建筑及周边的体量大小及竖向关系);

7. 效果表现类图纸；

8. 室外家具及软装饰参考选型照片；

9. 标识系统参考选型照片及表现图；

10. 植物配置平面图（表达空间关系、色彩关系、群落关系、标志树种位置等）；

11. 重要景观场地软景效果图或立面图、夜间照明效果设计图；

12. 基调树种、骨干树种、特色树种品种表及效果要求图示；

13. 工程量清单；

14. 重要节点方案设计需有 CAD 版本的总平面图、竖向设计图、尺寸标注图、物料图等；

15. 特色节点方案设计需包含手绘的节点大样图（含详细尺寸、材料及做法）。

（四）景观初步设计阶段

初步设计阶段是在方案设计通过审查后所进行的景观设计。此阶段需与建筑师协调相关的平面、立面资料，根据最新建筑及工程相关信息，讨论相关的建筑及景观设施元素材料的使用，与项目相关各专业工程师协调有关结构设施、地下管线、户外照明设施、水景设施等问题，完成设计要求成果。成果包括硬景部分、软景部分以及水电部分。

1. 硬景部分内容

（1）硬景设计说明包括初步总平面图、分区图、放线定位图、索引图、物料分布及色彩分析图、竖向设计图、局部放大平面图、重要地形剖面图（包括材料、标高、材质）；

（2）园林建筑小品（廊、亭等）平、立、剖面图及详图；

（3）景观小品（座椅、花坛、垃圾桶等）的选型图片及供方推荐；

（4）物料选用表应针对不同区域使用的物料进行分类并列表达，提供样板及样板图片、新材料以及特殊材料、相应供应商资料；

（5）提供甲方进行成本概算所需的工程量清单。

2. 软景部分内容

（1）软景设计说明；

（2）乔木平面布置图，附乔木配置表（包括数量、干径、冠幅、高度、树型控制图样、特殊植物种植要求等）；

（3）灌木及地被植物配置图，附灌木配置表（包括数量、干径、冠幅、高度、树型控制图样、特殊植物种植要求等）；

（4）重要节点种植植物的放大平面图及立面图；

（5）标志树参考图片及效果控制要求。

3. 水电部分内容

（1）水景设计（包括喷泉、旱喷泉设计）；

（2）景观照明设计（包含各种路灯的选型，如有机电设备，应提供机电产品一览表）；

（3）室外背景音乐系统设计；

（4）绿化浇水系统设计及水景机电和给排水系统。

第二节　城市道路植物景观设计的作用与原则

一、城市道路植物景观设计的作用

城市道路绿地是城市绿地系统的重要组成部分，它除了有辅助城市道路交通通行的重要功能外，还发挥着维护生态平衡、优化美化人类生存环境的作用。

（一）辅助城市道路交通通行的作用

1. 视觉引导作用

借助道路植物景观的空间造型（尤其是乔木的种植），可使驾驶人员了解前方道路变化的趋势走向，使驾驶人员产生轻松、安心的感觉。这种心理感受，具有防止驾驶人员疲劳，提高交通安全的效果。同时，在夜间、起雾天或者雨雪天行车时，道路植物的视觉引导也有助于驾驶人员识别道路线形和侧向界限。

2. 行车速度的调节作用

通过用地连续性与树种的变化，可预示道路线性的变化，形成明确的道路空间轮廓。不同的道路空间轮廓会形成不同的路段特征，并对行车状态产生不同的影响。因此，合理掌控栽植树木的间距、高度、密度，可确保驾驶人员安全操作，并能调节行车速度。

3. 挡光防眩的作用

中央分隔带的植物景观起到挡光防眩的作用。在两板三带式和四板五带式的道路横截面结构类型中，中央分隔带便起到为相向行驶机动车挡光防眩的作用。因此，中央分隔带上的植物种植设计，应充分考虑其高度和种植密度。

4. 保护道路的作用

如果路侧绿带采用密集的乔灌林设计，当其达到一定宽度和密度时，就具有遮拦与保护道路的作用。同时，乔灌林能有效降低侧向强风对道路的破坏。

5. 交叉口的识别作用

在道路交叉口设计中心绿岛，通过乔灌草相结合的植物景观设计，通常能提高入口处或交叉口的识别性或易辨性，使驾驶人员提前做好变道或转向的准备。

（二）保护城市生态环境的作用

近年来，随着城市机动车数量的飞速增长，交通污染日趋严重，原有区域的空气质量、水平衡、热平衡等遭到破坏，城市道路污染成为城市的重要污染源之一，同时，城市道路中的噪声污染也成为一种公害。而城市道路绿化可以有效地减少这些污染，起到保护城市生态环境的作用。

1. 城市道路绿化具有促进城市的通风和透气，调节气温，改善城市小气候，消除"热岛效应"的作用，被称为"天然的空调"。太阳光辐射到树冠时，热量的 20%~25% 被树冠反射回天空，35% 被树冠吸收，加上树木的蒸腾作用，其消耗的热量可以降温。据测定，夏季有树荫的地方，一般比没有树荫的地方要低 3~5℃。

2. 城市道路绿化能提高空气湿度，被称为"天然的抽水机"。据测定，一棵行道树一年蒸发的水分为 5 m^3。林带内相对湿度可以增加 10%~20%，600 m 以内可增加 8%。

3. 城市道路绿化可以吸收部分汽车尾气，释放氧气，维持碳氧平衡，减轻空气污染，因此被称为"天然的净化器"。

4. 城市道路绿化能吸附道路灰尘，被称为"天然的吸尘器"。据测定，在广州有绿化的街道上，距地面1.5 m高处的含尘量比没有绿化的街道上的含尘量低56.7%。在风力四级时，天坛公园内草皮地上未测出飘尘；三里河路（北段）每立方米飘尘0.77 mg；完全裸露的地面每立方米达到9 mg。

5. 城市道路绿化能减弱机动车行驶过程中发出的噪声，被称为"天然的降噪器"。据测定，通过18 m宽的路侧绿带（两行桧柏、一行雪松）噪声减少16 dB，通过36 m宽的路侧绿带噪声减少30 dB。减噪效果最好的是鳞片状重叠的树叶，其树叶的位置最好能与噪声声源发生处成直角。

（三）美化城市环境的作用

城市道路景观属于城市景观的重要部分，也是城市文明和发展的重要体现。通过乔木、灌木、草本花卉设计，创造出良好的城市道路植物景观，可充分发挥植物本身的自然美，提高城市道路景观空间的观赏性，打破建筑物、构筑物、铺装等景观的单调性，增加城市道路景观的色彩变化和季相变化（如春赏红花，夏观绿叶，秋赏果实，冬观枝干等），构建出具有动态美的城市道路景观，从而达到美化和优化城市环境的作用。

二、城市道路植物景观设计的原则

城市道路绿化设计总体原则是满足道路的交通功能，在保证交通安全的基础上，做到四季花卉草木映带左右，以增加城市色彩、减轻环境污染、为城市居民创造良好的生活和工作环境。

（一）安全性原则

安全是城市道路植物景观设计的首要原则。如果不充分考虑安全因素，植物景观可能会成为交通事故的隐患。

1. 平交道口、十字路口处、弯道内外侧

在道路植物景观设计过程中，平交道口、十字路口处、弯道内外侧应按设计要求留出规定的安全视距。在设计视距范围内，不应种植乔木，可选择低矮灌木及花草。弯道外侧宜栽植成行乔木，这样既可预告道路走向变化，又能引导驾驶员行车视线变化，有利于保证交通安全。

2. 中央分隔带

城市道路的中央分隔带不仅可以用于分隔来往车流和人流，也可为城市增添一道美丽的风景线。为了保证司机视线畅通，缓解司机的视觉疲劳，中间分隔带中不宜种植高大乔木，应选用低矮花灌木，配以草坪、花卉。为避免眩光，应适当增加常绿植物，树木冠径在 0.5~0.8 m，高度在 1.5~2.0 m，即可起到防眩作用。同时，宽厚且低矮的植物能避免车体和驾驶人员受到损伤，也可防止行人随意跨越，保证行人、行车安全。北方城市一般以栽植东北连翘、刺玫、紫丁香、侧柏、桧柏、龙柏、小叶女贞为主。南方城市一般以栽植小叶女贞、假连翘、木芙蓉、山茶、紫薇、月季等为主。

3. 两侧分车带

城市道路的两侧分车带可以选用乔木加地被植物或草坪的配置方式。同时，应注意乔木的冠下高度，以保证行人和车辆的安全。

（二）因地制宜原则

因地制宜原则一是针对当地文化而言；二是针对大的气候、地理位置来说；三是指栽种的小环境，根据具体的种植地的空中管线、地下水位、地下管线分布状况等选择植物的种植与配置。

1. 结合当地文化

城市道路植物景观设计要与该城市的文脉相结合，与历史相结合，将植物景观资源作为一种文化遗产，有意识地对其进行开发、保护和合理利用。植物景观设计将城市的自然、人文融为一体，将城市历史和风土人情融入植物景观中，彰显地域性文化，可增加城市的可识别性及特色。例如厦门的木棉、重庆的黄葛树和山茶、北京的国槐、福州的小叶榕等，无不显示着一个城市的文化和历史，它们已经作为城市的符号和标志，记载着城市发展的轨迹和对文化的传承。

2. 结合当地生态环境

因地制宜，适地适树。根据该地区气候、土壤、水文以及栽植地的小气候等环境条件，选择适合在该地生长的植物，可利于树木的正常生长发育、抵御自然灾害、保持稳定的绿化成果。例如，道路绿化中乔木要选择悬铃木、合欢、槐树、香樟、栾树等冠大荫浓、易栽易活、耐修剪、抗烟尘、抗病虫害的树种。在植物配置上，可选择多种植物创造不同氛围，体现植物生长的多样性和植物的层次性与季节性。因此，应科学选择树木品种，在四季常绿、三季有花的前提下注重植物配置的形式，切实将每条道路建设成生态路，真正达到绿化的效果。

3. 结合场地实际情况

城市道路用地空间范围有限，除机动车道、非机动车道和人行道的交通用地外，还有许多市政公用设施，如地上架空线、地下各种管道及电缆等。道路绿化在此范围内作业，要想达到预期效果，就需要有满足植物所需的地上、地下环境条件。因此，道路绿化设计应在合理布置市政设施的同时进行统一规划，充分考虑道路所处地段的地貌、土壤条件、市政设施、建筑物等因素，选择合适的植物配置方式和植物种类，以达到理想的绿化效果。在道路两侧管线比较密集的地段，应尽量少栽或不栽乔木，多栽灌木和地被植物；在土层薄、土壤贫瘠的地段，则不宜种植乔木，可配植草坪、花卉或灌木，如平枝栒子、金露梅等。

（三）可持续发展原则

可持续发展原则主张不为局部和短期的利益付出整体和长期的环境代价，坚持自然资源与生态环境、经济、社会的发展相统一。这一思想在城市道路植物景观设计中的具体表现，就是要结合自然环境，使植物景观设计对环境和生态起到强化作用，同时还能够充分利用自然可再生能源，节约不可再生资源。城市道路两侧的植物能形成较好的景观效果，一般需要数年时间。因此，植物景观设计须有长远计划，栽植树木不能经常更换、移植，要保证其可持续生长。近期效果与远期效果要合理匹配，使其既能尽快发挥功能作用，又能在树木生长的壮年期间保持较好的形态效果。

在新建道路或老旧城市道路景观改造的过程中，为了早日实现绿荫夹道，可采用如杨树、泡桐之类的速生树种。但此类树种经过一段时间的生长后容易凋残，对植物景观效果产生影响，再换其他树种又需要一定时间，造成这段时间植物景观的空白。在此种情况下，宜将近期与远期相结合，将速生树种搭配慢生树种，如银杏、国槐、香樟等，在速生树种被更换后，慢生树种仍能发挥其植物景观效果。

（四）生态性原则

生态是物种与物种之间的协调关系，是景观的灵魂。生态平衡是大自然的一种自我调节保护。城市道路的生态平衡，需要在设计过程中根据植物特性合理配植，分层次建造植被群落，形成稳定的植物群落。同时，既要充分考虑道路与城市风向、位置等方面的关系，又要充分利用绿化的生态属性，选择优良适宜的园林植物。

由于城市道路是狭长的线形空间，自然环境复杂，因此绿化设计应尽量保留和利用原有植被、自然景观资源，避免种植有害植物，例如有毒的、易折断的或会产生大量飘絮的植物。可在维护其良好生态功能的同时，灵活运用植物造景手段，体现出较强的景观性，使道路绿化形成优美、稳定的景观。

一般通过三种方法维护城市道路生态平衡。首先，要进行植物的多层次配植，体现植物的群落美。其次，由于城市道路空气污染严重，应选择抗污染或能有效吸收有毒有害气体的树种。最后，还要丰富道路绿化树种，这样可以带来多重营养和食物链，能有效地控制害虫所需的食物，进而减少害虫数量。

城市道路植物景观必须从维护城市生态平衡的角度来考虑绿化的所有问题，只有这样，才能充分发挥出整个城市绿化的生态效益，达到减轻污染、改善环境、美化城市的目的。合理的绿化配置，不但可以美化环境，而且许多植物本身就具有一定的经济价值，合理的选择与设计会使道路绿化的生态效益和经济效益获得双丰收。

（五）艺术性原则

城市道路植物景观设计既要满足植物与环境生态习性上的统一，又要讲究艺术性原则。要符合大众的审美情趣，应注重利用各类植物的观赏特点，应用色彩学原理，考虑植物的季相、色相变化，充分注意道路植物景观的立体层次感及平面的整洁性，并与周围环境协调一致，以达到"车在路上走，人在画中游"的完美景观效果，从而使街景园林化、艺术化。因此，在设计中应注意以下方面。

1. 统一与变化

同一条道路的绿化具有统一的景观风格，可使道路全程绿化在整体上保持统一协调，提高道路绿化的艺术水平。运用重复的方法能体现道路植物景观的统一性，如等距离配置同种同龄的行道树。同时，配置规格、形态、色彩等不同的植物，可形成统一中有变化的植物景观形式。

2. 协调与对比

卷柏蕨类能够用于假山、护坡等垂直绿化，也可作为地被植物，丰富植物层次，增强美感。在以此类绿色植物为背景的前提下，栽植少量红叶小檗、紫叶李、红花檵木等，可起到"万绿丛中一点红"的景观效果。

3. 障与透

若道路两侧有影响市容、市貌的破旧建筑物，可以密植高大乔木，结合灌木丛进行复层绿化，形成绿色屏障，既绿化了道路，又起到了遮挡作用。若道路两侧有优美的景观可供借赏，可以配植低矮的灌木或稀疏的乔木，留出透视空间，充分展示城市美景。

4. 节奏和韵律

在城市道路景观设计中，处处都有节奏与韵律的体现。如行道树、花带、台阶、蹬道、柱廊、围栅等都具有简单的节律感。复杂一些的如地形地貌、林冠线、林缘线、水岸线、园路等的高低起伏和曲折变化，空间的开合收放和相互渗透、空间流动，景观的疏密虚实与藏露隐显等都能使人产生一种有声与无声交织在一起的节律感。起伏曲折韵律是由一种或几种因素在形象上出现较有规律的起伏曲折变化所产生的韵律。如连续布置的树木、道路、花径等，可有起伏曲折变化，并遵循一定的节奏规律，自然林带的天际线也是一种起伏曲折韵律的体现。韵律与节奏本身是一种变化，也是使连续景观达到统一的手法之一。

第三节　城市道路绿带的设计

一、行道树绿带的设计

在城市道路中，沿人行道与车行道之间种植一行或多行乔木用于为行人和非机动车庇荫的树木称行道树。行道树是街道绿化最基本的组成部分。以种植行道树为主的绿带称行道树绿带。行道树绿带的主要功能是为行人遮荫，同时美化街景。行道树以冠大荫浓的乔木为主，要求树冠整齐，分枝点足够高，主枝伸张，叶片紧密，以常绿类为主。我国从南到北，夏季炎热，行道树常采用冠大荫浓的悬铃木、小叶榕等。目前行道树的配植已逐渐向乔、灌、草复层混交发展，构成多层次的复合结构，大大提高了环境效益。

（一）行道树绿带的分类

行道树绿带的种植方式主要有两种，即树池式和树带式。

1. 树池式

在交通量比较大、行人多而街道狭窄的道路上采用树池式种植的方式。该种植方式方便街道卫生的保持，树池上方所设的篦子通过精心设计也是良好的景观构成元素，也可以采用宿根花卉或盆花遮掩树池，起到彩化路面的效果。

需注意的是，树池式栽种方式营养面积小，不利于松土、施肥等管理工作和树木生长。树池之间的路面铺装材料最好采用混凝土草皮砖、彩色混凝土透水透气性路面、透水性沥青铺地等，以利于渗水通气，保证行道树生长和路人行走。行道树定植株距，应以其树种壮年期冠幅为准，最小种植株距应不小于4 m。株距的确定还要考虑树种的生长速度。如杨树类属速生树种，寿命短，一般在道路上 30~50 年就需要更新。因此，种植胸径 5 cm 的杨树，株距以 4~6 m 较适宜。

2. 树带式

树带式比较适合人行道宽度大于 3.5 m 的道路绿化，根据树带的宽度种植乔木、灌木及地被植物等，形成连续绿带。这种方式有利于树木生长和增加绿量，改善道路生态环境和丰富城市景观。也可以进一步分割空间，在适当的距离和位置留出一定量的铺装通道，保证行人的交通安全，同时也可以隔音降噪。

一般的做法是在人行道一侧种植乔木遮荫，在车行道一侧种植灌木或花卉等低矮植物，避免影响司机视线的通透。由于气候等因素的局限，这种树带式行道树的种植方式在南方应用较广，在北方应用较少。如北京的行道树绿带通常采用行道树下铺设草坪，简单大方，又方便养护。

（二）行道树绿带的种植设计要点

1. 在树种选择上，应坚持因地制宜，采用乡土树种的原则。选择具有观赏价值、树冠浓密、树干通直，最好还有丰富季相变化的树种。尽量选择阔叶树种，一方面在夏天可以提供浓密的树荫，另一方面是因为针叶树不耐修剪。选择分枝点在 2.5 m 以上，主枝伸张角度与地面不小于 30°。花果无异味、无絮、无毛、无刺、无毒且深根性的树种。以常绿类为主，在湖北省赤壁地区，香樟、广玉兰、四季桂花树就是很好的行道树。香樟冠大荫浓，树形优美，特别是夏季能遮挡炎炎烈日，行走树下，极为舒适；广玉兰叶大色深，树形美观，四季常绿；桂花树，四季飘香，清香舒适，也是作为行道树的理想树。

2. 在宽度的确定上，应根据道路的性质、类别和对绿地的功能要求以及立地条件等综合考虑而定。由于支路或次干道的路幅宽度较狭小，在既保证行车需求又保证步行要求的情况下，通常会缩减行道树绿化带的宽度，但是为了保证植物的顺利生长，至少需要 1~1.2 m 的绿化带。当绿化带宽度大于 2.5 m 时，就可以使用乔木和灌木结合种植的方式。

3. 在布置形式上，多采用对称式。道路横断面中心线两侧，绿带宽度相同；植物配置和树种、株距等均相同。道路横断面为不规则形式，或道路两侧行道树绿带宽度不等时，采用道路一侧种植行道树，而另一侧布设照明等杆线和地下管线。

在同一街道采用同一树种、同一株距对称栽植，既可起到遮荫、减噪等防护功能，又可使街景整齐雄伟，体现整体美。若要变换树种，最好从道路交叉口或桥梁等地方变更。

4. 在种植距离上，行道树树干中心至路缘石外侧最小距离不小于 75 cm，便于公交车辆停靠和树木根系的均衡分布、防止倒伏及利于行道树的栽植和养护管理。在弯道上或道路交叉口，行道树绿带上种植的树木，距相邻机动车道路面高度为 0.3~0.9 m，其树冠不得进入视距三角形范围内，以免遮挡驾驶员视线，影响行车安全。

行道树的株距要根据所选植物成年冠幅大小来确定，另外道路的具体情况如交通或市容的需要也是考虑株距的重要因素。常用的株距有 4 m、5 m、6 m、8 m 等。

行道树是沿车行道种植的，而城市中许多管线也是沿车行道布置的。因此，行道树与管线之间经常相互影响，在设计时要处理好行道树与管线的关系，使它们各得其所，才能达到理想的效果。具体数据见表 3-1、表 3-2、表 3-3。

表 3-1 树木与地下管线外缘最小水平距离

单位：m

管线名称	距乔木中心距离	距灌木中心距离
电力电缆	1.0	1.0
电信电缆（直埋）	1.0	1.0
电信电缆（管埋）	1.5	1.0
给水管道	1.5	—
雨水管道	1.5	—
污水管道	1.5	—
燃气管道	1.2	1.2
热力管道	1.5	1.5
排水盲沟	1.0	—

表 3-2 树木根茎中心至地下管线外缘最小距离

单位：m

管线名称	距乔木中心距离	距灌木中心距离
电力电缆	1.0	1.0
电信电缆（直埋）	1.0	1.0
电信电缆（管埋）	1.5	1.0
给水管道	1.5	1.0
雨水管道	1.5	1.0
污水管道	1.5	1.0

表 3-3 树木与其他设施最小水平距离

单位：m

设施名称	至乔木中心距离	至灌木中心距离
低于 2 m 的围墙	1.0	—
挡土墙	1.0	—
路灯杆柱	2.0	—
电力、电信杆柱	1.5	—
消防龙头	1.5	2.0
测量水准点	2.0	2.0

以上各表可供树木配置时参考，但在具体应用时，还应根据管道在地下的深浅程度而定，管道深的，与树木的水平距离可以近些。树种属深根性或浅根性，对水平距离也有影响。树木与架空线的距离也视树种而异。树冠大的，要求距离远些；树冠小的，则可近些。应保证在有风时，树冠不碰到电线。在满足与管线关系的前提下，行道树距道牙的距离应不小于 0.5 m。

确定种植点距道牙的距离还应考虑人行道的铺装材料及尺寸。如是整体铺装则可不考虑，如是块状铺装，最好在满足与管线最小距离的基础上，与块状铺装材料尺寸成整数倍关系，这样施工比较方便快捷。

5. 确定种植方式。行道树的种植方式要根据道路和行人情况来确定，道路行人量大多选用树池式，树池一般为 1.5 m×1.5 m 的方形（长方形的短边一般不得小于 1.2 m）。树池的边石有高出人行道 10～15 cm 的，也有和人行道等高的，前者对树木有保护作用，后者方便行人走路，现多选用后者，在主要街道上树池还覆盖特制混凝土石盖板或铁花盖板保护植物，于行人更为有利。道路不太重要、行人量较少的地段可选用种植带式，长条形的种植带施工方便，对树木生长也有好处，缺点是裸露土地多，不利于街道卫生和街景的美观，为了保持清洁和街景的美观，可在条形种植带的裸土处种植草皮或其他地被植物。在一板二带式道路上，路面较窄时，应注意两侧行道树树冠不要在车行道上衔接，以免导致飘尘、废气等不易扩散，使道路空间变成一条废气污染严重的绿色烟囱。应注意树种的选择和修剪，适当留出"天窗"，使污染物能够得到扩散、稀释。

二、分车绿带的设计

在分车带上进行绿化，称为分车绿带，也称隔离绿带。从道路的横断面类型来看，分车带可以分为快慢车道分车带和中央分车带，前者是将快车道和慢车道相分离，以保证行车速度，后者则是将上行车道和下行车道相分离，以保证双行车道的安全和速度。

分车绿带的设计在整个道路绿化设计上是个重点，其植物景观的营造对道路的整体气氛影响很大，如果就分车带本身来考虑绿化，会造成道路景观的零乱无序，分车带的绿化必须与整个道路景观（包括人行道绿化带和周边的建筑）融合在一起设计。在现代城市中，道路的使用者主要为驾驶员和乘客，分车绿带的设计必须以人为本，令植物景观设计满足道路使用者的视觉效果需要。例如杭州新塘路的分车绿带，在设计上采用自然式种植，主要种植草坪、地被、低矮花灌木及疏密有致的乔木，并结合简洁明快的图案打造一段有层次感且丰富的绿化长廊。

分车绿带位于车行道中间，位置明显且重要。因此，在设计时要注意街景的艺术效果。通过不同的种植设计方式，可以形成封闭、半开敞、全开敞的空间效果。而无论采取哪一种植物景观设计方式，其目的都是最合理地处理好建筑、交通和绿化之间的关系，使街景统一而富于变化。但要注意变化不可太多，过多的变化，会使人感到凌乱繁琐而缺乏统一，容易分散司机的注意力，所以应从交通安全和街景两个方面来综合考虑。

（一）分车绿带与人行道的关系处理

分车绿带位于车行道之间，当行人横穿道路时必然横穿分车绿带，这些地段的绿化设计应根据人行横道线在分车绿带上的不同位置，采取相应的处理办法，既要满足行人横穿马路的要求，又不致影响分车绿带的整齐美观。具体有以下三种情况：

1. 人行横道线在绿带顶端通过，在人行横道线的位置上铺装混凝土方砖不进行绿化。

2. 人行横道线在靠近绿带顶端的位置通过，在绿带顶端留一小块绿地，在这一小块绿地上可以种植低矮植物或花卉草地。

3. 人行横道线在分车绿带中间某处通过，在行人穿行的地方不能种植绿篱及灌木，可种植落叶乔木。

（二）分车绿带的宽度

分车绿带的宽度跨度较大，从 1.5 m 到 6 m 不等，甚至更宽的尺度都有。作为城市道路建设的备用地，中央分车带的宽度相对较宽，当道路满足不了城市交通需要的时候，通常会减小中央分车绿带的面积，增加车行道的宽度。北京中关村大街（原白颐路）之前的中央分车绿带相当宽敞，给人一种雄伟、壮观的感觉，但如今为了满足日益增加的交通流量需求，只能拓宽路面，用隔离栏杆代替中央绿化带。

分车绿带种植设计因绿带宽度的不同而有不同的要求。一般最小宽度不宜小于1.5 m，窄的分车绿带上仅种植低矮的灌木和草坪。如低矮、修剪整齐的杜鹃花篱，早春开花如火如荼，衬在嫩绿的草坪上，既不妨碍视线，又增添景致。

分车绿带宽度在1.5~2.5 m时，基本上采用种植单一乔木或灌木或乔灌间植，种植整型绿篱或宿根花卉或单独铺设草坪的方式，以实现分车绿带的基本功能。宽度在8 m以上的分车绿带可以采用比较丰富的植物造景手法，丰富道路立面景观。

（三）分车绿带的植物配植形式

分车绿带植物配植形式多样，可采用规则式，也可采用自然式。分车绿带属于动态景观，在形式上力求简洁有序、整齐一致，如果是用单元色块或者是单元种植则应采用大色块、大单元种植，以减少司机的视觉疲劳。

最简单的规则式植物配植为等距离的一层乔木，也可在乔木下配植灌木和草坪。自然式的植物配植则极为丰富，利用植物不同的形态、色彩、线条，将常绿、落叶的乔、灌木，花卉和草坪配植成高低错落、层次参差的树丛，以达到四季有景、富于变化的效果。无论何种植物配植形式，都需要处理好交通与植物景观的关系。如在道路尽头或人行横道、车辆的拐弯处不宜配植妨碍视线的乔灌木，只能够种植草坪、花卉和一些低矮灌木。

（四）分车绿带的植物选择

分车绿带植物选择时，应注意分车绿带特殊的环境特点，即离交通污染源近、浮尘较大、热辐射强、栽培土壤干旱瘠薄、管理不便等，故应选择抗性较强的乡土树种。分车绿带距交通污染源最近，生态功能最显著，因此，道路两侧的分车带在宽度大于1.5 m时，适合种植乔木，并宜尽量实现乔灌草复层混交，以扩大绿量。但是要防止乔木的树冠在机动车道的上方搭接，否则容易使机动车排放的尾气无法散播到空气中，造成道路环境的空气污染。植物选择上，宜无刺或少刺，叶色有变，耐修剪，在一定年限内可通过人工修剪控制它的树形和高矮；易于管理，能耐灰尘和路面辐射。因此，适宜选用龙爪槐、红叶李、紫薇、丁香、紫荆、连翘、榆叶梅等。

中央分车带的绿化还有防止夜间对开车辆眩光影响的功能。因此，其植物景观营造应保证能通过灌木来遮挡夜晚车辆的灯光，可以是连续的绿篱，可以是不连续的球形植物种植，也可以是低矮的常绿树种。当道路路幅有限、用隔离栅栏代替中央分车带时，也可以充分利用藤蔓植物来进行造景，如蔷薇、藤本月季、爬山虎等。

（五）分车绿带与公交车站的关系处理

分车绿带一侧靠近快车道，因此公共交通车辆的中途停靠站都设在分车绿带上。车站的长度为 30 m 左右，在这个范围内一般不能种灌木、花卉，可种植乔木，以便夏季为等车乘客提供树荫。当分车绿带宽 5 m 以上时，在不影响乘客候车的情况下，可以种少量绿篱和灌木，并设矮栏杆保护树木。

（六）分车绿带视线设计

选择分枝点低的树种时，株距一般为树冠直径的 2~5 倍；灌木或花卉的高度应在视平线以下。如需要视线完全敞开，在隔离带上应只种草皮、花卉或分枝点高的乔木。路口及转角处应留出一定范围（视距三角形）不种遮挡视线的植物，使司机能有较好的视线，保证交通安全。

视距三角形指的是平面交叉路口处，由一条道路进入路口行驶方向的最外侧车道中线与相交道路最内侧车道中线的交点为顶点，两条车道中线各按其规定车速停车视距的长度为两边，所组成的三角形。在视距三角形内不允许有阻碍司机视线的物体和道路设施存在。

三、路侧绿带的设计

路侧绿带是指布设在人行道边缘至道路红线之间的绿带，它是构成道路景观的主要地段。设置一定宽度的路侧绿带能起到减轻噪声尘土的作用。由于路侧绿带宽度不一，植物配置也有所不同。路侧绿带与沿路的用地性质或建筑物的关系密切，如有的建筑物要求绿化衬托，有的建筑要求绿化保护。因此路侧绿带常应用乔木、灌木、花卉、草坪等，结合建筑群的平、立面组合关系以及造型、色彩等因素，根据相邻用地性质、防护和景观要求进行设计，并在整体上保持绿带连续、完整和景观效果的统一。

（一）路侧绿带与建筑红线的关系

路侧绿带与建筑红线一般存在 3 种关系。

①建筑红线与道路红线重合，则路侧绿带形成建筑的基础绿化带，面积通常不大。

②建筑退让红线留出人行道，路侧绿带位于两条人行道之间，一般靠近车行道一侧的人行道是提供给过路行人使用的，而靠近建筑的人行道则是为附近居民提供的，这种做法普遍应用于商业街等人流量较大的地段。

③建筑退让红线在道路红线外侧留出绿地，路侧绿带和道路红线外侧绿地相结合。

（二）路侧绿带的分类及植物景观设计要点

1. 防护绿带

城市道路植物景观中的防护绿带是指以保护路基、防止风沙和水土流失、隔音为主要目的而设置的路侧绿化用地，其功能是对自然灾害和城市道路公害起到一定的防护或减弱作用。

防护绿带宽度在 2.5 m 以上时，可考虑种一行乔木和一行灌木；宽度大于 6 m 时可考虑种植两行乔木，或将大、小乔木，灌木以复层方式种植；宽度在 8 m 以上的种植方式更多样化。

2. 基础绿带

若绿化带与建筑相连，则称为基础绿带。基础绿带的主要作用是保护建筑内部的环境及人的活动不受外界干扰。基础绿带内可种灌木、绿篱及攀缘植物以美化建筑物。种植时一定要保证种植植物与建筑物的最小距离、保证室内的通风和采光。

3. 街头小游园

在城市干道旁供居民短时间休息用的小块绿地称为街头休息绿地，主要指沿街的一些较集中的绿化地段，常常布置成小游园的形式。街头小游园的宽度一般要大于 8 m，面积多数在 1 hm² 以下。

街头小游园的设计不拘泥于形式，只要街道宽度满足，且有一定面积的空地，均可开辟为街头小游园。因此，在城市绿地不足的情况下，可用街头小游园来提高城市绿地的比重。旧城市改造时，在稠密的建筑群里要求开辟集中的大面积绿地是很困难的，在这种情况下，发展街头小游园是个不错的途径。

街头小游园的平面形式各种各样，面积大小相差悬殊，周围环境也各不相同，但在布置上大体可分为 4 种类型，即规则对称式（如模纹花坛、整型绿篱、列植树木等）、规则不对称式、自然式（乔灌草花相结合，形成生态空间）和混合式。它们各有特色，具体采用哪种形式，要根据绿地面积大小、轮廓形状、周围建筑物（环境）的性质、附近居民情况和管理水平等因素来进行选择，力求做到美化街景、增加景观层次，同时保证其各项功能。

街头小游园的设计内容包括定出入口，组织空间，设计园路、场地，选择安放设施，进行种植设计。这些都要按照艺术原理及功能要求进行考虑。

以休息为主的街头小游园中，道路、活动场地可占总面积的 30% ~ 40%；以活动为主的街头小游园中，道路、活动场地可占总面积的 60% ~ 70%。但这个比例会因绿地大小不同而有所变化。街头小游园中的设施包括栏杆、花架、景墙、桌椅坐凳、宣传栏、儿童游戏设施以及小建筑物、水池、山石等。

（三）路侧绿带植物的选择

一般当路侧绿地宽度不到 4 m，路侧绿带过窄时，以种植地被植物为主。宽度允许的路段其植物种植形式以自然群落种植为主，一般以高大的常绿树种为背景，前面配置灌木、地被、宿根花卉及草坪等，做到常绿与落叶、乔木与灌木相结合，树木与花卉相结合，形成错落有致的景观。如淮南市洞山东路以雪松、广玉兰、蜀桧、合欢、大叶美洲黑杨等为背景，前面栽植日本晚樱、海棠、夹竹桃、紫薇、木槿、火棘、桂花、蚊母、石楠、红叶石楠等，将成片的金钟、鸢尾、迎春、连翘，小红帽月季等点缀在嫩绿的草坪上，突出了色彩、季相的变化，并根据植物的形态、高低、大小、落叶或常绿、色彩、质地等，形成主次分明、疏落有致，一季突出、季季有景的效果。

第四节　交通绿岛与停车场绿化设计

一、交通绿岛的设计

交通绿岛是指经过绿化的交通岛用地,其主要功能是诱导交通、美化市容,通过绿化辅助交通设施显示道路的空间界限,起到分界线的作用。作为城市道路绿化的一部分,交通绿岛可形成独具特色的城市节点性景观。

(一) 交通绿岛的作用

作为城市道路绿化及城市绿地系统的有机组成部分,交通绿岛具有吸尘、减噪、制氧、调湿等生态效应,可以改善城市生态环境,提高城市道路的环境质量。通过对交通岛的合理绿化,突出交通岛外缘的线形,显示道路的空间界限,有利于诱导司机的行车视线。特别是在雪天、雾天、雨天,可弥补交通视线的不足,保证行车安全。同时,利用不同的绿化配置增强道路的识别性和方向性,以便于绕行车辆的司机能够准确、快速地识别各路口。

(二) 交通绿岛的形式

交通绿岛的形状主要取决于相交道路中心线角度、交通量大小和等级等具体条件。一般多用圆形,也有椭圆形、卵形、圆角方形和菱形等。常规交通岛直径在 25 m 以上,大、中城市多采用 40~80 m。交通绿岛的形式根据交通岛的形状与面积分为可进入式与不可进入式两种。

1. 可进入式交通绿岛

在交通绿岛面积较大且不影响交通安全的前提下,可以设计成供行人进入的街心游园形式,并将其作为城市文化休闲活动绿地中的一部分。以交通绿岛的特殊位置、周边立地条件为出发点,其设计风格应以规则式为主,其内设置园路、座椅等园林小品和休憩设施,或纪念性建筑等,以供人短时间休憩。交通绿岛内的活动空间与周围道路之间要求有一定程度的隔离,来满足在其内活动的游人的私密性及安全性。同时，也避免对外界交通有所干扰，而这种隔离主要以布置植物来实现。

2. 不可进入式交通绿岛

不可进入式交通绿岛主要用于引导交通，在设计时应将交通绿岛作为一个整体考虑，以达到完好的立面和平面效果。以建筑式雕塑、市标、组合灯柱、立体花坛、花台等园林小品或植物为构图中心，在竖向上成为诱导视线的标志，但其体量、高度等不能遮挡行车视线。平面构成上要强调整体的统一性、流畅性，这种要求难以通过硬质材料来完成，而是通过植物树种的统一、颜色的搭配、线条的协调来表现。

（三）交通绿岛的绿化形式

交通绿岛最容易成为人们视觉上的焦点，其绿化形式主要有两种：一种是大型的模纹图案模式，将花灌木根据不同的线条造型进行种植，形成大气简洁的植物景观；另一种是苗圃景观模式，将人工植物群落按乔、灌、草的种植形式种植，密度相对较高，在发挥其生态和景观功能的同时，还兼顾了经济功能，为城市绿化发展所需的苗木提供了有力的保障。

（四）交通绿岛的植物景观设计

1. 交通绿岛的平面设计

交通绿岛的视觉受益群体为绕行于此的驾驶者，过细的植物雕琢会分散驾驶员的精力，影响车辆运行安全。因此交通绿岛的平面设计更重视绿化的整体感，要求绿化要以大色块、大组团构成整体概念模式出现。同时，绿岛是线性连续通道上的连接点，要与相连的道路绿化风格相协调。

2. 交通绿岛的植物景观设计分析

交通绿岛的植物景观设计在行车视距范围内要采取通透式栽植，以保证安全视距。绿化以草坪、花卉为主，可用几种不同质感、不同颜色的低矮常绿树、花灌木和草坪组成模纹花坛。其图案应简洁，曲线优美，色彩明快，不能过于繁复、华丽，以免分散驾驶员的注意。也可布置修剪成形的小灌木丛，在中心种植一株或一丛观赏价值较高的乔木加以强调。小乔木和灌木适宜选用大叶黄杨、金叶女贞、杜鹃、月季、苏铁等。

由于交通岛特殊的绿化位置及绿化要求，其树种的选择不同于行道树。首先要考虑抗性强的树种，尤以乡土树种为主，以便能适应交通绿岛的粗放管理。同时树木的冠形应具有较强的可塑性，树形具有向上的伸展性和聚合性，如尖塔形、圆锥形等，以形成空间上的视觉焦点。种植时应尽量采用慢生树种，以保持景观的持久性，从经济的角度出发，它还可以减少再次投资。

二、停车场绿化设计

停车场是城市交通的重要组成部分，其绿化是城市园林景观的有机组成部分。随着交通设施的不断完善，停车场的数量在大幅度攀升，停车场面积占城市用地面积的比重也在逐年增加。其中，沿街停车场所占比例较大。由于沿街停车场绝大部分面积无绿荫建设，地表及停放其中的车辆全都暴晒在烈日下，吸收大量的热量。因此，沿街停车场也加剧了城市的热岛效应。

停车场绿化设计是指针对停车场实际情况，采取合理的绿化方式对停车场进行绿化，包括停车位铺装绿化、停车场内隔离带绿化和停车场边缘绿化。主要用于阻挡阳光暴晒车辆，同时净化空气、阻挡沙尘、削弱噪声，使城市绿化覆盖量得到一定提高，改善停车场生态效应。

停车场一般分为沿街停车场、小区停车场和树林式停车场。

（一）停车场绿化的设计原则

1. 充分绿化原则

停车场应尽可能创造条件进行绿化，在满足停车需求的同时增加绿化面积。其绿化应以落叶乔木为主，有条件的地方做到乔、灌、草相结合，不得裸露土壤，以发挥植物最大的生态效益。植物材料的选择应遵循适地适树的原则，以植物的生态适应性为主要依据。停车场绿化应选用较大规格的苗木并确定适宜的种植间距。

2. 安全原则

停车场绿化树木与市政公用设施的相互位置应统筹安排，并保证树木有必要的立地条件与生长空间。停车场绿化应符合行车视线和行车净空要求，保证停车位的正常使用，不得对停放的车辆造成损伤和污染，不得影响停车位的结构安全。停车场绿化的设计和施工除应符合本指导书外，还应符合国家及地方现行有关标准规范的规定和环境保护的有关规定。

（二）停车场绿化形式

1. 树阵式停车场

该形式停车场的绿荫，通过栽植高大乔木来形成。乔木以树阵形式栽植在树穴内。如乔木以"品"字形交错栽植。在两列停车位间栽植树列，相邻乔木间留有 2~3 个停车位，相邻树列的树种可错开选择落叶或常绿乔木，形成一定的景观效果。该形式适合中小型车垂直式停车布置的停车场。

2. 乔灌式停车场

该形式停车场的乔木栽植于隔离带或停车场周边绿地上，隔离带内配置的花灌木、地被植物等与乔木共同形成良好的景观效果，即在整排停车位一侧及 2~3 个车位之间各设有绿化隔离带。车位间的隔离带上栽植的乔木以落叶为主，停车位一侧隔离带上栽植的乔木以常绿为主。该形式适合各类型车垂直式停车布置的停车场，隔离带形式包括草坪隔离带、绿篱隔离带及花灌木与地被植物隔离带 3 种。

3. 棚架式停车场

该形式是在停车位上方搭建棚架，棚架内或周围设置栽植槽以栽植藤本植物。藤本植物攀爬上架与停车场周围配植的乔木或具有一定高度的灌木形成良好的景观效果。棚架的形式和材质可根据周边环境而定，棚架的高度可根据具体停放的车型而定，棚架设计需符合结构力学原理。常用的棚架建筑材料有金属材料、混凝土材料、石材、仿木材料等。

4. 植草砖铺装停车场

植草砖铺装停车场在各类生态停车场中十分常见，在提高停车场生态效益和美化停车场上起到了很好的作用，尤其在露天停车场，水泥的铺设会阻碍下层土壤的透气，土壤所吸收的辐射热也较难散出，面积一大，就容易导致城市出现热岛效应。

但若全部进行草皮铺设或植物种植，则频繁的车辆出入会迅速降低植物的存活率，出现后期管理成本高的问题，雨天会出现打滑的现象，不方便驾乘人员和管理人员的活动。因此，铺设植草砖是一种较为折中的办法。镂空的植草砖为植物提供了一定的生存空间，并且让土地也能适度呼吸；能承受重压，同时让植物不会因踩踏或轮胎压碾而夭折，也不用担心大雨来袭满地泥泞。透水性佳的植草砖也可防止雨水冲刷土壤，还能储水保持草皮湿度。并且能使停车与绿化功能合二为一，实现停车场硬化与绿化的有机结合。

植草砖铺装是由植草砖和绿植两个部分组成。植草砖是由混凝土、河沙、颜料等优质材料经过高压砖机振压而成，具有很强的抗压性，铺设在地面上有很好的稳固性，能经受行人、车辆的碾压而不被损坏；绿植一般选用耐久性好、适应性强的草坪草或地被植物，植物的高度等于或稍大于植草砖的高度。而植物的根部是生长在植草砖下面，车辆碾压不会令其草根受到伤害，同时，植物的加入又提高了停车场的绿化面积。

植草砖常用颜色为灰色、黑色、白色，其他颜色可定做。其材料本身具有抗老化、耐腐蚀的性质，可重复使用。植草砖的形状分井字形、背心形、单 8 字形、双 8 字形和网格形等，使用寿命在 40 年以上，绿植一般 8 年复种一次。强度一般为 30 MPa。能够提高整体 30% 以上的绿化率。

（三）停车场绿化的分类及设计要点

停车场绿化包括停车位铺装绿化、停车场内隔离带绿化和停车场边缘绿地绿化。

1. 停车场内可设置停车位隔离绿化带。绿化带的宽度应不小于 1.5 m；绿化形式应以乔木为主；乔木树干中心至路缘石距离应不小于 0.75 m；乔木种植间距应以其树种壮年期冠幅为准，以不小于 4.0 m 为宜。

2. 停车场边缘应种植大型乔灌木，有条件的可采用乔、灌、草相结合的复层种植形式，为停放的车辆提供庇荫保护，起到隔离防护和减噪的作用。

3. 停车场庇荫乔木枝下净空标准：小型汽车应大于 2.5 m；中型汽车应大于 3.5 m；大型汽车应大于 4.0 m。

（四）停车场植物种植设计

停车场在设计绿化带、树池形式、选用树种以及具体方案时，要根据停车场所处的位置、总体规划、设置规模、停车形式、车容量等进行综合考虑，不能生搬硬套。

1. 树种选择

停车场绿化与普通绿化有一定的差别，绿化植物的选择应以形成绿荫为主，景观为辅。乔木宜选用冠大荫浓、寿命长、抗污染、管理简便的品种。选择时应考虑到树形本身的遮荫效果，以达到夏日能降低车内温度的要求。分枝点高，枝条韧性强的树种有利于车辆的安全行驶，同时要考虑病虫害少、根系发达、易于移栽的树种。为了节约养护成本，耐干旱和耐瘠薄的树种也应考虑在内。如宜作为树阵的乔木：悬铃木、黄连木、榉树、朴树、旱柳、银杏、苦楝、香樟等。这些树种成型后，树形扩展、枝条茂密，可减轻日光对车辆的暴晒。灌木、藤本植物应选用抗污染、耐修剪、应用效果良好的品种。宜作为停车场边缘种植的植物有灌木海滨木槿、珊瑚树、木槿、夹竹桃、油麻藤、紫藤、木香、西番莲等。

2. 种植方式

以乔木为骨干树种，常绿和落叶乔木相间种植，底层分布花灌木球和草皮于车位之间的绿化带及周边，构成丰富的植物群落结构。或采用乔木和微地形草坪相结合的方式形成自然开敞的景观空间。

应保证乔木种植株行距不大于 6 m，种植数量不少于 4 行×4 列。停车场内采用树池形式绿化时，树池规格应不小于 1.5 m×1.5 m。树池上应安装保护设施，其材料和形式要保证树池的透水透气需求。

在渗水砖砌块或混凝土预制砌块的孔隙或接缝中栽植草皮，使草皮免受行人和车辆的践踏碾压，砌块图案形式不一，厚度应不小于 100 mm，植草面积应不少于30%。砌块孔隙中种植土的厚度以不小于 80 mm 为宜，种植土上表面应低于铺装材料上表面 10~20mm。植草铺装排水坡度应不小于 1.0%。

3. 景观效果

常绿和落叶乔木混植，形成丰富的季相变化。采用条形微地形草坪构成停车场的界限，点缀适量花灌木，形成自然优美的景观效果。总体上强调植物景观的连续性和层次感。

第四章
城市道路系统可持续发展规划设计

第一节　城市道路网可持续发展规划设计

一、城市道路网类型与特点

会对城市道路网的外在形态产生影响的因素有：自然地形、历史形态、城市规模等。真实的外在形态通常是不一样的，为了更好地进行分析和比较，大致可以划分为下面几种类型。

（一）方格网式

所谓的方格网式路网，另外一个称呼是棋盘式路网，这是一种有着长远历史且应用甚广的路网。随着世界城市不断前进和发展，中国古代建筑的都城、古印度时期的城市、古罗马时期的营寨城、兴起于近代的亚非拉殖民地区的城市，包括兴起于现代的一些城市，都或多或少地采用了方格网式的道路系统。该系统得以大范围内被使用的原因有以下几个方面：一是便于快速集中进行建设；二是便于向外拓展；三是交通路线有了更多选择；四是地块得以整齐划分；五是对建筑物的布置很有帮助；等等。

方格网式路网自身的缺点包括以下几个方面：一是处于对角线方向上的交通线会很不方便；二是自身有着过高的非直线系数；三是组建的路网密度过大且交叉口太多；四是道路自身的识别度很低；五是道路景观显得不够活泼；等等。

为了真正改善对角线连接不便捷的问题，可以考虑在使用方格网式路网的基础上，添加一些通过对角线进行连接的道路，来组建一个由方格和对角线共同搭建起来的路网系统。相对而言，通过对角线连接的道路对于斜向交通的彼此连接很有帮助，但在实现对角线道路的时候，也会出现一些形状不规则的三角形街坊和形状各异的交叉口，而这将会成为交通组织当中的一个大问题。

（二）放射环式

对在城市的中心位置与城市内各分区以及郊区的彼此之间进行交通连接起到助力作用的是放射环式路网，但这种路网会让城市中心的交通变得拥挤不堪。为了尽可能地避开这种情况，可尝试在市中心的周边设计一些环路来缓解市中心的交通压力，也可以考虑使用有着多个中心的城市结构，并在城市的二环和三环布置一些放射环式道路，使中心区域不至于涌入太多没有必要的交通。一些拥有悠久历史的城市，其核心区域一步步成长起来，很容易搭建出一个典型的放射环式路网。因为作为城市用地，通常会把放射状道路作为通道来实现对外扩张，当城市发展到一定的规模以后，就会再次尝试把市中心作为核心点来搭建环状道路，使放射状道路与周边各个地区之间的连接得以真正改善，进而一步步搭建出放射环式的路网结构。放眼全世界，大多数的大城市都是把旧城作为中心区域并通过采用放射环式路网系统来进行发展的。

通常情况下，大城市和特大城市会采用放射环式路网，若是在小范围使用的话，容易形成很多不规则的街坊，这对建筑物的布局是不利的。

（三）自由式

自由式路网的形成与城市本身的地形条件有着紧密的联系，比如身处山区或水网较为密集的城市，道路的走向容易受到地形条件的限制，很难形成规则的路网，为了使自然地形得到充分的利用、降低道路的造价和工程量，道路会依照城市的地势铺设，也就逐渐形成一个不规则的自由式路网系统。对自由式路网进行的合理设计要突出交通联系的便捷性，同时要尽量减少对自然环境和景观的破坏。

（四）混合式

在大多数的大城市里面都会有一些通过方格网式路网和放射环式路网共同搭建而成的混合式路网。在这些城市里经常会看到这样的搭建过程：刚开始，城市在原有的方格网式路网基础上持续地向外部进行扩展；到了特定的时期和阶段，就会看到一个呈现放射状的交通干线持续地朝着外部进行拓展，逐步搭建出一个内里显示出方格、外面显示出放射环状的路网结构。这样的路网结构比较适合应用于一些大城市和特大城市里的道路建设，在城市里面所使用的方格网道路可以使市中心的交通不至于过于拥堵，而那些位于城市外围部分呈现出放射环状的道路可以大大地推动市区内部的各个分区与市中心，还有各个分区之间建立起更加便捷的联系。

二、城市道路网布局规划

（一）影响城市道路网布局的因素

建设城市道路需要大量资金、人力和工程量的投入，一旦道路系统构建完毕后就难以进行调整改变，所以在规划布局城市道路的过程中一定要对涉及的各个因素进行周全考虑。对城市道路布局产生影响的因素主要包括自然条件，对外交通联系，城市用地布局，城市原有路网，交通结构，城市性质、规模及经济发展水平，等等。

1. 自然条件

当城市位于一些地形比较复杂的地方时，道路网的基本形态是由自然地形条件所决定的。比如，平常的条件下，在设计那些身处荒凉山区的主干道时，常会选择全程顺着等高线的方向；而要布置那些有着较为密集水网组成的城市干道，则会尝试顺着与水系平行的方向进行设计；等等。通过这些不难看出，在整体布局城市道路网的时候，务必根据城市的特点，结合当地的自然地形条件来进行设计，避免对自然环境造成更多的破坏，同时，方便地下管线的敷设。

从一定层面上来说，气候条件也影响着城市道路网。例如：在北方的一些城市，一定要对冬天的风向有所了解并与其错开相应的角度，防止寒风直冲；而在南方的一些城市，要在平行于夏天常刮风向的基础上进行设计，这对炎炎夏日进行通风很有帮助。

2. 对外交通联系

一个城市对外交通方式主要有铁路、公路、航空和水运等，不同的交通方式需要更加便捷地连接城市内部的道路交通，所有同外部有所关联的主要通道与交通站所在的位置都会对布局道路网产生一定的影响。

3. 城市用地布局

传统的城市规划，通常为针对城市用地所进行的布局规划，城市拓展到什么地方，道路就会铺设到什么地方。通过此种方式进行的规划，容易忽略在这个过程中对城市交通产生直接影响的城市用地布局，单纯地以为通过建设道路就可以使各种交通问题得以解决，但结果就是，在交通拥堵的时候，每修出一条路就会有一条路产生堵塞，以至到了最后才发现，单单靠着道路建设无法从本质层面解决交通问题。国内的一部分城市在这些方面为我们提供了深刻的教训。不论是布局城市用地，还是城市道路网，两个系统是既相互关联又互相影响的。在规划城市的进程中，两者一定要放在一起进行通盘考虑，既要针对城市用地进行合理的布局，又要针对交通活动的分布进行合理的引导。

4. 城市原有路网

在进行整体的城市规划或者交通规划时，很多城市会把旧城作为基础来一步步往外延展，这样原本的路网扮演着重要的角色。其出行流量和流向等数据，都应参与到规划新路网的过程中。

5. 交通结构

城市不一样，交通结构也会不一样。有些城市占据着很大比重的是个体交通，对于个体交通来说，它们可能会选择将小汽车作为主要的交通工具，也可能会将自行车和摩托车作为主要出行工具；也会有一部分城市，占据出行比重更大的是公共交通。在传统的城市规划当中，通常会把汽车交通作为布局道路网的重要服务对象，而其他的交通方式通常作为汽车交通路网的补充部分而存在，这种"车本位"的规划思想正面临着越来越多的批判和挑战。在布局和规划城市道路网的时候应当依照城市自身的交通结构，合理确定城市道路网、公共交通网、步行道路网、自行车专用道路网的布局。

（二）城市道路网规划的原则

1. 道路系统规划与城市用地规划相结合

城市交通和城市用地布局是一种彼此协调、共同成长的互动关系。在全面规划城市用地的过程中，城市当中各个区块之间所产生的联系将会在其所设定的道路系统中得以满足，然而在规划城市用地的过程中，也务必要认真考虑城市内部各个区块所承担的各种城市活动对特定的城市道路系统所带来的各种影响。在国内众多的大城市里面，交通拥堵已成为一种极为常见的问题，而缺乏合理的规划是造成交通拥堵最根本的原因。要想顺利地解决城市交通所产生的众多问题，就需要将城市道路系统规划与发展到特定阶段的城市用地规划进行巧妙的融合。除此以外，在规划城市道路网的过程中要尽可能与城市用地拓展的步伐保持一致，使城市道路网的整体框架处于不断延展的状态，同时还要对城市周边不同方向上设定的城市道路网通道给予充分的考虑。

2. 交通分流、整体协同

在整个城市交通中，具体的交通方式各种各样，为了使各种交通方式更多地呈现效率性和舒适性，就必须实施分流措施。交通分流是规划现代交通的关键所在，其内容主要包括机非分流、快慢分流和人车分流，即把拥有着不同特点的交通方式放置在相应的交通子系统里面，这样一来，各种不同的交通方式都有着适合自身的交通子系统，使出行过程中舒适、安全、连续的要求得到满足。

在同一时间里，属于同一个交通系统中的各个交通子系统应属于彼此协同的关系，进而为不同交通方式之间的换乘提供有力的保障，从而构建一个综合性的、复杂的城市道路网。

3. 以人为本，突出公交优先、慢行优先

在对城市道路网进行整体规划的阶段，一定要恪守"以人为本"的原则和带动城市交通实现可持续发展的战略以及各样的交通政策，以体现出它们在城市完备的交通系统中所占据的核心地位。在一步步建设城市道路交通系统的过程中，应当与居民的常规出行进行关联。作为一个正处于发展中的国家，我国人口正一步步进入老龄化阶段，因此应当把"以人为本"作为核心来制定城市交通政策。

4. 合理利用地形

城市道路网的形式和布局应与城市的自然地形相结合。对于山区或丘陵有较大起伏的地区，若是一味地追求平直的线形道路，不单单会使开挖填满的工程量加大，工程量造价提升，自然环境遭到破坏，也会使道路过于僵直导致城市景观显得单调乏味。

5. 保证城市安全

城市道路网规划，应当充分考虑与城市安全相关的各项要求。一些采用组团式布局的城市中，城市内部的众多组团之间进行联系的道路通常有两条以上，当城市遭遇到一些突发状况和交通事故封堵了其中一条道路的时候，另一条道路可用来供人和车通行。在整座城市外部的各个方位上应当设计两条以上的连接外部的道路。还有一些位于湖区或山区的城市，经常会受到洪水的侵害，应提前设计好一条用来预防灾害且通往高地的道路，同时还要在疏散方向上加增道路网的密度。

6. 满足工程管线敷设要求

在城市里布置的各种基础设施，铺设的时候一般会尝试沿着城市的主要街道来开展，城市道路进行建设时包含的线形、断面的形式和纵坡的坡度等因素一定要符合工程管理相应的要求。同时也要适当地考虑在城市道路下面建造轨道交通的可能性。

（三）城市道路网规划方法

1. 城市道路网规划的步骤

规划城市道路的阶段包含的内容主要有：确定道路网的组成部分和主要指标、对道路网空间进行的布局、对布局的评价与调整。

（1）确定道路网的组成部分和主要指标。

城市道路网规划，首先要确定组成道路网的主要部分，也就是说除了要设置一些常规条件下的道路以外，还要把自行车、步行、游览等专用道路放在考虑范围以内。然后就需要参考城市的实际，逐个确认人均道路面积、道路面积密度、道路等级结构、道路网密度等。

（2）对道路网空间进行的布局。

道路网空间布局，要考虑的因素包括：城市具备的自然条件、城市经济发展水平、城市内部整体交通量、城市交通的流量和流向等。具体的内容和要求主要包括以下几个方面。

①以较为合理的方式来选择道路网。城市道路网主要的种类有：方格网式、

放射环式、自由式和混合式。在选择具体的道路网类型时，作为参考的条件主要有城市外在的地形条件、城市交通的流量和流向、城市内部布局的形态、当前道路网的整体格局等因素，确定的过程应因地制宜，尽可能防止对道路进行机械式使用，或者单单从平台构图的层面来规划和布局道路网。

②进一步确定与道路网相关的合理结构。在布局城市道路的过程中，需要通过合理的方式来完成对道路等级的确定，也就是快速路、主干路、次干路、支路各自的数量所形成的比例，来确保高等级道路可以通过有序疏散的方式通向低等级道路和低等级道路通过有序汇集的方式通向高等级道路，进而保证城市内部所构建的道路网得以高效率地运转。需要特别注意的地方是，在连接不同等级的道路的时候，要尽量规避跨越等级的连接方式。

③对规划布局的城市用地进行的协调。在对处于不同级别的道路进行布局的时候，务必要考虑城市道路所特有的功能与道路两侧的土地是否可以进行协调等，道路的整体走向是否与城市用地所显示出来的交通流具体方向相符，道路网是否可以在未来用地当中发挥引导作用。为中长距离快速机动车道提供相应服务的快速路，一般会把它安置在城市各个组团之间的绿化带里面，快速路与城市内部组团之间的关联更像是"藤"和"瓜"的关系。城市道路中的主干路，主要服务于城市内部的组团之间和组团与市中心之间所产生的中距离（客运和货运）交通运输，成为城市内部各个组团之间建立连接以及城市内部对外交通的关键通道。透过城市道路网来看，体现出如骨架般支撑作用的是主干路，它通过类似于"穿糖葫芦"的方式来完成与城市内部各个组团之间的连接。在城市内部，连接城市组团之间各个主要干道的是次干路，同时它还会连接主干路，从而与主干路一起搭建起城市干道网，主要发挥的是集散交通的作用。由于次干路往往会被设计在有公共建筑和住宅区的地方，所以还会显示出与生活服务相关的功能。主要用来串联街坊的支路，更多发挥的是汇集交通的作用，直接服务于城市用地和有着生活功能的道路。对有着不同功能的城市道路、需求不同的城市道路断面、特征有所不同的交通流、两侧建筑物自身具备的性质和有着不同要求的两侧地块开口等方面起到决定性作用的是等级不一样的城市道路与布局城市用地之间的关系。

④布置规划城市内部的专用道路系统。布置规划城市内部的专用道路系统

时，不但要对城市内部的快速道路和常速道路系统进行规划，而且在对道路空间进行布局的时候还要考虑对道路系统所进行的布置。主要内容有针对自行车和步行道路系统进行整体布局，在城市内部常速道路系统之间建立相应的连接。作为旅游城市的话，还需特别考虑对游览专用道路的布局和规划。

（3）对布局的评价与调整。

城市道路网的评价，主要是指围绕着一个或多个备选方案所进行的以综合效益为中心的分析评价及检验，具体地讲是指针对在社会、经济、环境、技术等方面产生的效益进行综合评价，估算整个工程建设所花费的费用，判断目前达成预期目标的可能性，从而为以后进行规划时的决策提供科学依据。当道路所提供的服务质量或环境质量与规划的相关要求不相符时，应做适当调整。

2. 我国城市道路网的常见问题

（1）道路功能不清晰

城市道路的等级不同，其相应的服务功能也会不同，把有着不同交通方式和出行目的的道路经过分类后划归到种类各异的道路上，对于交通分流很有帮助，使得交通出行的安全、效率和舒适得到有力保障。而在相反的情况下，则容易导致交通效率不断下降、路况变得复杂、发生交通事故的概率增加。众多城市目前就存在着对道路相关功能认识不清的问题。比如，在主干道的两边设计出很多的公共建筑，甚至还会成为商业中心，致使交通量直线上升。同时因为行人、自行车和机动车的不断集中，使得道路两边行人穿越的现象越来越普遍，最终会使交通状况变得越来越复杂，直至成为瓶颈。

（2）"蜂腰"成"瓶颈"

当城市用地通过组团方式来布局的时候，在两个组团之间的连接处，特别是完整的方格网道路系统里面，时常会显示"蜂腰"地区。在此区域内，道路不是很多，车流比较集中，极易造成交通堵塞。还有一些城市，整体会跨越铁路、河流、山体等障碍，如果穿越铁路和大山的道路不是很多，也会导致"蜂腰"地区的出现，若是河流本身还有通航的功能，使得桥梁比较高，道路坡度比较大，就会更加凸显交通问题。

（3）畸形交叉口

在城市中的一些老城区里面，道路网通常历经了沧桑的岁月，在那个把步行和马车作为主要交通方式的时代，一些较为畸形的交叉口并不会对交通的运行产生影响；但在高机动化的当下，畸形交叉口极易成为交通瓶颈。畸形交叉口会使交叉口处的交通流量增加，导致交通拥堵，因此道路之间的相交越多，越容易对驾驶员的视线和判断产生影响，再加上交叉口处有着难以控制的信号灯，就会使车辆等候的时间增加，直接对交叉口的通行能力产生一定的影响。想要改善这种状况就需要在畸形交叉口采用交通渠化和单向通行的措施。

（4）高架路的上下匝道与地面交叉口的冲突

有些城市设计的出入口距离城市高架路过近，而高架桥的匝道通常会选择在交叉口附近进行设置，遵行先下后上的方式来开展交通组织，若是交叉口处的交通过于拥堵，就容易导致高架路上的车辆很难通过匝道下来，进一步加剧交通拥堵。若是在高架路上设计一个先下后上的出入口，引导高架路上的车辆先经过一个交叉口再开下去，就会简化整个交通组织，使得机动车与非机动车之间处于彼此独立、互不干扰的状态。但设置的交叉口之间的距离不能太近，否则就会使高架路上处于高速行驶的车辆因路过匝道时要减速而造成交通堵塞。高架路上的车流处于连续性的状态，但地面道路的车流却是间断性的，使得它们在彼此交会的时候极易发生冲突，因此，如何处理高架路上的上下匝道是一个关键性问题。

（5）城市主干路无法延伸

部分城市为了凸显市区内的标志性建筑，会尝试将其设置在城市干道的端头，成为独特的道路对景建筑。但随着城市持续向外扩张，道路也随之不断延伸，城市当中的标志性建筑就容易成为"拦路虎"，使得主干路的延伸出现障碍，会对干路网的系统性产生一定的影响。

（四）城市道路网规划评价指标体系

对于当前道路网的运作状况、存在的各种问题如何评价，对于道路网的规划方案是否可以满足未来的交通需求，对于规划出来的道路网落地实践的效果该怎样系列的检验和反馈，等等，要使这些问题得到合理的解答，需要构建一个完整的网评体系和评价方式。主要包含三个方面内容：一是对技术性能所开展的评价；二是对经济情况所进行的评价；三是对社会环境影响所做出的评价。

技术性评价指的是道路网建设水平和技术性能是否与整个社会经济的发展状

况与建设规模相契合，交通网络内在的结构和相应的功能是否合理，所用技术是否可行，为优化规划方案提供决策信息依据。

经济评价，通常而言，主要是对建设规划方案和运营的效益与费用之间进行相应的对比，分析论证规划方案自身的经济合理性。

社会环境评价，主要是分析道路网络对城市社会环境所产生的影响和作用，包括加大开发利用自然资源和国土方面的力度、维持良好的水土环境和改善周边环境的条件以及它们对城市的政治、经济和文化古迹、风景名胜等方面的影响。相较于经济评价，社会环境评价具有宏观性、长期性、指标难以量化的特点。

三、城市道路网空间指标

（一）人均道路用地面积

相关的研究表明，交通方式的不同使得人均占用道路面积也是不一样的，处于不同的交通结构下，所需的人均道路面积也会有所不同。

影响城市交通结构的主要因素有城市的地理条件、当地的经济水平、人们的生活习惯和城市规模等。整体来看，自行车交通占据较大比重、多样化交通方式并存的国内城市所需人均道路面积与一些以小汽车为主要交通方式的发达国家所需的人均道路面积是不一样的。我们没必要盲目追求更高的人均道路面积，而应当把目标设定为满足正常交通需求前提下的最小道路面积。

对人均道路面积产生直接影响的是城市交通方式。通过城市交通方式和不同交通方式处于正常速度时所占用的道路空间，可以得出人均道路面积指标。

作为城市不应当过多地去追求标准较高的人均道路用地面积，把可持续发展作为切入点的话，在未来建设交通过程中发挥重要作用的是交通效率的提升，这样既可以满足交通相关需求，还可以耗损最少的土地资源。

城市发展过程中所历经的各个不同阶段，使得城市的人口规模和交通方式也会不断变化，所以随之就会产生完全不同的人均道路用地面积，在深入研究规划指标的过程中，应遵循远近结合的原则。

（二）人均车行道面积

在一个城市，带动机动车数目不断增长的"主力军"是小客车，但在一些发达国家，小客车拥有率遵循一个特定的变化规律，就是所谓的"S"形发展曲线。以我国当前小客车拥有率的整体水平为参照物，城市里小客车的拥有率正处于一个不断增长的时期，可以预见在以后相当长的一段时间里，城市中机动车的数量还会不断增长。大多数的城市道路用地被用来作为车行道，为了使机动车在未来拥有更为宽敞的通行空间，会尝试在道路网规划的过程中把人均车行道面积作为一个硬性的指标。

（三）道路网密度

道路网密度是道路网规划中重要技术指标。不能以统一的标准来看待大小不一的道路网密度，它与城市的规模和性质密切相关。过于稠密或过于稀疏都不太好。

在国内，因为存在着一大批小区内部和单位内部道路都不在城市道路范围以内，所以与西方发达国家相比，国内城市道路网的密度要小得多。

交叉口间距是道路网密度的另外一种表现方式。规划道路交叉口的间距，各个国家所使用的标准通常是不一样的，如荷兰规定围绕市中心 800～1000 m 以内的范围禁止设置穿行交通；丹麦的哥本哈根市把城市道路交叉口的一般间距设定为 700 m；德国的慕尼黑等城市，在主要的交通干线上使用"绿波"来进行控制，交叉口的间距设定为 700～1000 m；早期的美国，道路网大多使用的是方格式，位于纽约的曼哈顿和华盛顿市区道路的交叉口都很小，有的间距是 60～70 m，有的间距是 100～200 m；英国对比较密集的道路网更多地会使用区域自动化进行控制，道路交叉口间距设置为 250～700 m。

根据在全球范围内很有代表性的一些城市有关道路网实践的相关经验来看，在进一步确定道路网密度时需要遵循的原则如下。

把交通层面作为切入点，依照相关的经验，通常状况下，道路上每隔 200 m 就设置一个交叉口的话，不免会让人觉得过于密集，而且各个交叉口之间也会出现很多矛盾，对车辆的行驶及交通管理造成很大的不便；而设置为 800～1000 m 才出现一个交叉口，会给那些住在小区和街坊的人们的出行带来诸多不便，所以，为了有助于车辆的行驶以及行人的行走，道路交叉口最佳的间距为 300～800 m。

因道路自身处于不同的等级就会有不同的功能，规划时设计的速度也会不同，道路上设置交叉口时所隔的间距也是不一样的。1500~2500 m 是城市中快速干道的交叉口设置的最佳间距，而在城市的主干道、次干道和支路上设置交叉口的话，最佳的间距分别为 700~1200 m、350~500 m 和 150~250 m。

由于地区的不同使得道路网密度也会不一样，通常来说，交通最为拥挤的地方往往在城市的中心区，其次才是市区的中部，交通量比较少的是城市的边缘地区。所以城市中心区会有着较大的道路网密度，较小的是市区中部，最小的是城市的外围区域。

通过以上的分析和探讨可知，在不同地区会对应不同的道路网密度。

1. 当位于城市中心区时，道路上交叉口的间距应当设置为 300~400 m，道路网密度设置为 5~6 km/km²。

2. 当位于城市市区的中部时，道路上交叉口的间距应当设定为 500 m 左右，设定道路网密度为 4 km/km² 左右。

3. 当位于城市市区的周边路段时，道路交叉口之间的间隔应当设定为 600~800 m，设定的道路网密度为 3 km/km²。

整个城市范围内的平均道路网密度设定在 4~6 km/km² 范围内最合适。

道路的等级不同，其密度也会不同。若是步行到公交车站的时间不超过 4~6 min，使一般性交通方便的概念得以满足，那么对应的干道网的密度就为 2.0~3.5 km/km²，干道之间的距离可设定为 0.6~1.0 km。考虑到自行车与公交车之间有可能进行换乘，干道之间的距离就可以考虑设定为 0.8~1.0 km。

（四）道路网等级结构

等级不同的道路会伴随着各自相应的功能：快速干道主要为那些长距离出行的机动车提供服务；主干道在城市当中担负着主要交通道路的功能，主要为那些长距离运输提供服务；次干道是发挥交通集散作用的道路，主要在城市内部和有着不同功能的组团之间起到连接的作用；支路在交通方面主要发挥着汇集的作用。由快速路过渡到支路，道路自身通过性的要求在持续降低，但是其自身的可达性要求却在逐步提升。

作为城市当中所构建的道路网，必须有着较为合理的等级结构作为支撑，方可有效地带动整个城市的道路交通既可以在由低一级的道路慢慢地向着高一级道路前行的过程中进行有序的汇集，又可以在带动高一级的道路朝着低一级道路前行的过程中进行有序的疏散。国内外长年累月的经验显示，由快速干道逐级抵达支路，等级不同的道路彼此之间所形成的比例关系应当呈现"金字塔"形，说明不同等级道路的里程（密度）在从快速干道推进到支路的过程中呈现出不断增加的趋势。

正是在此道路网结构当中，交通的产生点与干路系统之间缺乏一段起着过渡作用的道路，导致城市内部的长距离交通、短距离街区交通和穿越性交通全都拥挤在干路上，不仅会阻碍机非、快慢分流体系的形成，也对有着不同出行距离交通的相互分离极为不利，使得不同类别道路系统的交通功能难以得到充分发挥。因此，大多数城市干路拥挤的根源在于缺少一些分担交通压力的支路。

在对道路进行规划建设的时候，要重视道路自身的等级结构，有助于逐步改善目前大多数城市所出现的道路网等级结构不合理的情况。通常情况下，在大城市当中，快速干道、主干道、次干道、支路的里程遵循的比例为1∶2∶4∶8；在中等城市当中，主干道、次干道、支路的里程遵循的比例为1∶2∶4；在小城市当中，干道、支路的里程遵循的比例为1∶2。

（五）道路功能清晰率

在整个规划设计过程中，逐一明确城市道路具体功能至关重要。我国的城市道路划分为四个具体的种类，分别是快速干道、主干道、次干道和支路，对于中小城市来说，只有后面的三类，而没有快速干道。这里面的快速干道属于交通性道路；对于次干道来说，既可以发挥出交通性功能，又可以发挥着商业性（生活性）功能，不过主要发挥的还是交通性功能；支路通常属于商业性（生活性）道路。

在国内，有众多城市所设计的商业街，从起初的诞生到中途的发展常常会选择依靠一条具备较高可达性的交通干道，随着商业的持续成长和壮大，类似的干道一步步成为城市中繁华的商业中心，城市中众多的人流和车流都会习惯性地把它看作出行路上的一个标志性地方。由于沿街的建筑物经常人来人往，致使干道很难发挥出其应有的交通功能，阻碍了商业的持续发展。

要想使道路的"商业性"充分发挥出来，就要考虑在道路两边设计出更多的商业设施，既能使机动车慢速行驶，还能为行人穿越道路提供便利。而要想使自身的"交通性"得以充分发挥，就需要有意识地去限定非机动车和行人穿越道路，尽可能地减少机动车与非机动车之间的互相干扰，为机动车畅通行驶提供有力保障，然而在现实的情况下很难兼顾这两个方面。大部分城市之所以会出现对道路功能认识不清的情况，关键在于起初规划道路时没有对道路的功能进行清晰的划分。

实际上，参与到规划道路过程中的人员对快速车道、干道、支路的理解有一定的差异性。就拿主干道来说，有的参与者认为"红线的宽度满足额定标准的城市道路就是主干道"，而有的人认为"设计出来的时速为 40~60 km/h 的城市道路就是主干道"，还有的人会觉得"双向机动车道多于 6 条就可以称之为主干道"，等等。而在工程具体实践当中，则会参照道路两侧的用地性质和交通管理方式来定义道路的功能，如生活性、交通性、商业性等。因为人们长时间在概念层面的模糊不清，致使对城市道路功能的定位也变得模糊，造成的后果是既阻碍了道路发挥相应的功能，又对道路资源的利用产生了影响，而且与城市交通可持续发展中的协调性原则相悖。

在为城市交通进行可持续发展的规划时，应把道路功能清晰率当作规划的一项指标，对某些尚处于规划阶段的道路应要求其明确自身的功能，而对于那些缺乏明确功能的道路，应当尝试从城市布局的视角出发，通过工程和管理的措施来缓解类似的矛盾。

（六）非直线系数

非直线系数主要是指网络范畴当中两个节点之间真实的距离与两点之间的直线距离所显示出的比例关系，若是把时间或费用加入其中的话，那么非直线系数主要是指两个节点之间真实花费的时间或费用与两个节点之间通过直线距离耗费的时间或费用所形成的比例关系，也可表示为：

$$非直线系数 = \frac{两点间道路距离（时间、费用）}{两点间空间距离（时间、费用）}$$

整个道路网的非直线系数，通常也会被称为道路网综合非直线系数。综合非直线系数可分为两大类：第一类是静态综合非直线系数；第二类是动态综合非直线系数。

在规划道路网时，应对动态综合非直线系数和静态综合非直线系数进行适当控制，对于一些不受地理条件限制的城市，非直线系统应当维持在 1.3 以下。

第二节　城市道路交叉口可持续发展规划设计

一、平面交叉口类型与交通分析

（一）平面交叉口类型

平面交叉口根据相交道路的条件和交通管制方式的不同，有多种分类形式。

1. 按相交道路条数及几何形状分类

按相交道路条数分类方式可以将交叉口分为三路交叉口、四路交叉口、多路交叉口等。按几何形状分类，三路交叉口又可分为 T 形和 Y 形平面交叉口，相交道路交角在 70°到 110°范围内的三路交叉口为 T 形交叉口；当相交道路的交角小于 70°或大于 110°时的三路交叉口为 Y 形交叉口。四路交叉口可以称为十字形交叉口。此外，还有一种交叉口被称为环形交叉口，即在多条路交叉路口中间设置圆形中心岛，在中心岛四周设置环形车道，所有进入环道的车辆，都按逆时针方向单向行驶，直至从相应的出口驶出环道，这种交叉口可以是三路、四路，甚至是多路交叉口。

2. 按交通控制方式分类

（1）无信号控制交叉口

无信号控制交叉口应该指定优先道路，在非优先道路交叉入口设置"停"或"让"的交通标志，让车辆从非优先道路进入交叉口时停止或缓行，当优先道路车流情况允许时再进入交叉口。如果两条道路优先级相同，可以在每条道路的路口都设置"停"或"让"的交通标志，让司机根据路况谨慎行驶。

（2）有信号控制交叉口

有信号控制交叉口通常在交叉口设置交通信号灯，使不同方向的车流错开时间行驶，从而减少或消灭冲突点。它适用于交通量较大的城市干路交叉口或支路交叉口。实施渠化交通的信号管制交叉口适应的交通量更大。

在城市道路出入口，或者在通过城镇的路段，也可以通过设置交通信号灯来控制车速。

（二）平面交叉口交通分析

为了分析交叉口的交通状况，将交叉口内每一个可能的车流方向用一条标明行进方向的流线来表示，这样的流线称为交通流线。在交叉口之间的道路上，交通流线为互相平行的直线。

1. 交叉口产生的交通特征点

（1）分流点

分流点是指沿同一方向行驶的车辆向不同方向分开行驶时的地点。

（2）合流点

合流点也称汇合点，指不同行驶方向的车辆以较小的角度（小于90度）向同一方向汇合行驶时的地点。

（3）冲突点

冲突点也称交叉点，指不同行驶方向的车辆以较大角度（或接近90度）相互交叉行驶时的地点。

2. 交通特征点对交通的影响

（1）分流点对交通的影响

在分流点，车流由一股分成两股，车辆在驶出车流前要减速并观察路况，判断是否可以驶出，以免妨碍后续车辆行驶。

（2）合流点对交通的影响

在合流点，来自不同行驶方向的车辆相互插入会对原有车流造成影响。

（3）冲突点对交通的影响

在冲突点，车辆容易产生碰撞，左转与直行、直行与直行、左转与左转车辆都会产生冲突。

冲突点对交通情况的影响程度最大，其次分别是合流点和分流点。因此在设计交叉口时，不仅要做好几何尺寸的设计，更要采取有效手段，尽量减少设计中的冲突点，最好可以消灭冲突点。

在交叉口设计中减少或消除冲突点常用的方法有三种：一是在交叉口安装信号灯，进行交通管制；二是渠化交通，在交叉口范围内设置交通标志、地面标线，或增设交通岛、车道等，对密集的车流进行管理与分流，疏导车辆有序行驶；三是修建立体交叉口，将地面交通布置在不同高度的立体空间中，使它们互不干扰，提高车辆通行效率。

二、平面交叉口交通组织设计

交叉口交通问题主要是由不同的交通特征点造成的，其中冲突点对交通的影响程度最大。冲突点来源于左转和直行的车辆，其中左转车辆造成的冲突点最多，而右转车辆会直接驶入另一条道路，不与其他车辆交会，因此一般不会产生冲突点。由此可以看出，为了缓解交通问题，提高车辆通行效率，在交叉口交通设计中要着重解决左转与直行车辆的交会问题。

（一）设置专用车道

将不同行驶方向的左转、右转和直行车辆设置在相应的车道内分道行驶，按照车行道的宽度和不同类型的行驶车辆，可以划分出多种组合。

1. 如果左转、直行、右转车辆的组成相同、数量均匀，可以分别设置三条专用车道；对于非机动车道，可以划分快、慢分道线或设置分隔带（墩）组织分流行驶；如果道路用地紧张，可以将左转车道偏向道路中心线方向设计，对向车道则为反对称布置。

2. 如果直行车流量大，左转和右转车辆也有一定数量，那么可以设置两条直行车道和一条左转车道，以及一条右转车道；同理，对向车道为反对称布置。

3. 如果左转车流量大且右转车流量小，可以设置一条左转车道，而将右转车道与直行车道合二为一；对向的车道同样为反对称布置。

4. 如果左转车流量小而右转车流量大，可以专门设置一条右转车道，将左转车道与直行车道合二为一；对向的车道同样为反对称布置。

5. 如果左、右转车辆较少，可分别与直行车道合用。

6. 如果车行道较窄，无法划分左转、直行和右转车道，那么可以只设置快、慢车分道线。

7. 如果车行道很窄，快、慢分道线也无法设置，或者分道线设置后不利于车道的互相调剂和使用，那么可以不进行划分。

（二）左转弯车辆的交通组织

左转弯车辆不仅是产生冲突点的重要原因，同时也给直行车辆造成了一定程度的影响。为了保证车辆的行驶安全，提高交叉口的通行效率，有必要对左转弯车辆进行合理的疏导和组织。具体可以从以下几种方式入手。

1. 设置专用左转车道

左转弯车辆在停车线后等待交通指示灯变成绿灯才可继续行驶。如果直行车辆较多，可以为左转车辆设置专门的左转车道，减小对直行车辆的影响。如果已存在左转车道，但宽度不够，以至于影响直行和右转车辆，那么可以在交叉口适当范围内拓宽左转车道，利用渠化交通原则疏通左转车辆。

2. 实行交通管制

实行交通管制，在规定时间内不准左转。

3. 变左转为右转

通过车流右转来实现左转目的，可采用如下两种方法。

（1）环形交通

在交叉口中间设置环形交通岛，所有车辆进入交叉口后一律绕岛单向行驶。

（2）绕街坊变左转为右转

绕街坊变左转为右转的主要缺点是使左转弯车辆绕街坊的行程增加很多。当旧城改建有困难或在桥头引道有十字交叉口时，可采用这种方法。

三、平面交叉口几何设计

（一）视距

为了保证车辆在交叉口的行驶安全，道路交叉口设计应使司机在进入交叉口前的一段距离内，就可以仔细看清交叉口的车辆行驶情况，并根据实际情况进行安全驾驶，这一段距离应该大于或等于停车视距。

以停车视距 S_T 为两边，所组成的三角形称为视距三角形。在视距三角形的范围内，不能有任何阻碍司机视线的障碍物，否则应将其清除。

视距三角形的绘制要根据最不利的情况进行，主要方法和步骤如下。

1. 计算确定停车视距 S_T

由于停车视距 S_T 受地形、路面情况及其他特殊条件的限制，因此计算时选用低限值，但必须采取设置限速标志等技术措施。

2. 找出行车可能的最危险冲突点

十字形交叉口最危险的冲突点是在靠右侧的第一条直行机动车道的轴线与相交道路靠中心线的第一条直行车道的轴线所构成的交叉点；Y 字形或 T 字形交叉口，其最危险的冲突点则在最靠右侧的第一条直行车道的轴线与相交道路最靠中心线的一条左转车道的轴线所构成的交叉点。

3. 确定视距三角形

从最危险的冲突点向后沿行车的轨迹线（可取行车的车道中线）各量取停车视距 S_T 值，连接停车视距末端构成视距三角形。

（二）缘石半径

为了保证不同车辆能以一定速度安全转弯，交叉口转角处的缘石应设计成圆曲线或多圆心复曲线、抛物线等形式，一般多采用圆曲线形式。圆曲线的半径 R_1 为缘石半径。

我国城市交通运输工具中载重汽车拖带挂车、铰接的公共汽车和无轨电车较多，为了使右转弯车辆的速度不致减得过低并能顺利通过交叉口，在条件允许的情况下，缘石半径值最好能适当取大一些。

应指出的是，我国各城市现有城市道路车行道宽度都普遍较窄，大多数是单进口道，即进口只有一条机动车车道，在不可能大量拆迁房屋的情况下，应该扩大进口道停车线断面附近的车行道宽度，增加缘石半径，这样才能有效缓解交通拥堵。

单进口道的交叉口由于进口狭窄，左转车辆在冲突点前等候对向直行车流出现空当时，严重阻碍后车的通行，直接影响到交叉口的通行能力，但如果能把缘石半径适当加大，即可获得明显的改善效果。

（三）交叉口的车道数和车道宽度

1. 交叉口的车道数

从渠化交通的要求来看，交叉口应该设置多条专用车道，使左转、直行和右转车辆在进入交叉口前，可以在各自车道停车等待，互不干扰。但在车流量较小的交叉口设置多条专用车道，显然不合理，此时车道须混合使用。

目前，我国城市自行车数量仍然很多，因此在设置交叉口车道数时要考虑到这一客观现实，分别设置机动车道和非机动车道，使机动车和非机动车分流行驶，保证交通安全。

车道数允许的通行能力必须大于高峰小时总交通量，否则会造成交叉口产生严重的拥堵现象。交叉口车道数可以用以下方法确定。

首先，选定交叉口的形式，其次，根据设计年限的高峰小时交通量和不同的交通组成，进行交通组织设计，由此初步定出车道数（该车道数也可直接取用路段上的设计车道数进行交通组织设计）。最后，根据设计方案，估算所有车道的通行能力之和，如果预估值小于高峰小时总交通量，那么必须增加车道数并重新验算，直到满足高峰小时总交通量为止。所确定的车道数量，应使主要道路方向进入交叉口的车辆数尽量与驶出交叉口的车辆数相同。此外，交叉口出口的车道数不能少于入口的车道数。

由于交叉口受交通信号灯的影响，因此在相同车道条件下，交叉口的通行能力总是小于路段上的通行能力，所以交叉口的车道数应该不小于路段上的车道数。为了更好地发挥出整条道路的通行能力，提升交通量，交叉口初定的通行能力应该符合整条道路的通行能力，即使短期内交通量不大，也要考虑到远期可能出现的增设车道或拓宽车行道等行为。为了便于交通组织，提高通行能力，交叉口的车道数应该多设一条，这样一来，就能够最大限度地提高交通组织能力和通行能力。

2. 交叉口的车道宽度

进入交叉口的车道宽度应与路段保持一致。当进入交叉口需增设附加车道时，为控制占地面积并保证车道数量，各车道的宽度可比路段上的稍窄，因接近交叉口时车速降低，故仍可保证通行条件，此时小汽车车道可减至 3 m，一般车道最窄可减至 3.25 m。

四、交叉口渠化

所谓渠化交通，就是指道路中人、车分离，不同方向、不同类型的车辆分道行驶，互不干扰。一般情况下，人们利用绿化带和交通岛将不同车道分开，使所有车如同水渠中的流水一样，按照一定顺序，互不干扰地流动。

渠化交通可以极大地缓解城市道路堵塞问题，提升交通量。同时，渠化交通还可以改善畸形交叉口的情况。

渠化交通设计应该符合以下原则。

（一）尽量减少交叉口车辆可能发生冲突的路面面积

如果交叉口内铺装路面的面积过大，行人和车辆通过交叉口有多种选择，就会增加行人和车辆发生冲突的范围，提升发生交通事故的风险。采取渠化措施可以大大减小路面面积，使行人和车辆集中、有序地通过交叉口，这种做法缩小了冲突范围，在有限的范围内，行人和车辆在面对危险时能够及时做出准确的判断，保障交通安全。

（二）增大交通流线的交叉角度

车辆交叉通过时，交叉角度越接近直角，车辆通过交叉点的时间就越短，越有利于车辆通行。这样可以减小冲突范围，更容易判断交叉口车辆的通过速度。

（三）减少车流的分流、合流角度

由于车流在进行小角度的分流、合流时，车辆可采用最小的速度，在合流时还可充分利用较小的车头间距。因此应尽量减小分流、合流角度，一般该角度应控制在 10~15 度的范围内。

（四）使曲线上的交叉口渠化

渠化交通要求次要道路中的车辆进入交叉口时，要减速慢行，并使次要道路中的车流保持顺畅。

（五）交叉口的设计速度

渠化交通要有利于车流进入交叉口时减速和驶出交叉口时加速，一般低于相交路段上的速度，因此车辆驶入交叉口时应该减速，而驶出交叉口时应该加速。为满足这一要求，一般将交叉口的出入口渠化成喇叭形。

（六）交通岛位置和形状应配合交通组织

渠化交通采用的交通岛位置和形状应配合交通组织指示或强制车辆按正确路径行驶，避免车辆误入禁行车道。

（七）有利于车辆及行人横穿对方交通流的安全

在较宽的道路中，应该最大限度地设置尽可能宽的交通分隔带，形成行人过街的安全岛。这样不仅可以在车流量大的情况下提高行人穿越道路的通行能力，还有利于保障交通安全。

在渠化交通中，最常见的是用缘石标界的高出路面的交通岛。这样的交通岛一般要高出路面 15~25 cm，有行人通过时为 12~15 cm。其主要形状是直线与圆曲线的组合图形，按照不同的功能，主要分为方向岛、分隔岛、安全岛、中心岛等。

方向岛在渠化交通中具有重要的作用，它可以指引车辆的行车方向。在许多复杂的交叉口，通常只需设置几个简单的方向岛，就可以有效缓解交通拥挤，减少或消灭冲突点，使车辆顺畅通行。同时，方向岛还可以约束车辆，使车辆减速转弯，保障行车安全。

分隔岛可以有效分离机动车和非机动车、快速车和慢速车，以及相向行驶的车辆。长方形交通岛也可以通过路面划线的方式替代分隔岛，起到保证行车速度和交通安全的作用。

安全岛可以保障行人过街时的交通安全，通常设置在宽阔、繁忙的道路中。

中心岛设置在交叉口中央，可以引导左转弯车辆和分隔对向行驶的车辆。

五、环形交叉口设计

环形交叉口通过在交叉口中央设置中心岛形成环道，是组织渠化交通的一种重要形式。进入环形交叉口的车辆只允许绕中心岛逆时针行驶，以较低的速度合流并连续地进行交织行驶，直到从相应出口分流驶出。

（一）环形交叉口的组成、形式、优缺点及适用条件

1. 环形交叉口的组成

环形交叉口可以有效减少交叉口周期性的车流停滞，消灭冲突点，有利于提高行驶效率，保障交通安全。

2. 环形交叉口的形式

根据交叉口占地面积、中心岛大小和交通组织等因素，环形交叉口可分为以下三种形式。

普通环形交叉口：普通环形交叉口中心岛直径大于 25 m。

小型环形交叉口：小型环形交叉口中心岛直径为 4~25 m。

微型环形交叉口：微型环形交叉口中心岛直径小于 4 m。

3. 环形交叉口的优缺点

环形交叉口的主要优点：驶入交叉口的所有方向的车辆，无论左转、右转还是直行，都无须停车等候，而是可以直接连续驶入，有效节省了通行时间；在环形交叉口中所有车辆的行驶方向都保持一致，有利于渠化交通，并且车辆都以较小的角度向同一个方向行驶，消灭了冲突点，降低了发生交通事故的风险；有利于交通组织，特别对 5 条及以上的道路交叉口更有效果。

环形交叉口的主要缺点：环形交叉口占地面积大，在用地紧张的旧城改造中难以实现；由于要绕岛行驶，因此增加了车辆的行驶距离，对左转和直行车辆不利。

4. 环形交叉口的适用条件

相交道路的车流量比较均匀，流向比较稳定，转弯车辆较多，特别是多路畸形交叉口。

交叉口高峰小时交通量低于 2000 veh/h。

非机动车和行人较少、车种单一的郊区道路上。

为控制扩建用地，近期作为过渡阶段的重要交叉口。

在行人和非机动车较多的交叉口，不适合采用环形交叉口，因为它增加了行

人和非机动车通过交叉口的时间，并且会在环道外侧和出入口附近聚集大量的行人和非机动车，给机动车的通行带来很大的不便，影响环道中的通行效率，甚至造成交通阻塞。

在斜坡较大的地形和桥头引道上，也不适合设计环形交叉口，因为它使下坡的车辆相当于走小半径的反向曲线，不利于行车安全，因此在设计时应当尽量避免这种现象发生。

（二）中心岛设计

1. 中心岛形状

普通环形交叉口是在交叉口中央布置一个直径足够大的中心岛，保证车辆能按一定速度在环道上连续不断地行驶，并以交织方式进出环道。我国目前大多数环形交叉口属于这种形式。中心岛一般设计成圆形，但在主次道路相交的交叉口，中心岛也可设计成椭圆形，使主道路沿椭圆形长轴方向。此外，根据地形、地物及相交道路的特点，也可采用其他规则或不规则形状。

2. 中心岛半径

（1）按设计速度计算

中心岛的半径首先要满足设计行车速度的需要，计算时以路段设计行车速度的 0.5 倍作为环道的设计车速，依此计算出环道的圆曲线半径，中心岛半径就是该圆曲线半径减去环道宽度的一半。

（2）按交织段长度的要求计算

在环形交叉口，车辆一般通过交织的形式互换车道或进出交叉口。因此，中心岛的半径不但要适应设计速度所需要的转弯半径，还应满足相邻路口之间最小交织段长度的要求。

交织段长度是指进入与驶出中心岛的两辆车在车道中互相交织，变换一次车道位置时所需要行驶的路程。车辆行驶速度不同，交织长度不同。当两个路口之间有足够距离时，在该环道上行驶的车辆，均可在合适的时机交织，该段距离称为交织段长度。

中心岛半径需要满足两个路口的最小交织长度，否则车辆互相交织时，需要停车等待，不符合中心岛设计的基本原则。

第三节　城市道路平面与纵断面可持续发展规划设计

一、城市道路平面设计

（一）设计原则

在进行城市道路平面设计之前，首先要完成城市道路系统规划。由于受到道路规划红线宽度、已有建筑和道路网布局等因素的影响，城市道路的平面定线只能在一定范围内进行，其自由度远比公路要小。在现实情况下，道路情况复杂多样，各种功能不同的道路纵横交错，其宽窄不一，交叉口较多。在实际设计中，某条道路的具体位置设计不仅要符合城市道路网的预设走向，还要进行深入的实地考察，考虑当地的通行要求、道路条件，以及交叉口形式、间距，多条道路在交叉口的连接等，同时要兼顾地上地下管道路线、照明、绿化、建筑等方面的合理布置。

城市道路平面线形设计应符合以下原则：

1. 道路的平、纵线形设计要与城市道路红线、道路控制标高和道路网规划结合起来，充分满足经济、环保、实际功能、土地利用、沿街建筑和可持续发展的要求。

2. 道路的平、纵线形标准要满足道路速度设计标准和道路等级要求，确保行车安全。

3. 道路的平、纵线形应结合当地地形、气候、水质、地下管线、地上建筑等实际条件，尽可能与城市环境相一致，设计出符合要求的最佳线路。

4. 道路的总体布置应结合城镇交通的特点，合理设置交叉口、人行道、公交站等，保证机动车和非机动车的顺畅通行。

5. 道路的平、纵、横线形之间应保持协调一致，既兼顾远近，又经济合理。

（二）平面定线

定线是在道路起点与终点之间选定一条满足实际需求，且技术可行、经济实惠的道路中心线。定线工作要从模糊到详细，由浅入深，分阶段地进行研究与比较，直到选出一条最合理的路线。它主要受城市自然环境、社会经济以及城市道路网的影响，是一项需要多元、综合考虑的复杂工作。

道路平面线形由于受地形地物的影响，主要由直线和曲线组成。其中曲线主要分为曲率半径为常数的圆曲线和曲率半径为变数的缓和曲线两种。一般情况下，平面线形设计采用直线与圆曲线直接相切的方式，但是当设计车速较高，而圆曲线半径较小时，直线与圆曲线之间要插设回旋型的缓和曲线。

城市道路平面线形的设计与公路平面线形的设计是有区别的。公路平面线形，过去多采用长直线、短曲线的形式。随着城市化水平的进一步提高，车流量逐渐增长，大部分公路设计开始采用曲线线形，即先根据地形设计道路曲线，再在曲线之间用直线或缓和的曲线连接起来。例如，高速公路就采用圆曲线和回旋线的线形设计，并连以适当长度的直线。而对城市道路或平原地区来说，由于城市地下管线较多，地面道路交叉口也较多，应首先考虑以直线为主的线形设计，除高架道路和立体交叉以外基本不用缓和曲线。

城市道路平面定线原则如下：

1. 符合规划要求。

2. 路线尽量简捷。

3. 合理安排交叉口。

4. 考虑与远期规划相结合。

根据城市当地的地形图以及城市规划的要求，以现有路线为主进行定线，使设计路线与相交道路尽量正交，路线尽量简捷。

（三）道路的平曲线

为了规避障碍，充分利用地形优势，并通过必要的地点，道路在设计中经常出现转折。在转折处用曲线连接起来，使车辆转弯时安全平稳，能够从一条直线顺利进入另一条直线。在道路平面线形设计中圆曲线与缓和曲线合称为平曲线。

1. 平曲线各要素的几何关系

平曲线各要素的几何关系如图 4-1 所示。

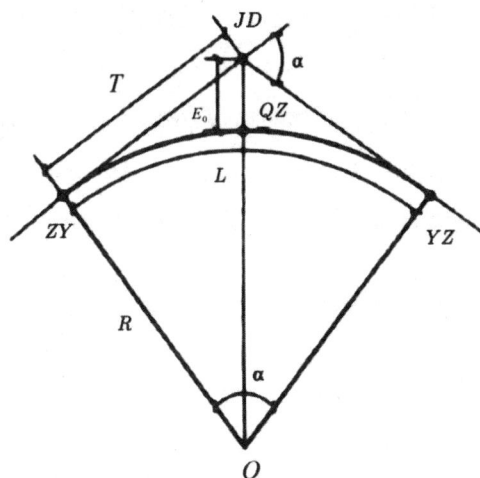

图 4-1 平曲线几何要素

各要素可按下列公式计算。

切线长：

$$T = R \tan \frac{\alpha}{2}$$

曲线长：

$$L = R\alpha \frac{\pi}{180^\circ}$$

外矢距：

$$E_0 = R \left(\sec \frac{\alpha}{2} - 1 \right)$$

2. 平曲线最小半径

车辆在曲线上行驶时，在横向力的作用下，产生横向倾覆和横向滑移的趋势。车辆在弯道内侧行驶时，横向力减小，车重压力加大，从而有利于车辆抗倾覆和滑移；相反，车辆在弯道外侧行驶时，横向力增加，车重压力减小，车辆横向滑移和横向倾覆的危险增大。通常，车辆在发生横向倾覆之前，先发生横向滑移。不过，现代机动车辆一般都设计较宽的轮距，重心较低，因而具备较高的抵抗倾覆的稳定性。

车辆在曲线上行驶时，为了保证抗横向滑移的稳定性，需要满足车辆行驶时产生的横向力小于车辆轮胎与路面接触产生的摩擦力 F，其中 $F = G\varphi_0$，φ_0 为路面横向摩擦系数。

在极限平衡情况下，抗横向滑移的稳定条件：$Y = F = G\varphi_0$

可以得出 $\mu = \varphi_0$，则说明横向力摩擦系数 φ_0 必须大于横向力系数 μ 才能保证车辆在弯道外侧行驶时具备抗横向滑移的稳定性，从而得出：

$$G\varphi_0 = \frac{GV^2}{127R} \pm Gi_0$$

整理得到 $G\varphi_0 = \dfrac{GV^2}{127R} \pm Gi_0$ 或 $R = \dfrac{V^2}{127(\mu \pm i_0)}$

3. 平曲线半径的选择

城市道路平面线形规划设计：应根据道路网规划确定道路走向和道路之间的方位关系；应以道路中线为准，并考虑地形、地物、城市建设用地的影响；应根据行车技术要求确定道路用地范围内的平面线形，以及组成这些线形的直线、曲线和它们之间的衔接关系；应当考虑行车视距、路段的加宽和道路超高设置等要求。

在城市道路中，尤其是市区内道路，车速大多不高，同时，为满足建筑布置以及其他市政设施修建的要求，一般不设超高。不设超高的平曲线允许半径 R，是指能够保证机动车在曲线外侧车道上按照设计的车速安全行驶的曲线半径，从中可知：

$$R \leqslant \frac{V^2}{127(\mu - i_0)} \quad (\text{m})$$

横向力系数 μ 采用 $0.067 \sim 0.1$。

在地形等因素影响较大的地区，设计前无法确定曲线的半径，因此，应该首先确定曲线的切线、外矢距等数据，然后根据各项数据之间的关系计算出最大平曲线半径，并与技术标准的规定值进行比较，如果不符合标准，需要再进行修改，以保证设计准确。

（四）曲线的超高与加宽

1. 超高

在过弯道时，如果车辆沿着双向横坡的外侧车道行驶，此时车重的水平分力与离心力的方向相同且均指向曲线外侧，会影响行车的横向稳定。因此，当弯道设计采用的圆曲线半径在极限最小半径与不设超高的最小半径之间时，常将外侧车道升高，构成与内侧车道同坡度的单向横坡断面，这样的设置称为超高（曲线段的单向横坡）。超高的设置应在能防止车辆在路面上横向滑移，并能使路面利于排水的前提下，把行车引起的横向力影响减少到最小。

当曲线受地形、地物限制，选用不设超高的半径十分困难时，可以在曲线上设置超高。

（1）超高值的确定

超高计算式可由最小半径公式 $R = \dfrac{V^2}{127(u + i)}$ 得出，即：

$$i_B = \frac{v^2}{127R} - u$$

当道路的设计速度 V 与横向力系数 μ 选定以后，超高横坡 i_B 将取决于曲线半径的大小。在我国，超高横坡一般规定为 $2\% \sim 6\%$。

（2）超高缓和段

从直线上的路拱双向坡横断面，过渡到曲线上具有完全超高的单向坡横断面时，要有一个逐渐变化的区段，这一变化段称为超高缓和段。

超高的过渡方式应该根据地形等因素，按有利于路面排水、路面同地面或构造物的协调，以及路容美观等因素而定。

对于无中间带的道路可分为以下几种情况。

①绕路面内侧边缘线旋转。将外侧车道沿道路中线旋转，当与内侧车道形成单向横坡后，再将整个断面绕未加宽前的内侧车道边缘旋转，直至超高横坡值。通常情况下，新建公路都采用这种方式，如图 4-2（a）所示。

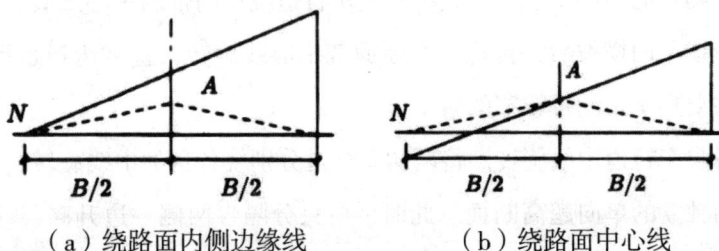

（a）绕路面内侧边缘线　　　　（b）绕路面中心线

图 4-2　超高形成的方式

外侧抬高值为：

$$h = Bi_B$$

超高缓和段长度 L_c 为：

$$L_c = \frac{Bi_B}{\Delta p}$$

式中：

B 为路面宽度；

i_B 为超高横坡；

Δp 为超高渐变率，即超高旋转轴与路面边缘之间相对升降的比率。

②绕路面中心线旋转。将外侧车道绕中线旋转，直至与内侧车道形成单向横坡，然后将整个断面绕中线旋转至超高横坡值，如图 4-2（b）所示。这种方法仅适用于填土路段，对于挖方路段，因路面内侧降低较多，易于积水，并不适用。

外侧车道抬高值为：

$$h = \frac{B(i_0 + i_B)}{2}$$

超高缓和段长度 L_c 为：

$$L_c = \frac{B(i_0 + i_B)}{2\Delta p}$$

式中：

i_0 为路拱横坡。

对于有中间带的道路绕中心线旋转又可分为以下几种情况。

①绕中间带的中心线旋转。先将外侧车行道绕中间带的中心线旋转，当与内侧车行道形成单向横坡后，再将整个断面绕中心线旋转，直至达到超高横坡值。这种方式主要用于中间带较窄的城市道路。

②绕各自车行道中线旋转。将两侧车行道分别绕各自的中线旋转，使两侧车道分别成为独立的单向超高断面。此时，中央分隔带两侧一边升高，一边降低，从而形成倾斜断面。这种方法主要用于车道数大于 4 的城市道路。

③绕中央分隔带的边缘旋转。将两侧车行道分别绕中央分隔带边缘旋转，使

两侧车行道成为独立的单向超高断面。此时，中央分隔带仍保持原水平状态。这种方式适用于双幅路段及四幅路段的城市道路与具有各种宽度中间带的高等级公路。

超高缓和段起点和终点处的车行道边缘会出现竖向转折，因此要连接以适当的圆曲线或二次抛物线，使连接圆顺。

过大的超高会引起车辆的横向滑移，尤其在冰冻地区更要限制超高横坡度。在高速公路上行驶的车辆需要克服更大的离心力，因此高速公路的超高横坡度要略高于规定值。但是在城市道路设计中，道路受多种因素的影响，因此不宜设计过大的超高横坡度。

2. 加宽

车辆在曲线上行驶时，因每一辆车沿着各自独立的轨迹行驶，车辆在路上占据的宽度比在直线段上行驶时大。

为保证行驶车辆在转弯时不影响相邻车道车辆的行驶，因此应在圆曲线内侧加宽。

一般情况下，采用减小内侧路肩宽度的方式加宽曲线上的路面，但加宽后的路肩宽度一般不宜小于 1 m。如果路肩宽度不足 1 m 时，则应加宽路基。

通过观察车辆转弯时的行驶轨迹可以发现，转弯时后轮的轨迹通常在前轮轨迹的内侧，因此应该在曲线的内侧设置加宽，但是如果道路受地形等因素的影响而无法在内侧加宽时，也可以选择在曲线两侧加宽。

弯道上行车道的加宽是在圆曲线范围内设置不变的全加宽值。为避免直线路段上的不加宽到圆曲线路段上的全加宽的突然变化，通常设置一个过渡段，这一过渡段在圆曲线的两端，从直线上的正常宽度逐渐增加到圆曲线的全加宽，也被称为加宽缓和段。

加宽缓和段的长度由两个方面确定，具体如下。

在设置缓和曲线或超高缓和段的道路中，加宽缓和段的长度应该与缓和曲线或超高缓和段长度相同。

在不设缓和曲线或超高缓和段的道路中，加宽缓和段的长度应该按加宽侧路面边缘宽度渐变率为 1∶30~1∶15，且长度不小于 10 m 的要求设置。

二、道路纵断面设计

通过道路中线的竖向剖面称为纵断面。在城市道路中，以车行道中心线的立面线形为基本纵断面。当存在多个不位于同一平面的车行道时，应该分别设计出每个车行道中线的纵断面。城市地形一般比较平坦，因此纵坡问题更容易解决。如果城市处在平原地区，道路设计的纵坡很小，无法满足排水需求，那么还应该在纵断面图上绘制出街沟纵断面图。

（一）纵断面设计的内容和原则

1. 纵断面设计的主要内容

纵断面设计要根据地形、气候、交通、土质等自然条件，合理规划车行道中线在竖直方向上的线形。其主要内容有：确定路线标高、设计路段纵坡坡度、保证视距要求、配置竖曲线、计算施工高度等。

纵断面图上主要有两条线：一条是设计线，它是规则的几何线形，主要用来表现道路的起伏情况；另一条是地面线，它是一条不规则的折线，主要用来反映地面的起伏情况。

城市道路和公路的纵断面设计有很多区别，如城市道路依靠纵横坡进行排水，而公路主要靠两侧的排水沟。

2. 纵断面设计原则

要符合城市规划的控制标高和排水需求，并按城市道路两侧建筑设置。

为了保证车辆行驶安全，纵坡应该设计得比较平稳，确保司机的视线连贯。

在山区道路纵断面设计中，要考虑土石方平衡。

对于机动车与非机动车混合行驶的车行道，要按照非机动车的爬坡能力设计纵坡坡度。

纵断面设计要根据道路沿线的气候、土质、建筑、排水等要求进行。

在水文地质不佳的地区，应该提高路基标高，以保持路基的稳定。如果路基标高无法提高，则要采取其他方式稳定路基。

沿河改建道路时，要根据路线位置确定路基标高。位于河堤顶的路基边缘应高于河道防洪水位 0.5 m。

道路纵断面设计要妥善处理地下管线覆土的要求。

道路纵坡最小值为 0.5%，困难时为 0.3%，如果特殊困难路段纵坡小于 0.3%，则应该设置排水设施。

3. 纵断面设计具体要求

保证行车平顺、安全，纵坡宜平顺，起伏不宜频繁。设计速度按道路等级采用。凡在转坡角处设较大的凸形或凹形竖曲线来衔接的，应满足行车视距的要求。

与相交通路、街坊、广场和沿街建筑的出入口有平顺的衔接。

在地形起伏变化较大的地区，首先要保证路基稳定，其次要求设计线与地面线接近，这样不仅可以大量减少土方工程量，又可保持土基原有天然稳定状态。设计的最大纵坡不得超过规范的规定值，考虑到自行车的爬行能力，最大纵坡应不大于 3%；最小纵坡应满足排水要求，一般不小于 0.3%。否则，应另做锯齿形街沟设计。

道路纵断面设计最大纵坡及坡长的取值应以非机动车的上下坡方便为原则，不宜过大，应充分体现"以人为本"的设计原则。在非机动车较多的干道上设置跨河或跨线桥，应充分考虑非机动车的爬坡能力，桥上纵坡与桥头引道纵坡不宜大于 3%，要用较大的纵坡时，其坡长也宜短些。一般来说，在桥头的两端最好有直线段，且布置有一定长度的缓坡段。不允许把陡坡的终点设在靠近小半径的平曲线处，否则，极易造成交通事故。

道路纵断面的设计标高应保证管线的最小覆土深度，管顶最小覆土深度一般不小于 0.7 m。

在水文条件不良或地下水位很高的路段，应根据当地气候、土质、水文和路面结构等状况，确定适当的路基高度。

确定道路中心线设计标高，必须考虑沿线两侧街坊的地坪标高。为保证道路两侧地面排水条件良好，一般应使侧石顶面标高低于两侧建筑物的地坪标高。

确定道路纵坡设计线，必须满足城市各种地下管线最小覆土深度的要求，对于旧路改建，如必须降低原标高，则设计标高不可定得太低，以防损坏路下的各种管线。

如路线上原地面较为平整，地面起伏不大，则在确定城市道路设计纵坡时，应该尽量利用原有地面，这样可以减少工程量；同时还要使设计标高满足道路两侧排水需求，严格遵循全面、缜密的设计原则，这一点是十分重要的。

（二）纵坡与坡长

1. 最大纵坡

最大纵坡是指在设计纵坡时，各级道路采用的最大坡度值。它是道路纵断面线形设计的重要控制指标。

道路最大纵坡的大小，直接影响线形的长短、道路的行车使用质量、运输成本，以及道路建设投资高低等一系列问题。各级道路所允许的最大纵坡值，是根据车辆的动力特性、道路等级、交通性质、自然环境、沿街建筑规划布置要求以及工程、运营经济的分析等各项因素加以确定的。因此，在确定道路的最大纵坡时，应对以下各项进行充分考虑。

（1）机动车在坡道上的行驶能力

机动车在坡道上行驶时，需要克服车轮沿路面滚动时的滚动阻力、坡度阻力、空气阻力、惯性阻力等。只有车辆的牵引力大于行车总阻力时，车辆才能前进。不同车辆的构造、性能、功率不同，因此其上坡能力也各异。车辆在上较大的纵坡时，必然需要降低速度，才能保证足够的动力。因此，为了保证一定的设计行车速度，道路的纵坡度不应过大。

当坡度较陡时，上坡的车辆容易发生滑溜，造成交通事故。从实际经验得知，在纵坡大于8%的路段，下坡时，由于车辆制动刹车次数增加，导致制动器发热而使制动失效，引起事故的可能性增加。所以在一般情况下，道路的最大纵坡不超过机动车车行道最大纵坡度的推荐值与限制值。

（2）非机动车辆行驶要求

由于我国城市道路上有相当数量的非机动车辆行驶，所以在设计最大纵坡时，设计者应当充分考虑非机动车的行驶安全与上坡能力。一般来说，适合自行车骑行的纵坡宜为2%~2.5%，适合平板三轮车骑行的纵坡宜为2%。

（3）道路等级与道路纵坡

一般情况下，道路等级越高，交通流密度就越大，设计行车速度也越高。因此，等级高的道路需要尽量采用平缓的纵坡，以提高通行能力和降低运输成本。

另外，道路路面抗滑性能较好的，纵坡可大一些；路面抗滑性能差的，纵坡应小一些。

（4）自然条件的影响

道路所在地区的地形环境、气候条件等，都会对机动车的行驶和上坡有较大影响。例如，在雨雪天气，路面会出现湿滑或结冰现象，车轮与路面之间的摩擦力变小，使车辆的功率无法有效发挥出来，容易导致车轮打滑溜坡。因此，道路的纵坡应设计得小一些。

在确定道路的最大纵坡时，除应充分考虑以上各项因素外，还应遵循以下原则。

①机动车最大纵坡应小于或等于最大纵坡推荐值；改建道路、受地形条件或特殊情况限制时，方可采用最大纵坡限制值，这一点需要格外重视。

②山区道路或其他特殊性质的道路，经技术论证允许后，最大纵坡可增加 1%。

③越岭路线连续上坡（或下坡）路段，当相对高度在 200～500 m 之间时，平均纵坡不应大于 5.5%；而当相对高度大于 500 m 时，平均纵坡不应大于 5%，且任意连续 3 km 路段的平均纵坡不应大于 4.5%。

④冰冻积雪地区快速路最大纵坡不得超过 3.5%，其他道路最大纵坡不得超过 6%。

2. 最小纵坡

考虑到地面排水和地下管道埋设的需要，城市道路都要具有一定的最小纵坡。

最小纵坡与道路类型、雨量等有关。对于路面较粗糙的道路，最小纵坡可以设计得较大一些；反之，则应设计得小一些。另外，一般管道排水的最小坡度为 0.3%，因此，水泥混凝土路面、沥青路面、碎石路面等道路的坡度，一般多采用 0.3%～0.5%。

3. 合成坡度

合成坡度是指在有超高的平曲线上，路线纵坡与超高横坡所组成的坡度。

在道路弯道上有纵坡时，车辆会受到坡阻力和曲线阻力的影响。如果纵坡大而曲线半径小，车辆容易在离心力的影响下发生危险，因此在设计时应当避免这种情况发生。

当弯道与纵坡组合时，为了防止车辆出现滑移现象，应合理控制超高横坡与纵坡的组合范围，限制合成坡度最大值，这样可以保证车辆在曲线段和直线段保持相同的行驶状况。

4. 坡长

坡长既不宜过长，也不宜过短。过短的坡段，路线起伏频繁，对行车及道路视距均不利。

第五章

城市道路工程施工技术

第一节　路基工程施工

一、路基排水

路基施工前，应先做好截水沟、排水沟等排水及防渗设施。排水沟的出口应通至桥涵进出口处；排、截水沟挖出的废方应堆置在沟与路堑坡顶一侧，并予以夯实。

（一）地表水排除

路基地表排水设施包括边沟、截水沟、排水沟、急流槽、跌水等。

1. 边沟排水

（1）边沟设置。

边沟设置在挖方路段的边坡坡脚和填土高度小于边沟深度的填方边坡坡脚，用以汇集和排除降落在坡面和路面上的地表水。边沟断面一般为梯形，在较浅的岩石挖方路段，可采用矩形边沟，其内侧沟壁用浆砌片石砌成直立状。矩形和梯形边沟的底宽和深度应不小于 0.4 m。挖方路段边沟的外侧沟壁坡度与路堑下部边坡坡度相同。边沟的纵坡与路线纵坡保持一致，纵坡为最小值时应缩短边沟出水口间距。一般地区边沟长度不超过 500 m，多雨地区不超过 300 m，三角形边沟不超过 200 m。

（2）边沟施工。

边沟施工时，其平面位置、断面尺寸、坡度、标高及所用材料应符合设计文件和施工技术规范要求。修筑的边沟应线形美观、直线顺直、曲线圆滑，无突然转弯等现象；纵坡顺适，沟底平整，排水畅通，无冲刷和阻水现象，表面平整美观。

土质边沟处理：土质边沟纵坡坡度大于3%时，应采用浆砌片石、干砌片石、水泥混凝土预制块等进行加固。采用浆砌片石铺砌时，片石应坚固稳定，砂浆配合比符合设计要求，砌筑时片石间应咬扣紧密，砌缝砂浆饱满、密实，勾缝应平顺，无脱落且缝宽一致，沟身无漏水现象。采用干砌片石铺筑时，应选用有平整面的片石，砌筑时片石间应咬扣紧密、错缝，砌缝用小石子嵌紧，禁止贴砌、叠砌和浮塞。采用抹面加固土质边沟时，抹面应平整压光。

2. 截水沟排水

（1）截水沟设置。

截水沟应设置在路堑边坡顶5 m以上或路堤坡脚2 m以外，并结合地形和地质条件顺等高线合理布置，使拦截的坡面水顺畅地流向自然沟谷或排水渠道。截水沟长度以200~500 m为宜。一般采用梯形断面，沟壁坡度为1∶1.5~1∶1.0，断面尺寸可按设计径流量计算确定，但底宽和沟深宜不小于0.5 m。

（2）截水沟施工。

截水沟的施工要求与边沟基本相同。在地质不良、土质松软、透水性较大、裂缝多及沟底纵坡较大的地段，为防止水流下渗和冲刷，应对截水沟及其出水口进行严密的防渗处理和加固。

3. 排水沟排水

（1）排水沟设置。

深挖路堑或高填路堤设边坡平台时，若坡面径流量大，可设置平台排水沟，以减小坡面冲刷。排水沟的断面形式和尺寸以及施工要求等与截水沟基本相同。

（2）排水沟排水方式。

由边沟出水口、路面拦水堤或开口式缘石泄水口通过路堤边坡上的急流槽排放到坡脚的水流，应先汇集到路堤坡脚外1~2 m处的排水沟内，再排到桥涵或自然水道中。

4. 急流槽排水

（1）急流槽设置。

在路堤、路堑坡面或从坡面平台上向下竖向排水，或者截水沟和排水沟纵坡较大时，应设急流槽。急流槽使水流与涵洞进出口之间形成一个过渡段，可减轻水流的冲刷。

（2）急流槽施工。

急流槽可由浆砌片石或水泥混凝土铺筑成矩形或梯形断面。浆砌片石急流槽的底厚为 0.2~0.4 m，施工时做成粗糙面，壁厚 0.3~0.4 m，底宽至少 0.25 m；槽顶与两侧斜坡面齐平，槽底每隔 5 m 设一凸榫，嵌入坡面土体内 0.3~0.5 m，以防止槽身顺坡面下滑。

5. 跌水排水

（1）跌水设置。

在陡坡或深沟地段的排水沟，为避免其出口下游的桥涵、自然水道或农田受到冲刷，可设置跌水。

（2）跌水施工。

跌水可带消力池，也可不带，按坡度和坡长不同可设成单级或多级跌水。不带消力池的跌水，台阶高度为 0.3~0.4 m，高度与长度之比，应与原地面坡度吻合。带消力池的跌水，单级跌水墙的高度为 1 m 左右，消力槛的高度宜为 0.5 m，消力池台面设 2%~3% 的外倾纵坡，消力槛顶宽宜不小于 0.4 m，槛底设泄水孔。跌水的槽身结构与急流槽相同。

（二）地下水排除

1. 排水沟与盲沟排水

（1）排水沟与盲沟设置。

当地下水位较高，潜水层埋藏不深时，可采用排水沟或盲沟截流地下水及降低地下水位，沟底宜埋入不透水层内。沟壁最下一排渗水孔（或裂缝）的底部宜高出沟底不小于 0.2 m。排水沟或盲沟设在路基旁侧时，宜沿路线方向布置，设在低洼地带或天然谷处时，宜顺山坡的沟谷走向布置。

（2）排水沟与盲沟施工。

排水沟或盲沟采用混凝土浇筑或浆砌片石砌筑时，应在沟壁与含水层接触面的高度，设置一排或多排向沟中倾斜的渗水孔。沟壁外侧应填以粗粒透水材料或土工合成材料做反滤层。沿沟槽每隔 10~15 m 或当沟槽通过软硬岩层分界处时应设置伸缩缝或沉降缝。

2. 渗沟排水

（1）渗沟设置。

渗沟用于降低地下水位或拦截地下水，设置在地面以下。渗沟的各部位尺寸应根据埋设位置和排水需要确定，宜采用槽形断面，最小底宽 0.6 m。沟深大于 3 m 时，最小底宽 1.0 m。渗沟内部用坚硬的碎石、卵石或片石等透水性材料填充。沟顶和沟底应设封闭层，用干砌片石层封闭顶部，并用砂浆勾缝；底部用浆砌片石做封闭层，出水口采用浆砌片石端墙式结构。渗沟方向应尽量与渗流方向垂直。

（2）渗沟沟壁应设置反滤层和防渗层。

沟底挖至不透水层形成完整渗沟时，迎水面一侧设反滤层，背水面一侧设防渗层。沟底设在含水层内时则形成不完整渗沟，两侧沟壁均设置反滤层，反滤层可用砂砾石、渗水土工织物或无砂混凝土板等材料。防渗层采用夯实黏土、浆砌片石或土工薄膜等防渗材料。

（3）渗沟施工。

渗沟分为填石渗沟、管式渗沟和洞式渗沟 3 种。这 3 种渗沟的位置、断面形式和尺寸等均应严格按设计和上述构造要求精心施工。渗沟采用矩形断面时，施工应从下游向上游开挖，并随挖随支撑，以防坍塌。填筑反滤层时，各层间用隔板隔开，同时，填筑至一定高度后向上抽出隔板，继续分层填筑至要求高度为止。渗沟顶部用单层干砌片石覆盖，表面用水泥砂浆勾缝，再在上面用厚度不小于 0.50 m 的土夯填到与地面齐平。

二、土石方路基施工

（一）土方路基施工

1. 土方路基开挖

土方开挖应根据地面坡度、开挖断面、纵向长度及出土方向等因素结合土方调配，选用安全、经济的开挖方案。

（1）横挖法。

以路堑整个横断面的宽度和深度，从一端或两端逐渐向前开挖的方式称为横挖法。本法适用于短而深的路堑。

①用人力按横挖法挖路堑时，可在不同高度分几个台阶开挖，其深度视工作与安全而定，一般宜为 1.5~2.0 m。无论自两端一次横挖到路基标高或分台阶横挖，均应设单独的运土通道及临时排水沟。

②用机械按横挖法挖路堑且弃土或以挖作填运距较远时，宜用挖掘机配合自卸汽车进行。每层台阶高度可增加到 3~4 m，其余要求与人力开挖路堑相同。

③路堑横挖法也可用推土机进行。若弃土或以挖作填运距超过推土机的经济运距时，可用推土机推土堆积，再用装载机配合自卸汽车运土。

④机械开挖路堑时，边坡应配以平地机或人工分层修刮平整。

（2）纵挖法。

纵挖法分为分层纵挖法、通道纵挖法和分段纵挖法。较长路堑开挖可采用分层纵挖法；路堑较长、较深，两端地面纵坡较小时可采用通道纵挖法；路堑过长，弃土运距过远的傍山路堑，其一侧堑壁不厚的路堑可采用分段纵挖法。

采用纵挖法开挖应符合下列要求。

①当采用分层纵挖法挖掘的路堑长度较短（不超过 100 m），开挖深度不大于 3 m，地面坡度较陡时，宜采用推土机作业。

②推土机作业时每一铲挖地段的长度应能满足一次铲切达到满载的要求，一般为 5~10 m，铲挖宜在下坡时进行；对普通土下坡坡度宜为 10%~18%，不得大于 30%；对松土下坡坡度宜不小于 10%，不得大于 15%；傍山卸土的运行道应设有向内稍低的横坡，同时留有向外排水的通道。

③当采用分层纵挖法挖掘的路堑长度较长（超过 100 m）时，宜采用铲运机作业。

④对于拖式铲运机和铲运推土机，其铲斗容积为 4~8 m³ 的适宜运距为 100~400 m；容积为 9~12 m³ 的适宜运距为 100~700 m。自行式铲运机适宜运距可照上述运距加倍。铲运机在路基上的作业距离宜不小于 100 m，有条件时宜配备一台推土机配合铲运机作业（或使用铲运推土机）。

⑤铲运机运土道，单道宽度应不小于 4 m，双道宽度应不小于 8 m；重载上

坡，纵坡坡度宜不大于 8%，空驶上坡，纵坡坡度不得大于 50%；弯道应尽可能平缓，避免急弯；路面表层应在回驶时刮平，重载弯道处路面应保持平整。

⑥铲运机作业面的长度和宽度应能使铲斗易于达到满载。在地形起伏的工地，应充分利用下坡铲装；取土应沿其工作面有计划地均匀进行，不得局部过度取土而造成坑洼积水。

⑦铲运机卸土场的大小应满足分层铺卸的需要，并留有回转余地。填方卸土应边走边卸，防止成堆，行走路线外侧边缘至填方边缘的距离不宜小于 20 cm。

（3）混合式开挖法

当路线纵向长度和挖深都很大时，宜采用混合式开挖法，即将横挖法与通道纵挖法混合使用。先沿路堑纵向挖通道，然后沿横向坡面挖掘，以增加开挖坡面。每一坡面应设一个施工小组或一台机械作业。

2. 土方路基回填

填方前应将地面积水、积雪（冰）和冻土层、生活垃圾等清除干净。

填方材料的强度（CBR）值应符合设计要求，其最小强度值应符合规定。不得使用淤泥、沼泽土、泥炭土、冻土、有机土以及含生活垃圾的土做路基填料。

填方中使用房渣土、工业废渣等前需经过试验，确认可靠并经建设单位、设计单位同意后方可使用。

路基填方高度应按设计标高增加预沉量值。预沉量应根据工程性质、填方高度、填料种类、压实系数和地基情况与建设单位、监理工程师、设计单位共同商定确认。

不同性质的土应分类、分层填筑，不得混填，填土中粒径大于 10 cm 的土块应打碎或剔除。

填土应分层进行。下层填土验收合格后，方可进行上层填筑。路基填土宽度每侧应比设计规定宽 50 cm。

路基填筑中宜做成双向横坡，一般土质填筑横坡宜为 2%～3%，透水性小的土类填筑横坡宜为 4%。

透水性较大的土壤边坡不应被透水性较小的土壤覆盖。

受潮湿及冻融影响较小的土壤应填在路基的上部。

在路基宽度内，每层虚铺厚度应视压实机具的功能确定。人工夯实虚铺厚度应小于 20 cm。

路基填土中断时，应压实已填路基表面土层并进行维护。

原地面横向坡率在 1：10~1：5 时，应先翻松表土再进行填土；原地面横向坡度陡于 1：5 时应做成台阶形，每级台阶宽度不得小于 1 m，台阶顶面应向内倾斜；在沙土地段可不做台阶，但应翻松表层土。

3. 土方路基压实

（1）压实厚度。

压实机具作用在土层上时，其压力传递的深度有一定限度，深于此限度的土，受压实作用而变形的量很小，此深度称作极限深度。根据理论分析和试验测定，它为施压面直径的 3.0~3.5 倍。对厚度小于极限深度的土层进行多次压实后，可发现在土层上部一定厚度范围内，密实度沿深度大致均匀地分布，这一部分土层厚度称为有效深度。

土基是分层压实的。在确定每层厚度时，应考虑机具的极限深度。同时，更应考虑如何选择合适的层厚，使整个土层达到要求的密实度，同时耗费的压实功又最少，这种压实层厚称作最佳厚度。一般情况下，最佳层厚可选择为有效深度；要求压实度高时，宜取小于有效深度的数值。

（2）压实次数。

压实机具在重复作用下，初次作用的压实变形大，随后的压实变形随作用次数的增加而迅速降低。

从经济角度来看，每增加一次压实，就多消耗一倍压实功。而最初几次压实作用的经济效果要比后几次高得多。压实土层厚时，为达到要求密实度，往往需要压实很多遍，不经济。因此，可采用"薄层少滚"的办法，即减薄层厚，仅用少数几遍就达到要求压实度，这种方法可达到很经济的效果。

（3）压实土层湿度。

在最佳含水量时压实土基，可以用最低的压实功达到最佳的压实效果，此时所得土基的水稳定性最佳。因此，压实时控制土层湿度为最佳值是很重要的。

最佳含水量是个相对值，它是土质、压实机具和压实功的函数。

实验室所得到的最佳值，只是相对于标准压实方法和压实功能的。因而，在施工时应按所选定的压实方法，通过实地试验确定相应的最佳含水量。

施工时，土的天然湿度不可能总是恰好等于最佳值。这时，必须采取措施，改变土的天然湿度，或者改变压实方法，迫使压实工作能经济有效地进行。干旱地区，土的天然湿度往往低于最佳含水量，而铺筑时土层中的水分又极易蒸发。因此在压实这种土基时，可加水润湿到最佳值。但这种地区往往是缺水的，加水的措施显得不现实或过于昂贵。这种情况下可改变压实方法：采用较重的压实机具，减薄压实层厚；缩短摊铺与碾压的间隔时间（包括缩短工作段长度）；挖取地表下较湿的土层作填料；等等。

（二）石方路基施工

1. 石方路基开挖

石方路基开挖方法有纵向开挖法、横向开挖法和综合开挖法 3 种。纵向开挖法适用于路堑拉槽、旧路降坡地段，根据不同的开挖深度和爆破条件，可采用台阶形分层爆破或全面爆破；横向开挖法适用于半挖半填路基和旧路拓宽，可沿路基横断方向，从挖填交界处，向高边坡一侧开挖；综合开挖法适用于深长路堑，采用纵向开挖法的同时，可在横断方向开挖一个或数个横向通道，再转向两端纵向开挖。

石方路基开挖时应符合下列要求。

接近设计坡面部分的开挖，爆破施工时，应采用预裂光面爆破，以保护边坡稳定和整齐。爆破后的悬凸危石、碎裂块体，应及时清除整修。

沟槽、附属结构物基坑的开挖，宜采用控制爆破，以保持岩石的整体性；在风化岩层上，应做防护处理。

路基和基坑完工后，应按设计要求，对标高、纵横坡度和边坡进行检查，做好边坡基底的整修工作，碎裂块体应全部清除。超挖部分回填时，应严格控制填料的质量，以防渗水软化。

2. 石方路基回填

填筑路段石料不足时，可在路基外部填石、内部填土，或下部填石、上部填土。土、石结合面应设置反滤层。

边坡应选用坚硬而不易风化的石料填筑。外层应叠砌，叠砌宽度不宜小于 1.0 m。

山坡填筑路堤，当地面横坡坡率大于 1∶2 时，可采用石砌护肩、护脚、护墙或设置挡土墙加固边坡。

基底处理同土质路基。

石质路堤的填筑应先做好支挡结构；叠砌边坡应与填筑交错进行。

A. 石块应分层找平，不得任意抛填。每层铺填厚度宜为 30~40 cm，大石块间空隙应用小石块填满铺平。

B. 路床顶以下 1.5 m 的路堤必须分层填筑，并配合人工整理，将石块大面向下安放稳固，挤靠紧密，再用小石块回填缝隙。每层铺填厚度不宜大于 30 cm，填石最大粒径不得大于层厚的 70%。

C. 石质路堤的压实宜选用重型振动式压路机。路床顶的压实标准是 12~15t 压路机的碾压轮迹应不大于 5mm。

管线沟槽的胸腔和管顶上 30 cm 范围内，用 5 cm 以下的土夹石料回填压实，路床顶以下 30 cm 内的沟槽顶部可采用片石铺砌，并以细料嵌缝，整平压实。

（三）特殊土路基施工

特殊土路基一般包括软土路基、湿陷性黄土路基、盐渍土路基、膨胀土路基及冻土路基。

1. 软土路基施工

（1）置换土施工应符合下列要求。

A. 填筑前，应排除地表水，清除腐殖土、淤泥。

B. 填料宜采用透水性土。处于常水位以下部分的填土，不得使用非透水性土壤。

C. 填土应由路中心向两侧按要求分层填筑并压实，层厚宜为 15 cm。

D. 分段填筑时，接茬应按分层做成台阶形状，台阶宽不宜小于 2 m。

（2）当软土层厚度小于 3.0 m，且位于水下或为含水量极高的淤泥时，可使用抛石挤淤，并应符合下列要求。

A. 应使用不易风化的石料，其中粒径小于 30 cm 的石料含量不得超过 20%。

B. 抛填方向应根据道路横断面下卧软土地层坡度而定。坡度平坦时自地基中部渐次向两侧扩展；坡度陡于 1∶10 时，自高侧向低侧抛填，并在低侧边部多抛投，使低侧边部约有 2 m 宽的平台顶面。

C. 抛石露出水面或软土面后，应用较小石块填平、碾压密实，再铺设反滤层填土压实。

（3）采用砂垫层置换时，砂垫层应宽出路基边脚 0.5~1.0 m，两侧以片石护砌。

（4）采用反压护道时，护道宜与路基同时填筑。当分别填筑时，必须在路基达到临界高度前将反压护道施工完成。压实度应符合设计规定，且应不低于最大干密度的 90%。

（5）采用土工材料处理软土路基应符合下列要求。

A. 土工材料应由耐高温、耐腐蚀、抗老化、不易断裂的聚合物材料制成。其抗拉强度、顶破强度、负荷延伸率等均应符合设计及有关产品质量标准的要求。

B. 土工材料铺设前，应压实整平基面。宜在原地基上铺设一层 30~50 cm 厚的砂垫层。铺设土工材料后，运、铺料等施工机具不得在其上直接行走。

C. 压实层的压实度、平整度经检验合格后，方可于其上铺设土工材料。土工材料应完好，发生破损应及时修补或更换。

D. 铺设土工材料时，应将其沿垂直于路轴线展开，并根据填土层厚度选用符合要求的锚固钉固定、拉直，不得出现扭曲、褶皱等现象。土工材料纵向搭接宽度应不小于 30 cm，采用锚接时其搭接宽度不得小于 15 cm；采用胶结时胶结宽度不得小于 5 cm，其胶结强度不得低于土工材料的抗拉强度。相邻土工材料横向搭接宽度应不小于 30 cm。

E. 路基边坡留置的回卷土工材料，其长度应不小于 2 m。

F. 土工材料铺设完后，应立即铺筑上层填料，其间隔时间应不超过 48 h。

G. 双层土工材料上、下层接缝应错开，错缝距离应不小于 50 cm。

（6）采用袋装砂井排水应符合下列要求。

A. 宜采用含泥量小于 3% 的粗砂或中砂作填料。砂袋的渗透系数应大于所用砂的渗透系数。

B. 砂袋在存放、使用过程中不应长期暴晒。

C. 砂袋安装应垂直入井，不应扭曲、缩径、断割或磨损，砂袋在孔口外的长度应能直顺伸入砂垫层不小于 30 cm。

D. 袋装砂井的井距、井深、井径等应符合设计要求。

（7）采用塑料排水板应符合下列要求。

A. 塑料排水板应具有耐腐性、柔韧性，其强度与排水性能应符合设计要求。

B. 塑料排水板在贮存与使用过程中不得长期暴晒，并应采取保护滤膜措施。

C. 塑料排水板敷设应直顺，深度符合设计规定，超过孔口长度应能伸入砂垫层不小于 50 cm。

（8）采用砂桩处理软土路基应符合下列要求。

A. 砂宜采用含泥量小于 3% 的粗砂或中砂。

B. 应根据成桩方法选定填砂的含水量。

C. 砂桩应连续、密实。

D. 桩长、桩距、桩径、填砂量应符合设计规定。

（9）采用碎石桩处理软土路基应符合下列要求。

A. 宜选用含泥砂量小于 10%、粒径为 19~63 mm 的碎石或砾石作桩料。

B. 应进行成桩试验，确定控制水压、电流和振冲器的振留时间等参数。

C. 应分层加入碎石（砾石）料，观察振实挤密效果，防止断桩、缩径。

D. 桩距、桩长、灌石量等应符合设计规定。

（10）采用粉喷桩加固土桩处理软土路基应符合下列要求。

A. 石灰应采用磨细 I 级钙质石灰（最大粒径小于 2.36 mm、氧化钙含量大于 80%，宜选用 SiO_2 和 Al_2O_3）含量大于 70%，烧失量小于 10% 的粉煤灰、普通或矿渣硅酸盐水泥。

B. 工艺性成桩试验桩数宜不少于 5 根，以获取钻进速度、提升速度、搅拌、喷气压力与单位时间喷入量等参数。

C. 柱距、桩长、桩径、承载力等应符合设计规定。

（11）施工中，施工单位应按设计与施工方案要求记录各项控制观测数值，并与设计单位、监理单位及时沟通反馈有关工程信息，以指导施工。路堤完工后，应观测沉降值与位移至符合设计规定并稳定后，方可进行后续施工。

2. 湿陷性黄土路基施工

（1）用换填法处理路基时应符合下列要求。

①换填材料可选用黄土、其他黏性土或石灰土，其填筑压实要求同土方路基。采用石灰土换填时，消石灰与土的质量配合比，宜为 9∶91（二八灰土）或 12∶88（三七灰土）。

②换填宽度应比路基坡脚宽 0.5~1.0 m。

③填筑用土粒径大于 10 cm 的土块必须打碎，并应在接近土的最佳含水量时碾压密实。

（2）强夯处理路基时应符合下列要求。

①夯实施工前，必须查明场地范围内的地下管线等构筑物的位置及标高，严禁在其上方采用强夯施工，靠近其施工必须采取保护措施。

②施工前应按设计要求在现场选点进行试夯，通过试夯确定施工参数，如夯锤质量、落距、夯点布置、夯击次数和夯击遍数等。

③路基处理范围不宜小于路基坡脚外 3 m。

④应划定作业区，并设专人指挥施工。

⑤施工过程中，应设专人对夯击参数进行监测和记录。当参数变异时，应及时采取措施处理。

（3）其他。

路堤边坡应整平夯实，并采取防止路面水冲刷的措施。

3. 盐渍土路基施工

（1）过盐渍土、强盐渍土不应作路基填料。弱盐渍土可用于城市快速路、主干路路床 1.5 m 以下范围填土，也可用于次干路及其他道路路床 0.8 m 以下填土。

（2）施工中应对填料的含盐量及其均匀性加强监控，路床以下每 1000 m³ 填料、路床部分每 500 m³ 填料至少应做一组试件（每组取 3 个土样），不足上列数量时，也应做一组试件。

（3）用石膏土作填料时，应先破坏其蜂窝状结构。石膏含量可不限制，但应控制压实度。

（4）地表为过盐渍土、强盐渍土时，路基填筑前应按设计要求将其挖除，土层过厚时，应设隔离层，并宜设在距离路床下 0.8 m 处。

（5）盐渍土路基应分层填筑、夯实，每层虚铺厚度宜不大于 20 cm。

（6）盐渍土路堤施工前应测定其基底（包括护坡道）表土的含盐量、含水量和地下水位，分别按设计规定进行处理。

4. 膨胀土路基施工

（1）施工应避开雨期，且保持良好的路基排水条件。

（2）应采取分段施工。各道工序应紧密衔接，连续施工，逐段完成。

（3）路堑开挖应符合下列要求。

A. 边坡应预留 30~50 cm 厚土层，路堑挖完后应立即按设计要求进行削坡与封闭边坡。

B. 路床应比设计标高超挖 30 cm，并应及时采用粒料或非膨胀土等换填、压实。

（4）路基填方应符合下列要求。

A. 施工前应按规定做试验段。

B. 路床顶面 30 cm 范围内应换填非膨胀土或经改性处理的膨胀土。当填方路基填土高度小于 1 m 时，应将原地表 30 cm 内的膨胀土挖除，并进行换填。

C. 强膨胀土不得作路基填料。中等膨胀土应经改性处理后方可使用，但总膨胀率不得超过 0.7%。

D. 施工中应根据膨胀土自由膨胀率，选用适宜的碾压机具，碾压时应保持最佳含水量；压实土层虚铺厚度不得大于 30 cm；土块粒径不得大于 5 cm，且粒径大于 2.5 cm 的土块含量应小于 40%。

（5）在路堤与路堑交界地段，应采用台阶方式搭接，每阶宽度不得小于 2 m，并碾压密实。

（6）路基完成施工后应及时进行基层施工。

5. 冻土路基施工

（1）路基范围内的各种地下管线基础应设置于冻土层以下。

（2）填方地段路堤应预留沉降量，在修筑路面结构之前，路基沉降应已基本稳定。

（3）路基受冰冻影响部位，应选用水稳定性和抗冻稳定性均较好的粗粒土，碾压时的含水量应控制在最佳含水量允许偏差范围内。

（4）当路基位于永久冻土的富冰冻土、饱冰冻土或含冰层地段时，必须保持路基及周围的冻土处于冻结状态，且应避免施工时破坏土基热流平衡。排水沟与路基坡脚距离应不小于 2 m。

（5）冻土区土层为冻融活动层，设计无地基处理要求时，应报请设计部门进行补充设计。

三、路肩施工与构筑物处理

（一）路肩施工

1. 路肩石可以在铺筑路面基层后，沿路面边线刨槽、打基础安装；也可以在修建路面基层时，在基础部位加宽路面基层作为基础；还可以利用路面基层施工中基层两侧宽出的多余部分作为基础，厚度及标高应符合设计要求。

2. 路面中线校正后，在路面边缘与侧石交界处放出路肩石线，直线部位 10 m 桩，曲线部位 5~10 m 桩，路口及分隔带等圆弧 1~5 m 桩，也可以用皮尺画圆并在桩上标明路肩石顶面高程。

3. 刨槽施工时，按要求宽度向外刨槽，一般为 30 cm，靠近路面一侧比线位宽出少许，一般不大于 5 cm，太宽容易造成回填夯实效果不好及路边塌陷。为保证基础厚度，刨槽深度可比设计加深 1~2 cm，槽底应修理平整。若在路面基层加宽处安装路肩石，则将基层平整即可，免去刨槽工序。

（二）构筑物处理

1. 路基范围内存在既有地下管线等构筑物时，施工应符合下列规定。

A. 施工前，应根据管线等构筑物顶部与路床的高差，结合构筑物结构状况，分析、评估其受施工影响程度，以采取相应的保护措施。

B. 构筑物拆改或加固保护处理措施完成后，应由建设单位、管理单位组织进行隐蔽验收，确认符合要求、形成文件后，方可进行下一工序施工。

C. 施工中，应保持构筑物的临时加固设施处于有效工作状态。

D. 对构筑物的永久性加固，应在达到规定强度后，方可承受施工荷载。

2. 新建管线与新建构筑物间或新建管线与既有管线、构筑物间有矛盾时，应报请建设单位，由管线管理单位、设计单位确定处理措施，并形成文件据此施工。

3. 沟槽回填土施工应符合下列规定。

A. 回填土应保证涵洞（管）、地下构筑物结构安全和外部防水层及保护层不受破坏。

B. 预制涵洞的现浇混凝土基础强度及预制件装配接缝的水泥砂浆强度达5 MPa后，方可进行回填。砌体涵洞应在砌体砂浆强度达到5 MPa，且预制盖板安装后再进行回填；现浇钢筋混凝土涵洞，其胸腔回填土宜在混凝土强度达到设计强度70%后进行，顶板以上填土应在达到设计强度后进行。

C. 涵洞两侧应同时回填，两侧填土高差不得大于30 cm。

D. 对有防水层的涵洞，靠防水层部位应回填细粒土，填土中不得含有碎石、碎砖及粒径大于10 cm的硬块。

E. 土壤最佳含水量和最大干密度应经试验确定。

F. 回填过程中不得劈槽取土，严禁掏洞取土。

第二节 路面基层施工

一、水泥稳定土类基层施工

（一）搅拌

1. 城市道路中使用水泥稳定土类材料，宜采用搅拌厂集中拌制。

2. 集中搅拌水泥稳定土类材料应符合下列规定。

A. 集料应过筛，级配应符合设计要求。

B. 混合料配合比应符合要求，计量准确；含水量应符合施工要求，并搅拌均匀。

C. 搅拌厂应向现场提供产品合格证及水泥用量、粒料级配、混合料配合比、强度标准值。

　　D. 水泥稳定土类材料运输时，应采取措施防止水分丢失。

（二）摊铺

　　1. 施工前应通过试验确定压实系数。水泥土的压实系数宜为 1.53~1.58；水泥稳定砂砾的压实系数宜为 1.30~1.35。

　　2. 宜采用专用摊铺机械摊铺。

　　3. 水泥稳定土类材料自搅拌至摊铺完成，应不超过 3 h。应按当班施工长度计算用料量。

　　4. 分层摊铺时，应在下层养护 7 d 后，方可摊铺上层材料。

（三）碾压

　　1. 应在含水量等于或略大于最佳含水量时进行。

　　2. 宜采用 12~18t 压路机作初步稳定碾压，混合料初步稳定后用大于 18t 的压路机碾压，压至表面平整、无明显轮迹，且达到所要求的压实度。

　　3. 水泥稳定土类材料，宜在水泥初凝前碾压成活。

　　4. 当使用振动压路机时，应符合环境保护和周围建筑物及地下管线、构筑物的安全要求。

（四）接缝

　　1. 纵向接缝宜设在路中线处。接缝应做成阶梯形，梯级宽应不小于 1/2 层厚。

　　2. 横向接缝应尽量减少。

（五）养护

　　1. 基层宜采用洒水养护，保持湿润。采用乳化沥青养护，应在其上洒适量石屑。

　　2. 养护期间应封闭交通。

　　3. 常温下成活后应经 7 d 养护，方可在其上铺筑面层。

二、石灰稳定土类基层施工

（一）路拌法施工

1. 施工测量

（1）在土基或老路面上铺筑石灰土层时必须进行恢复中线测量，敷设适当桩距的中线桩并在路面边缘外设指示桩。

（2）进行水平测量，把路面中心设计标高引至指示桩上。

2. 整理下承层

（1）已完工多日的土基、底基层和老路面。

A. 当石灰土用作底基层时，要整理土基；当石灰土用作基层时，要整理底基层；当石灰土用作老路面的加强层时，要整理老路面。下承层表面应平整、坚实，具有规定的路拱，没有任何松散的材料和软弱地点。

B. 下承层的平整度和压实度应符合设计的规定。

C. 土基必须用 12~15t 三轮压路机进行碾压检验（压 3~4 遍）。在碾压过程中如发现土过干，表层松散，应适当洒水；如土过湿发生"弹簧"现象，应采取挖开晾晒、换土、掺石灰等措施进行处理。

D. 底基层或老路面上的低洼和坑洞应仔细填补及压实，达到平整。老路面上的拥包、辙槽和严重裂缝或松散处应刨除整修。

E. 逐一断面检查下承层高程是否符合设计要求。

（2）新完成的底基层或土基。

A. 新完成的底基层或土基必须按规定进行验收。

B. 凡验收不合格的路段，必须采取措施使其达到标准后，方能在其上铺筑石灰土层。

3. 石灰土拌制

（1）所用土应预先打碎、过筛（20 mm 方孔），集中堆放、集中拌和。

（2）应按需要量将土和石灰按配合比要求，进行掺配。掺配时土应保持适宜的含水量，掺配后过筛（20 mm 方孔），至颜色均匀为止。

（3）作业人员应佩戴劳动保护用品，现场应采取防扬尘措施。

4. 石灰土摊铺

(1) 路床应湿润。

(2) 压实系数应经试验确定。现场人工摊铺时,压实系数宜为 1.65~1.70。

(3) 石灰土宜采用机械摊铺。每次摊铺长度宜为一个碾压段。

(4) 摊铺掺有粗集料的石灰土时,粗集料应均匀。

5. 找平

(1) 两段灰土衔接处须重叠拌和,如用犁耙拌和。应距拌和转弯处 10~15 m,不找平,后一段施工时,将前一段留下部分,再一起进行拌和。如用稳定土拌和机拌和,两个工作段的搭接部分亦须采用对接形式,前一段拌和后留 2 m 以上,不进行找平。

(2) 找平前应先对排压好的石灰土的线位、高程、宽度、厚度及拌和质量进行检查,确定满足找平要求时再开始找平。

(3) 在找平工作中为使横坡符合要求,应采用每隔 20 m 于路中和路边插杆的办法,帮助平地机司机掌握中线及边线位置,避免出现偏拱现象。应每隔 20 m 给出每一个断面的各点高程(路面宽小于 9 m 的 3 个点,9~15 m 的 5 个点,大于 15 m 的 7 个点),撒石灰做出标志。并应将高程及横坡告知司机,指示司机进行找平工作。

(4) 在直线段,找平工作用平地机先自路中下铲进行"初平"工作。在平曲线段,平地机由内侧向外侧进行"初平"工作。

(5) "初平"后必须用平地机将找平段全部排压一遍。

(6) 排压以后进行找"细平"工作,使标高、横坡、厚度都符合要求。找平过程中,如发现有外露石块、砖头等要用锹清除,并刨松回填石灰土,碾压整平。

(7) 找平时间应尽量提前,给碾压工序留出碾压时间,当拌和完成,当日又不能找平时,应严格控制交通。凡不能有效控制交通的地段,于次日找平前应重新翻开合耕,排压后进行找平工作。

(8) 找平时刮到路边以外的石灰土混合料如需调用时,应适当加水,土块含量超出规定的应过筛以后再使用,路边石灰土放置一周以上的不宜再使用。

(9) 正在施工的与已完成的两段石灰土衔接处,找平时易出凸包,要多铲几遍达到平顺。桥头路面施工中尤须注意石灰土层的高程与平整度。

6. 碾压

（1）铺好的石灰土应当天碾压成活。

（2）碾压时的含水量宜在最佳含水量的允许偏差范围内。

（3）直线和不设超高的平曲线段，应由两侧向中心碾压；设超高的平曲线段，应由内侧向外侧碾压。

（4）初压时，碾速宜为 20~30 m/min，石灰土初步稳定后，碾速宜为 30~40 m/min。

（5）人工摊铺时，宜先用 6~8t 压路机碾压，石灰土初步稳定，找补整形后，方可用重型压路机碾压。

（6）当采用碎石嵌丁封层时，嵌丁石料应在石灰土底层压实度达到 85% 时撒铺，然后继续碾压，使其嵌入底层，并保持表面有棱角外露。

7. 接缝

纵向接缝宜设在路中线处。接缝应做成阶梯形，梯级宽应不小于 1/2 层厚。横向接缝应尽量减少。

8. 养护

（1）石灰土成活后应立即洒水（或覆盖）养护，保持湿润，直至上层结构施工为止。

（2）石灰土碾压成活后可采取喷洒沥青透层油养护，并宜在其含水量为10% 左右时进行。

（3）石灰土养护期应封闭交通。

（二）中心站集中拌和（厂拌）法施工

石灰稳定土可以在中心站用多种机械集中拌和，如强制式拌和机、双转轴桨叶式拌和机等，集中拌和有利于保证配料的准确性和拌和的均匀性。

1. 备料

土块要粉碎，最大尺寸应不大于 15mm。集料的最大粒径和级配都应符合要求，必要时，应先筛除集料中不符合要求的颗粒。配料应准确，在潮湿多雨地区施工时，还应采取措施保护集料，特别是细集料（含土）和石灰应免遭雨淋。

2. 搅拌

①在城镇人口密集区，应使用厂拌石灰土，不得使用路拌石灰土。

②厂拌石灰土应符合下列规定。

A. 石灰土搅拌前，应先筛除集料中不符合要求的颗粒，使集料的级配和最大粒径符合要求。

B. 宜采用强制式搅拌机进行搅拌。配合比应准确，搅拌应均匀；含水量宜略大于最佳值；石灰土应过筛（20 mm 方孔）。

C. 应根据土和石灰的含水量变化、集料的颗粒组成变化，及时调整搅拌用水量。

D. 拌成的石灰土应及时运送到铺筑现场。运输中应采取防止水分蒸发和防扬尘措施。

E. 搅拌厂应向现场提供石灰土配合比、R7 强度标准值及石灰中活性氧化物含量的资料。

3. 运输

已拌成的混合料应尽快运送到铺筑现场。如运距远、气温高，则车上的混合料应加以覆盖，以防水分过多蒸发。

三、级配砂砾及级配砾石基层施工

级配砂砾及级配砾石可作为城市次干路及其以下道路基层。

（一）摊铺

1. 压实系数应通过试验段确定。每层摊铺虚厚不宜超过 30 cm。

2. 砂砾应摊铺均匀一致，发生粗、细集料集中或离析现象时，应及时翻拌均匀。

3. 摊铺长度为一个碾压段 30~50 m。

（二）碾压成活

1. 碾压前应洒水，洒水量应使全部砂砾湿润，且不导致其层下翻浆。

2. 碾压过程中应保持砂砾湿润。

3. 碾压时应自路边向路中倒轴碾压。采用 12t 以上压路机进行碾压，初始碾速宜为 25~30 m/min；砂砾初步稳定后，碾速宜控制在 30~40 m/min。碾压至轮迹不大于 5 mm，砂石表面平整、坚实，无松散和粗、细集料集中等现象。

4. 上层铺筑前，不得开放交通。

5. 在冬季施工应根据施工时的最低温度，泼洒防冻剂，随泼洒随碾压。

四、级配碎石及级配碎砾石基层施工

（一）摊铺

1. 宜采用机械摊铺符合级配要求的厂拌级配碎石或级配碎砾石。

2. 压实系数应通过试验段确定，人工摊铺宜为 1.40~1.50；机械摊铺宜为 1.25~1.35。

3. 摊铺碎石每层应按虚厚一次铺齐，颗粒分布应均匀，厚度一致，不得多次找补。

4. 已摊平的碎石，碾压前应封闭交通，保持摊铺层清洁。

（二）碾压

1. 碾压前和碾压过程中应适量洒水。

2. 碾压过程中对有过碾现象的部位，应进行换填处理。

3. 除上述①、②的规定外，碾压施工应遵循"石灰稳定土类基层施工"中碾压的相关规定。

（三）成活

1. 碎石压实后及成活过程中应适量洒水。

2. 视压实碎石的缝隙情况洒布嵌缝料。

3. 宜采用 12t 以上的压路机碾压成活，碾压至缝隙嵌挤密实、稳定坚实，表面平整，轮迹小于 5mm。

4. 未铺装上层前，对已成活的碎石基层应持续养护，不得开放交通。

五、石灰、粉煤灰稳定砂砾基层施工

（一）混合料拌制

混合料应由搅拌厂集中拌制且应符合下列规定。

1. 宜采用强制式搅拌机拌制，并应符合下列要求。

A. 搅拌时应先将石灰、粉煤灰搅拌均匀，再加入砂砾（碎石）和水搅拌均匀。混合料含水量宜略大于最佳含水量。

B. 拌制石灰、粉煤灰砂砾均应做延迟时间试验，以确定混合料在贮存场的存放时间及现场完成作业的时间。

C. 混合料含水量应视气候条件适当调整。

2. 搅拌厂应向现场提供产品合格证及石灰活性氧化物含量、粒料级配、混合料配合比及 R7 强度标准值的资料。

3. 运送混合料时应覆盖，防止遗撒、扬尘。

（二）摊铺

1. 混合料在摊铺前其含水量宜在最佳含水量的允许偏差范围内。

2. 混合料每层最大压实厚度应为 20 cm，且不小于 10 cm。

3. 摊铺过程中发生粗、细集料离析时，应及时翻拌均匀。

（三）养护

1. 混合料基层，应在潮湿状态下养护。养护期视季节而定，常温下不宜少于 7 d。

2. 采用洒水养护时，应及时洒水，保持混合料湿润；采用喷洒沥青乳液养护时，应及时在乳液面撒嵌丁料。

3. 养护期间宜封闭交通。须通行的机动车辆应限速，严禁履带车辆通行。

第三节　水泥混凝土与沥青路面施工

一、水泥混凝土路面施工

水泥混凝土路面是指以水泥混凝土板为面层，下设由基层、垫层所组成的路面结构，又称为刚性路面。

（一）模板与钢筋施工

1. 模板安装

支模前应核对路面标高、面板分块、胀缝和构造物位置。

模板应安装稳固、直顺、平整，无扭曲，相邻模板连接应紧密平顺，不错位。

严禁在基层上挖槽嵌入模板。

使用轨道摊铺机应采用专用钢制轨模。

模板安装完毕，应进行检验，合格后方可使用。

2. 钢筋安装

钢筋安装前应检查其原材料品种、规格与加工质量，确认符合设计规定。

钢筋网、角隅钢筋等安装应牢固、位置准确。钢筋安装后应进行检查，合格后方可使用。

传力杆安装应牢固、位置准确。胀缝传力杆应与胀缝板、提缝板一起安装。

钢筋加工允许偏差应符合规定。

钢筋安装允许偏差应符合规定。

3. 模板拆除

混凝土抗压强度达 8.0 MPa 及以上方可拆模。当缺乏强度实测数据时，侧模允许最早拆模时间宜符合规定。

（二）混凝土搅拌与运输

1. 混凝土搅拌

面层用混凝土宜选择具备资质、混凝土质量稳定的搅拌站供应。

现场自行设立搅拌站应符合下列规定。

A. 搅拌站应具备供水、供电、排水、运输道路和分仓堆放砂石料及搭建水泥仓的条件。

B. 搅拌站管理、生产和运输的能力，应满足浇筑作业需要。

C. 搅拌站宜设有计算机控制数据信息采集系统。搅拌设备配料计量偏差应符合规定。

混凝土搅拌应符合下列规定。

A. 混凝土的搅拌时间应按配合比要求与施工对其工作性要求，经试拌确定最佳搅拌时间。每盘最长总搅拌时间宜为 80~120s。

B. 外加剂宜稀释成溶液，均匀加入进行搅拌。

C. 混凝土应搅拌均匀，出仓温度应符合施工要求。

D. 搅拌钢纤维混凝土，除应满足上述要求外，还应符合下列要求。

a. 当钢纤维体积率较高，搅拌物较干时，搅拌设备一次搅拌量不宜大于其额定搅拌量的 80%。

b. 钢纤维混凝土的投料次序、方法和搅拌时间，应以搅拌过程中钢纤维不产生结团和满足使用要求为前提，通过试拌确定。

c. 钢纤维混凝土严禁用人工搅拌。

2. 混凝土运输

施工中应根据运距、混凝土搅拌能力、摊铺能力确定运输车辆的数量与配置。

不同摊铺工艺的混凝土搅拌物从搅拌机出料到运输、铺筑完毕的允许最长时间应符合规定。

（三）混凝土铺筑

1. 铺筑前检查

基层或砂垫层表面、模板位置、高程等符合设计要求。模板支撑接缝严密、模内洁净、隔离剂涂刷均匀。

钢筋、预埋胀缝板的位置正确，传力杆等安装符合要求。

混凝土搅拌、运输与摊铺设备状况良好。

2. 三辊轴机组铺筑

三辊轴机组铺筑混凝土面层时，辊轴直径应与摊铺层厚度匹配，且必须同时配备一台安装插入式振捣器组的排式振捣机，振捣器的直径宜为 50~100 mm，间距应不大于其有效作用半径的 1.5 倍，且不得大于 50 cm。

当面层铺装厚度小于 15 cm 时，可采用振捣梁。其振捣频率宜为 50~100 Hz，振捣加速度宜为 4~5g（g 为重力加速度）。

当一次摊铺双车道面层时，应配备纵缝拉杆插入机，并配有插入深度控制和拉杆间距调整装置。

铺筑作业应符合下列要求。

A. 卸料应均匀，布料应与摊铺速度相适应。

B. 设有接缝拉杆的混凝土面层，应在面层施工中及时安设拉杆。

C. 三辊轴整平机分段整平的作业单元长度宜为 20~30 m，振捣机振实与三辊轴整平工序之间的时间间隔不宜超过 15 min。

D. 在一个作业单元长度内，应采用前进振动、后退静滚方式作业，最佳滚压遍数应经过试铺段确定。

3. 轨道摊铺机铺筑

采用轨道摊铺机铺筑时，最小摊铺宽度不宜小于 3.75 m。

应根据设计车道数按规定技术参数选择摊铺机。

坍落度宜控制在 20~40mm。不同坍落度时的虚铺系数可参考相关规定确定，并按此计算出虚铺高度。

当施工钢筋混凝土面层时，宜选用两台箱型轨道摊铺机分两层两次布料。下层混凝土的布料长度应根据钢筋网片长度和混凝土凝结时间确定，且不宜超过

20 m。

振捣作业应符合下列要求。

A. 轨道摊铺机应配备振捣器组，当面板厚度超过 150 mm、坍落度小于 30 mm 时，必须插入振捣。

B. 轨道摊铺机应配备振动梁或振动板对混凝土表面进行振捣和修整。使用振动板振动提浆饰面时，提浆厚度宜控制在（4±1）mm。

面层表面整平时，应及时清除余料，用抹平板完成表面整修。

4. 人工小型机具铺筑

混凝土虚铺系数宜控制在 1.10~1.25。

摊铺厚度达到混凝土板厚的 2/3 时，应拔出模内钢钎，并填实钎洞。

混凝土面层分两次摊铺时，上层混凝土的摊铺应在下层混凝土初凝前完成，且下层厚度宜为总厚的 3/5。

混凝土摊铺应与钢筋网、传力杆及边缘角隅钢筋的安放配合。

一块混凝土板应一次性连续浇筑完毕。

混凝土使用插入式振捣器振捣时，应不过振，且振动时间不宜少于 30s，移动间距不宜大于 50 cm。使用平板振捣器振捣时应重叠 10~20 cm，振捣器行进速度应一致。

真空脱水作业应符合下列要求。

A. 真空脱水应在面层混凝土振捣后、抹面前进行。

B. 开机后应逐渐升高真空度，当达到所要求的真空度，开始正常出水后，真空度应保持稳定，最大真空度不宜超过 0.085 MPa，待达到规定脱水时间和脱水量时，应逐渐减小真空度。

C. 真空系统安装与吸水垫的放置位置，应便于混凝土摊铺与面层脱水，不得出现未经吸水的脱空部位。

D. 混凝土试件，应与吸水作业同条件制作、同条件养护。

E. 真空吸水作业后，应重新压实整平，并拉毛、压痕或刻痕。

成活应符合下列要求。

A. 现场应采取防风、防晒等措施；抹面拉毛等应在跳板上进行，抹面时严禁在板面上洒水、撒水泥粉。

B. 采用机械抹面时，真空吸水完成后即可进行。先用带有浮动圆盘的重型抹面机粗抹，再用带有振动圆盘的轻型抹面机或人工细抹一遍。

（四）抹面施工

1. 机械抹面先用质量不小于 75kg、带有浮动圆盘的重型抹面机粗抹一遍，几分钟后再用带有振动圆盘的轻型抹面机或人工用抹子光抹一遍。

2. 第一遍抹面工作是在全幅振捣夯振实整平后，紧跟进行。先用手拉型夯拉搓一遍，再用长塑料抹子用力揉压平整，达到去高填低，揉压出灰浆使其均匀分布在混凝土表面。

3. 第二遍抹面工作须接着进行，使用短塑料抹子进一步找平混凝土板面，使表面均匀，如发现缝板偏移或倾斜等情况，要及时挂线找直修整好。

4. 防风与防晒措施：当第二遍抹面后，如遇风吹日晒使板面干缩，应及时用苦布覆盖。

5. 第三遍抹面工作在第二遍抹面后间隔一定时间，以排出混凝土出现的泌水，间隔时间视气温情况而定，常温时为 2~3 h，最后一次抹面要求细致，消灭砂眼，使混凝土板面符合平整度要求。抹面后使用大排笔沿横坡方向轻轻拉毛，最后再将伸缩缝提缝板提出，边角处及所有接缝用 "L" 形抹子修饰平整，用小排笔轻轻刷扫达到板面一致。

6. 如采用电动抹子抹面，须在第二遍抹面后，且混凝土将初凝能上人时进行。使用电动抹子时要端平，抹面完成后用塑料抹子将振出的灰浆抹平。

7. 伸缩缝提缝板提出的时间，应在混凝土初凝前后（夏季一般为 30~40 min），注意不要碰坏边角，缝要全部贯通，缝内灰浆要清除干净。

8. 雨后应及时检查新浇筑的混凝土面层，对因雨受损伤处迅速做补救处理。

9. 抹面后沿横坡方向用棕刷拉毛，或采用机具压纹，压纹深度一般为 1~3 mm，其上口稍宽于下口。

（五）接缝施工

1. 横缝施工

胀缝间距应符合设计规定，缝宽宜为 20mm。在与结构物衔接处、道路交叉和填挖土方变化处，应设胀缝。

胀缝上部的预留填缝空隙，宜用提缝板留置。提缝板应直顺，与胀缝板密合、垂直于面层。

缩缝应垂直板面，宽度宜为 4~6mm。切缝深度：设传力杆时，不应小于面层厚的 1/3，且不得小于 70 mm；不设传力杆时不应小于面层厚的 1/4，且不应小于 60mm。

采用切缝机切缝时，宜在水泥混凝土强度达到设计强度的 25%~30% 时进行。

2. 纵缝施工

纵缝是指当一次铺筑路面宽度小于路面和硬路肩总宽度时，纵向设置的施工缝。纵缝施工应符合以下要求。

平缝施工应在模板上设计的孔位放置拉杆，并在缝壁一侧涂刷隔离剂。拉杆应采用螺纹钢筋，顶面的缝槽以切缝机切成，用填料填满，并将表面的黏浆等杂物清理干净，以保持纵缝的直顺和美观。

纵向缩（假）缝施工应先将拉杆采用门型式固定在基层上，或用拉杆置放机在施工时置入。顶面的缝槽以切缝机切成，使混凝土在收缩时能从此缝向下规则开裂，施工时应防止因切缝深度不足而引起不规则裂缝。

（六）面层养护与填缝

1. 面层养护

水泥混凝土面层成活后，应及时养护。可选用保湿法和塑料薄膜覆盖等方法养护。气温较高时，养护期不宜少于 14 d；低温时，养护期不宜少于 21 d。

昼夜温差大的地区，应采取保温、保湿的养护措施。

养护期间应封闭交通，不应堆放重物；养护终结，应及时清除面层养护材料。

混凝土板在达到设计强度的 40% 以后，方可允许行人通行。

2. 填缝

混凝土板养护期满后应及时填缝，缝内遗留的砂石、灰浆等杂物，应剔除干净，并应按设计要求选择填缝料，根据填料品种制定工艺技术措施。

浇筑填缝料必须在缝槽干燥状态下进行，填缝料应与混凝土缝壁黏附紧密，不渗水。填缝料的充满度应根据施工季节而定，常温施工时应与路面齐平，冬季施工时宜略低于板面。

二、沥青路面施工

沥青混合料面层是指用沥青作结合料铺筑的路面结构。由于使用了粘结力较强的沥青材料，集料间的粘结力大大增强，提高了沥青混合料的强度和稳定性，使面层的行驶质量和耐久性都得到提高。与水泥混合料面层相比，沥青混合料面层具有表面平整、无接缝、行车平稳、振动小、噪声低、施工期短、养护方便等优点。

（一）沥青混合料面层施工

1. 混合料拌和与运输

（1）拌和。

应试拌，根据室内配合比进行试拌，通过试拌确定施工质量控制指标。试拌基本程序如下。

①对间歇式拌和设备，应确定每盘热料仓的配合比；对连续式拌和设备，应确定各种矿料送料口的大小及沥青、矿料的进料速度。

②沥青混合料应按设计沥青用量进行试拌，取样做马歇尔试验，以验证设计沥青用量的合理性，或做适当的调整。

③确定适宜的拌和时间。应根据具体情况经试拌确定，以沥青均匀裹覆集料为标准。

④确定适宜的拌和与出厂温度。石油沥青的加热温度宜为130~160℃，不宜超过6 h。沥青混合料的出厂温度宜控制在130~160℃。

试拌结束后根据配料单进料，严格控制各种材料用量及其加热温度。烘干集料的残余含水量不得大于1%。每天开机前的几盘集料应提高加热温度，并干拌几锅集料废弃，再正式加热沥青拌和料。

间歇式拌和机的每盘生产周期宜大于45s（其中干拌时间不少于5~10s）。

（2）运输。

混合料运输应符合以下要求。

①热拌沥青混合料宜采用吨位较大的运料车运输，但不得超载、急刹车、急弯掉头等，以免损伤下卧层。

②沥青混合料用自卸汽车运至工地，底板及车壁应涂一层薄油水（柴油：水为1：3）混合液，但不得有余液积聚在车厢底部。

③运输过程中应覆盖，到达摊铺地点时的沥青混合料温度不宜低于130℃。已经结块和被雨淋的混合料不得摊铺。

2. 混合料摊铺

混合料摊铺一般有人工摊铺和机械摊铺两种。

（1）人工摊铺。

在路面狭窄或曲线、加宽部分等不能采用摊铺机摊铺的地段，可用人工摊铺混合料。人工摊铺混合料应符合下列要求。

①应将沥青混合料卸在铁板上，摊铺时应扣锹布料，不得扬锹远甩。边摊铺边用刮板整平，刮平时应轻重一致，控制次数，防止集料离析。

②摊铺过程中不得中途停顿，应及时碾压。如果不能及时碾压，应立即停止摊铺，并对卸下的沥青混合料覆盖毡布。

（2）机械摊铺。

机械摊铺应注意以下问题。

①机械摊铺可采用两台或更多台摊铺机前后错开10~20 m，呈梯队方式同步摊铺，两幅之间应有30~60 mm宽度的搭接，并躲开车道轮迹带，上下层的搭接位置宜错开200 mm以上。

②机械摊铺应提前0.5~1 h预热熨平板，使其温度不低于100℃，熨平板加宽连接应调节至摊铺的混合料没有明显的离析痕迹为止。为提高路面的初始压实度，应正确使用熨平板的夯锤压实和振捣装置。

③摊铺机的螺旋送料器应保持稳定的速度均衡地转动，两侧应保持不少于送料器2/3高度的混合料，以减少在摊铺过程中混合料的离析。

④摊铺机应采用自动找平方式，下面层或基层宜采用钢丝绳引导的高程控制方式，上面层宜采用平衡梁或雪橇式摊铺厚度控制方式，中面层根据情况选用合

适的找平方法。

⑤沥青混合料的虚铺系数和厚度应根据摊铺机的类型、混合料的品种取值。并每天在开铺后 5~15 m 范围内进行实测，以便准确控制摊铺厚度和横坡。

⑥沥青混合料的摊铺温度应满足相关规定。

⑦摊铺机摊铺过程中，应均匀、缓慢、连续不断地摊铺，不得随意变换速度和中途停顿，以免出现混合料离析导致平整度降低。沥青混凝土、沥青碎石摊铺速度宜控制在 2~6 m/min，改性沥青混合料及 SMA 混合料摊铺速度宜为 1~3 m/min。发现混合料出现明显的离析、波浪、裂缝和拖痕时，应分析原因，予以消除。

3. 混合料碾压

压实是保证沥青混合料使用性能的最重要的一道工序。压实应控制混合料的压实厚度、速度、温度、遍数、压实方式等。

（1）压实厚度。

沥青混合料最大厚度宜不大于 100 mm，沥青碎石层厚度宜不大于 120 mm，当采用大功率压路机并通过试验验证时厚度允许增大到 150mm。

（2）压实速度。

压路机应缓慢且均匀地碾压，注意不应突然改变碾压路线和方向，以免导致混合料推移。

（3）压实温度。

碾压温度应根据混合料的种类、温度、层厚等确定，同时应满足规范的规定。在不产生推移、裂缝的前提下，应尽可能在高的温度下进行碾压。

（4）碾压程序。

碾压一般分为初压、复压和终压。

①初压。初压时用 6~8t 双轮压路机或 6~10t 振动压路机（关闭振动装置即静压）压 2 遍，温度为 110~130℃。初压后检查平整度和路拱，必要时应予以修整。若碾压时出现推移、横向裂纹等，应检查原因，进行处理。

②复压。复压采用 10~12t 三轮压路机、10t 振动压路机或相应的轮胎压路机碾压 4~6 遍，直至混合料稳定和无明显轮迹。复压温度为 90~110℃。

③终压。终压时用 6~8t 振动压路机（关闭振动装置）压 2~4 遍，终压温度

为 70~90℃。

碾压时应注意以下问题。

①碾压时，应由路两边向路中心压，三轮压路机每次重叠宜为后轮宽的1/2，双轮压路机第 1 次重叠宜为 30 cm。

②碾压过程中，每完成一遍重叠碾压，压路机应向摊铺机靠近一些，以保证正常的碾压温度。

③在平缓路段，驱动轮应靠近摊铺机，以减少波纹或热裂缝。碾压过程中，要确保滚轮湿润，可间歇喷水，但不可使混合料表面冷却。

④每碾压一遍的尾端，宜稍微转向，以减小压痕。压路机不得在新铺混合料上转向、掉头、移位或刹车，碾压后的路面在冷却前，不得停放任何机械，并防止矿料、杂物、油料撒落在新铺路面上，直至路面冷却后才能开放交通。

4. 混合料接缝施工

沥青路面施工必须接缝紧密，连接平顺，不得产生明显的接缝离析，应注意以下几点。

第一，上下层的纵缝应错开150 mm（热接缝）或300 mm（冷接缝）以上。相邻两幅及上下层横向接缝均应错位 1 m 以上。纵缝碾压一般使用两台压路机进行梯队式作业。

第二，当分成两半幅施工形成冷接缝时，应先在压实路上行走，只压新铺的10~15 cm，随后将压实轮向新铺路面移动，直至将纵缝压平压实。

第三，横缝应与路中线垂直。表面层以下可采用自然碾压的斜接缝，沥青层较厚时也可采用阶梯形接缝。

第四，斜接缝的搭接长度与层厚有关，一般为 0.4~0.8 m。搭接处应洒少量沥青补上细料，搭接平整，充分压实。阶梯形接缝的台阶经铣刨而成，并洒黏层沥青，搭接长度不宜小于 3 m。

第五，平接缝宜趁尚未冷却时，用凿岩机或人工垂直刨除端部层厚不足的部分，使工作缝成直角连接。切割时留下的泥水应冲洗干净，待干燥后涂刷黏层油。铺筑新混合料接头应使接槎软化，压路机先横向碾压，再纵向碾压成为一体，以便充分压实，连接平顺。

（二）沥青贯入式面层施工

1. 准备工作

施工前，基层应清扫干净。需要安装路缘石时，应在安装后进行施工。

对于主层集料的施工可采用碎石摊铺机，使用钢筒式压路机碾压。乳化沥青贯入式路面必须浇洒透层或黏层沥青。当沥青贯入式面层厚度小于或等于 5 cm 时，也应浇洒透层或黏层沥青。

2. 铺撒集料

铺撒集料时应避免颗粒大小不均匀，并应检查虚铺厚度。铺撒后严禁车辆在铺好的集料层上通行。

3. 碾压

铺撒集料后严禁车辆在铺好的层上通行。主层集料铺撒后，应采用 6~8t 钢筒式压路机进行初压，速度为 2 km/h。碾压应由路两侧边缘向中心进行，轮迹应重叠约 30 cm，接着从另一侧以同样方法压至路中心，以此为碾压一遍，碾压的同时，检验路拱和纵向坡度，必要时做调整。碾压一遍后，检验路拱和纵向坡度，如不符合要求，先调整找平再压，至集料无显著推移为止。然后用重型的钢筒压路机（如 10~12t 压路机）进行碾压，每次轮迹重叠 1/2 左右，须碾压 4~6 遍，直至主层集料稳定并无显著轮迹为止。

4. 浇洒沥青及嵌缝料

主层集料碾压完毕后，应立即浇洒第一层沥青。浇洒温度应根据施工气温及沥青强度等级选择。石油沥青宜为 130~170℃，煤沥青宜为 80~120℃。若采用乳化沥青贯入，则应先洒布一部分上一层嵌缝料，再浇洒主层沥青。乳化沥青在常温下洒布，但气温较低须加快破乳时，乳液温度不得超过 60℃。

沥青洒布要均匀，不得有空白和积聚现象，应根据选用的洒布方式控制单位面积的沥青用量。沥青洒布长度应与集料洒布机的能力相配合，两者间隔时间不宜过长。

主层沥青浇洒后，应立即均匀洒布第一层嵌缝料，不足处应找补。

当使用乳化沥青时，石料洒布必须在破乳前完成。

嵌缝料扫匀后应立即用 8~12t 钢筒式压路机进行碾压，轮迹重叠 1/2 左右，碾压 4~6 遍，直至稳定为止。碾压时，应随压随扫，使嵌缝料均匀嵌入。当气温较高，碾压发生推移现象时，应立即停止，待气温降低时再碾压。

5. 第二、三层施工

第二、三层沥青与嵌缝料的施工基本与第一层类似。当浇洒第二层沥青，洒布第二层嵌缝料并碾压完成后，再进行第三层施工，当洒布完封层材料后，最后碾压，宜采用 6~8t 压路机碾压 2~4 遍，再开放交通。要协调和处理好各道工序，当天已开工的路段当天完成，并应注意保持施工现场的整洁和干净。

6. 养护

施工后应进行初期养护。当有泛油时，应补撒嵌缝料，并应与最后一层石料规格相同，扫匀并将浮料扫除。

（三）沥青表面处治施工

1. 基层清理

沥青表面处治施工应在路缘石安装后进行，基层必须清扫干净，不得让含有泥土等杂质污染基层。施工前，应检查洒布车的性能，进行试洒，确定喷洒速度和洒油量。

表面处治施工前，应将基层清扫干净，使基层的矿料大部分外露，并保持干燥。对坑槽以及不平整、强度不足的路段，应修补、平整和补强。

施工前，先检查沥青洒布车的油泵系统、输油管道、油量表、保温设备等，并将一定数量的沥青装入油罐，进行试洒，确定施工所需的喷洒速度和油量。每次喷洒前要保持喷油嘴干净，管道畅通，喷油嘴的角度一致，并与洒油管成 15°~25° 的夹角，洒油管的高度应保证同一地点接收 2 或 3 个喷油嘴喷洒的沥青，不得出现花白条。集料洒布机在使用前先检查传动的液压调整系统，并进行试洒布，来确定洒布各种规格集料时应控制的下料间隙和行驶速度。

2. 浇洒沥青及洒布集料

当透层沥青充分渗透，或清扫干净完已作透层或封层的基层后，就可按试洒沥青速度浇洒第一层沥青。要求如下。

石油沥青的洒布温度须控制在 130~170℃，使用煤沥青时控制在 80~120℃，乳化沥青须在适宜的温度下施工，但乳液的加热温度最高不得超过 60℃。

沥青的浇洒速度应与石料洒布机的能力相匹配。

当洒布沥青后发现空白、缺边时，要立即进行人工补洒，沥青积聚时应予以刮除。

在每段接槎处，可用铁板或建筑纸等横铺在本段起洒点前及终点后，长度为 1~1.5 m。

如需分数幅浇洒时，纵向搭接宽度宜为 10~15 cm，浇洒第二、三层沥青的搭接缝应错开。

第一层集料在浇洒主层沥青后应立即进行洒布，按规定用量一次撒足，不宜在主层沥青全部洒布完成后进行。局部集料过多或过少时，应采用人工方法，清扫多余集料或适当找补。使用乳化沥青时，集料的洒布应在乳液破乳前完成。前后幅搭接处，应暂留 10~15 cm 宽不撒石料，待后幅浇洒沥青后一起洒布集料。

3. 碾压

洒布第一层集料后，应立即用 6~8t 钢筒式压路机进行碾压，碾压应由路两侧边缘向中心进行，碾压时轮迹应重叠约 30 cm，碾压 3~4 遍，时速应不超过 2 km/h。

第二、三层的施工方法和要求与第一层基本相同，但可采用 8~10t 的压路机进行碾压。

4. 养护

乳化沥青表面处治要等破乳水分蒸发并基本成型后方可通车，其他沥青表面处治在碾压结束后即可开放交通。应限制行车速度不超过 20 km/h，并设专人指挥交通，使路面全宽均匀碾压。如发现局部有泛油现象，可在泛油处补撒与最后一层洒布集料相同的缝料并打扫均匀，浮料应扫除。

第四节　道路附属构筑物施工

一、人行道铺筑

（一）基槽施工

1. 标高按设计图纸实地放线在人行道两侧直线段。一般为 10 m 一桩，曲线段酌情加密，并在桩橛上画出面层设计标高，或在建筑物上画出"红平"。若人行道外侧已按高程埋设侧石；则以侧石顶高为标准，按设计横坡放线。

2. 挖基槽挂线或用测量仪器按设计结构形式和槽底标高刨挖土方（如新建道路，可将路肩填至人行道槽底，不必反开挖）。接近成活时，应适当预留虚高。全部土方必须出槽，经清理找平后，用平碾碾压或用夯具夯实槽底，直至达到压实度要求，轻型击实压实度≥95%。槽底软弹地区可按石灰稳定土基层处理。

在挖基槽时，必须事先了解地下管线的敷设情况，并向施工小组严格交底，以免施工误毁。雨季施工，必须做好排水措施，防止泡槽。

（二）基层施工技术

1. 配料。煤渣、石灰、土按换算的体积配料，分层摊铺或分堆堆放，然后拌和。

2. 拌和。土过 25 mm 方筛，煤渣大于 5 cm 的块要随时打碎，未消解的石灰应随时剔除。按体积比摊铺或按斗量配，先拌一遍，然后洒水拌和不少于两遍至均匀为止。拌和过程中，必须随拌和随均匀洒水，不允许只最后闷水。将混合料抓捏成团从约 1 m 高处落下即散为符合要求的含水量。

3. 摊铺。将拌和好的混合料按松铺厚度均匀摊开。

4. 找平。挂线应用测量仪器，按设计标高、横坡度平整基层表面及路型，此时应考虑好预留虚高。如有土路肩或绿带相邻，应进行必要的土方培边。成活后如含水量偏低或表面干燥，应适量洒水。

5. 碾压。含水量检验合格后（最佳含水量±2%），方可进行压实工作。

A. 采用人力夯时，必须一环扣一环。

B. 采用蛙式夯具时，应逐步前进，相邻行要重叠 5~10 cm。

C. 采用平碾时，应错半轴压 2~3 遍，至压实度符合要求（轻型击实≥98%）。

D. 对井周和建筑物边缘碾压不到之处，应用人力夯或火力夯辅助压实。

6. 养护。碾压或夯实成活达到要求压实度后，挂线检验高程、横坡度和平整度，应有不少于一周的洒水养护，保持基层表面湿润。

（三）料石与预制砌块铺砌人行道面层施工

1. 复测已给标高

按设计图纸复核放线，用测量仪器打方格，并以对角线检验方正，然后在桩橛上标注该点面层设计标高。

2. 水泥砖装卸

预制块方砖的规格为 5 cm×24.8 cm×24.8 cm 及 7 cm×24.8 cm×24.8 cm。装运花砖时要注意强度和外观质量，要求颜色一致、无裂缝、不缺棱角，要轻装轻卸以免损坏。卸车前应先确定卸车地点和数量，尽量减少搬运。砖间缝隙为 2 mm，用经纬仪钢尺测量放线，打方格时要把缝宽计算在内。

3. 拌制砂浆

采用 1：3 石灰砂浆或 1：3 水泥砂浆，石灰粗砂要过筛，配合比（体积比）要准确，砂浆的和易性要好。

4. 修整基层

挂线或用测量仪器检查基层竣工高程，对面积≤2 m² 的凹凸不平处，当低处小于或等于 1 cm 时，可填 1：3 石灰砂浆或 1：3 水泥砂浆；当低处大于 1 cm 时，应将基层刨去 5 cm，用与基层同样的混合料填平拍实。填补前应把坑槽修理平整干净，表面适当湿润，高处应铲平，但如铲后厚度小于设计厚度 90%，应进行返修。

5. 铺筑砂浆

于清理干净的基层上洒一遍水使之湿润，然后铺筑砂浆，厚度为 2 cm，用刮板找平。铺砂浆应随砌砖同时进行。

6. 铺砌水泥砖

按桩橛高程，在方格内由第一行砖位纵横挂线绷紧，按线与标准缝宽砌第一行样板砖，然后纵线不动，横线平移，依次照样板砖砌筑。

直线段纵线应向远处延伸，以保持纵缝直顺。曲线段砖间可夹水泥砂浆楔形缝成扇形状，也可按直线段顺延铺筑，然后在边缘处用 1：3 水泥砂浆补齐并刻缝。

砌筑时，砖要轻放，用木锤轻击砖的中心。砖若不平，应拿起砖平垫砂浆重新铺筑，不准向砖底塞灰或支垫硬料，必须使砖平铺在满实的砂浆上，稳定无动摇，无任何空隙。

砌筑时砖与侧石应衔接紧密，如有空隙，应甩在临近建筑一边，在侧石边缘与井边有空隙处可用水泥砂浆填满镶边，并刻缝与花砖相仿以保持美观。

7. 灌缝扫墁

用 1：3（体积比）水泥细砂干浆灌缝，可分多次灌入，第一次灌满后浇水沉实，再进行第二次灌满、墁平并适当加水，直至缝隙饱满。

8. 养护

水泥砖灌缝后洒水养护。

（四）沥青混合料铺筑人行道面层施工

1. 准备工作

清除表面松散颗粒及杂物，覆盖侧石及建筑物防止污染，喷洒乳化沥青或煤沥青透层油。次要道路人行道也可不用透层油。不用透层油时，应清除浮土杂物，喷水湿润，用平碾或冷火轴压平一遍。与面层接触的侧石、井壁、墙边等部位应涂刷黏层油，以利于结合。

2. 铺筑面层

检查到达工地的沥青混凝土的种类、温度及拌和质量等，冬季运输沥青混凝土必须苫盖保温。人工摊铺时应计算用量，分段卸料，卸料应卸在钢板上，虚铺系数为 1.2～1.3，上料时应注意扣铣操作，摊铺时不要踩在新铺混合料上，注意轻拉慢推，找平时注意粗细均匀，不使大料集中。

3. 碾压

用平碾（宽度不足处用冷火轴）纵向错半轴碾压，并随时用 3 m 直尺检查平整度，不平处和粗麻处应及时修整或筛补，趁热压实。碾压不到处应用热夯或热烙铁拍平，或用振动夯板夯实。

4. 接槎

油面接槎应采用立槎涂油热料温边方法。

5. 低温施工

低温施工应适当采取喷油皮、铺热砂措施，以保护人行道面越冬，防止掉渣。

（五）相邻构筑物处理

1. 树穴

无论何种人行道，均按设计间隔及尺寸留出树穴或绿带。

树穴与侧石要衔接方正，树带要与侧石平行。

树穴边缘应按设计用水泥混凝土预制件、水泥混凝土缘石或红砖围成，四面应成 90°角，树穴缘石顶面应与人行道面齐平。

常用树穴尺寸为 75 cm×75 cm、75 cm×100 cm、100 cm×100 cm、125 cm×125 cm、150 cm×150 cm 等。

树穴尺寸应包括护缘在内。

人行横道线、公共汽车站处不设树穴。

2. 绿带

按设计间隔尺寸留出人行断口。

绿带与人行道面层衔接处应埋设水泥混凝土缘石、水泥砖（可利用花砖）或红砖。

人行横道线范围、公共汽车停车站、路口转角等处的绿带一般应断开，并铺筑人行道面。

3. 电杆穴

水泥混凝土电杆不留穴。铺筑沥青人行道面或现场浇筑水泥混凝土道面时，应与电杆铺齐，铺筑水泥砖或连锁砌块道面时，应用 1∶3（体积比）水泥砂浆补齐。

4. 各种检查井

按设计标高、纵坡、横坡，调整各种检查井的井圈高程。

残缺不全、跳动的井盖、井圈应予以更换。

5. 侧缘石

侧缘石如有倾斜、下沉短缺、损坏的，应扶正、调整、更新。

6. 相邻房屋

面层高于门口时，应调整设计横坡度为零，或降低便道留出缺口。

如相邻房屋地基与人行道高低落差较大，应考虑增设踏步或挡土墙。

二、道路附属构筑物施工

（一）路缘石施工

1. 测量放线

柔性路面侧缘石应在路面基层完成后、未铺筑沥青面层前施工；水泥混凝土路面侧缘石，应在路面完成后施工。

侧缘石与前文路肩施工要求基本一致，可以在铺筑路面基层后，沿路面边线刨槽、打基础安装；也可在修建路面基层时，以在基础部位加宽路面基层作为基础；还可利用路面基层施工中基层两侧的多余部分作为基础，基础厚度及标高应符合设计要求。

测量放线。路面中线校核后，在路面边缘与侧石交界处放出侧缘石线，直线部位 10 m 一桩；曲线部位 5~10 m 一桩；路口及分隔带、安全岛等圆弧，1~5 m 一桩，也可用皮尺画圆并在桩上标明侧、缘石顶面标高。

2. 刨槽与处理

人工刨槽，也与前文路肩施工要求一致。按桩的位置拉小线或打白灰线，以线为准，按要求宽度向外刨槽，一般为一平铣宽（约 30 cm）。靠近路面一侧，比线位宽出少许（水泥混凝土路面刨至路面边缘），一般不大于 5 cm。

机械刨槽，使用侧缘石刨槽机，刀具宽度应较侧缘石宽 1~2 cm，按线准确开槽，深度可比设计加深 1~2 cm，以保证基础厚度，槽底应修理平整。

铺筑石灰土基层侧缘石下石灰土基础通常在修建路面基层时加宽基层，一起完成。如不能一起完成而须另外刨槽修筑石灰土基础时，则必须用 3:7（体积比）石灰土铺筑夯实，厚度至少为 15 cm，压实度要求 ≥95%（轻型击实）。

3. 安装侧缘石

安装侧石前应按侧石顶面宽度误差的分类分段铺砌，以达到美观效果。安装时先拌制 1:3（体积比）石灰砂浆铺底，砂浆厚度 1~2 cm，缘石可不用石灰砂浆铺底，可用松散过筛的石灰土代替找平基础。

按桩橛线及侧缘石顶面测量标高拉线绷紧（水泥混凝土路面侧石可靠板边安

装，必要处适当调整），按线码砌侧石、缘石。须事先算好路口间的侧石块数，切忌中间用断侧石加楔，曲线处侧石、缘石应注意外形圆滑，相邻侧石间缝隙用0.8 cm厚木条或塑料条掌握。缘石不留缝，侧石铺砌长度不能用整数侧石除尽时，剩余部分可用调整缝宽的办法解决，但缝宽应不大于1 cm。必须切断侧石时，应将断头磨平。

侧石要安正，切忌前倾后仰，侧石顶线应直顺、圆滑，无凹进凸出、前后高低错牙现象。缘石线要求直顺圆滑、顶面平整，符合标高要求。

4. 回填石灰土

侧石安装前，应按侧石宽度误差的分类分段砌筑，使顶面宽度统一，达到美观效果。安装后，按线调整直顺圆滑，侧石里侧用长木板大铁橛背紧，外侧后背用2∶8（体积比）石灰土，也可利用修建路面基层时剩余的石灰土（含灰量要求12%，如含灰量、含水量过小，要加灰加水，拌和均匀）回填夯实，里侧缝用2∶8（体积比）石灰土夯填。侧缘石两侧同时分层回填，在回填夯实过程中，要不断调整侧缘石线，使之最后达到直顺圆滑和平整的要求，夯实后拆除两面铁橛及木板。夯实灰土，外侧宽度不小于30 cm，里侧与路面基层接上。

可用小型夯实机具夯实，每层厚度不大于15 cm。如侧石里侧缝隙太小，可用铺底砂浆填实；如侧石埋入路面基层太浅，夯填后背时易使侧石倾斜，此时靠路一侧可用1∶3（体积比）石灰炉渣加水拌和拍实成三角形，使侧石临时稳固。

缘石安装后，人工刨槽的槽外一侧沟槽用2∶8（体积比）石灰土分层填实，宽度不小于30 cm，层厚不超过15 cm，也可利用路面基层剩余的路拌石灰土（要求同侧石）填实。外侧经夯实后与路缘石顶面齐平，内侧用上述同样材料分层夯实，夯实后要比缘石顶面低一个路面层厚度，待油面铺筑后与缘石顶面齐平。夯实工具可用洋镐头、铁扁夯等。灰土含水量不足时，应加水夯实。在夯实两侧石灰土过程中，要不断调整缘石线形，保证直顺圆滑。机械刨槽时，两侧用过筛2∶8（体积比）石灰土夯实或石灰土浆灌填密实。

5. 勾缝

路面完工后，安排侧石勾缝。勾缝前必须再行挂线，调整侧石至直顺、圆滑、平整，方可进行勾缝。先把侧石缝内的土及杂物剔除干净，并用水润湿，然后用1∶2.5（体积比）水泥砂浆灌缝填实勾平，用弯面压子压成凹形。砂浆初凝后，用软扫帚扫除多余灰浆，并适当泼水养护不少于 3 d，最后达到整齐美观，并不得在路面上拌制砂浆。

（二）雨水支管与雨水口

1. 雨水支管施工

（1）挖槽。

①测量人员按设计图上的雨水支管位置、管底高度定出中心线桩橛并标记高程。

②根据道路结构的厚度以及支管覆土的要求，在完成路槽或初步灰土层后，应决定是否进行反开槽作业。遵循的原则是：如果可以在已完成的路槽中进行开槽，则避免在初步灰土层上进行反开槽，以此确保不削弱结构层的整体强度。

③挖至槽底基础表面设计高程后挂中心线，检查宽度和高程是否平顺，修理合格后再按基础宽度与深度要求，立槎挖土直至槽底，做成基础土模，清底至合格高程即可打混凝土基础。

（2）四合一法施工。

四合一法施工即基础、铺管、八字混凝土、抹箍同时施工。

①基础。浇筑强度为 C10 水泥混凝土基础，将混凝土表面做成弧形并进行捣固，混凝土表面要高出弧形槽 1~2 cm，靠管口部位应铺适量 1∶2（体积比）水泥砂浆，以便稳管时挤浆使管口与下一个管口黏结严密，以防接口漏水。

②铺管。

A. 在雨水支管外皮一侧挂边线，以控制下管高程直顺度与坡度，要洗刷管子保持湿润。

B. 将雨水支管在混凝土基础表面，轻轻揉动至设计高程，注意保持对口和中心位置准确。雨水支管必须直顺，不得错口，管间留缝最大不超过 1 cm，灰浆如挤入管内用弧形刷刮除，如出现基础铺灰过低或揉管时下沉过多，应将支管撬起一头或起出支管，铺垫混凝土及砂浆，且重新揉至设计高程。

C. 支管接入检查井一端，如果预埋支管位置不准确，按正确位置、高程在检查井上凿好孔洞后拆除预埋管，并堵密实不合格空洞。支管接入检查井后，支管口应与检查井内壁齐平，不得有探头和缩口现象，用砂浆堵严管周缝隙，并用砂浆将管口与检查井内壁抹严、抹平、压光。检查井外壁与支管周围的衔接处，如有缝隙则应用水泥砂浆抹严。

D. 靠近收水井一端在尚未安收水井时，应用干砖暂时将管口堵塞，以免灌进泥土。

③八字混凝土。当支管稳好捣固后按要求角度抹出八字。

④抹箍。管座八字混凝土灌好后，立即用 1∶2（体积比）水泥砂浆抹箍。

A. 抹箍的材料规格：水泥用强度等级 42.5 级以上水泥；砂用中砂，含泥量不大于 5%。

B. 接口工序是保证质量的关键，不能有丝毫马虎。抹箍前先将管口洗刷干净，保持湿润，砂浆应随拌随用。

C. 抹箍时，先用砂浆填管缝，压实略低于管外皮，如砂浆挤入管内，用弧形刷随时刷净，然后刷水泥素浆一层宽 8~10 cm。再抹管箍压实，并用管箍弧形抹子抹平压实。

D. 为保证管箍和管基座八字连接一体，在接口管座八字顶部预留小坑，当抹完八字混凝土立即抹箍，管箍灰浆要挤入坑内，使砂浆与管壁黏结牢固。

E. 管箍抹完初凝后，应盖草袋洒水养护，注意勿损坏管箍。

（3）包管加固。

凡支管上覆土不足 40 cm，须上大碾碾压者，应作 360°包管加固。在第一天浇筑基础下管，用砂浆填管缝，压实略低于管外皮，于次日按设计要求打水泥混凝土包管，水泥混凝土必须插捣振实，注意养护期内的养护，完工后支管内要清理干净。

（4）支管沟槽回填。

①回填应在管座混凝土强度达到 50% 以上方可进行。

②回填应在支管两侧同时进行。

③雨水支管回填要用人工夯实，压实度要与道路结构层相同。

（5）升降检查井。

城市道路内有雨污水等各种检查井，在道路施工中，为了保护原有检查井井身强度，一般不准采用砍掉井筒的施工方法。

①开槽前用竹竿等物体逐个在井位插上明显标记，堆土时要远离检查井

0.6~1.0 m，不准推土机正对井筒直推，以免将井筒挤坏。井周土方采取人工挖除，井周填石灰土基层时，要采用火力夯分层夯实。

②凡升降检查井取下井圈后，按要求高程升降井筒，如升降量较大，要考虑重新收口，使检查井结构符合设计要求。

③井顶高程按测量高程在顺路线方向井两侧各 2 m，垂直路线方向井每侧各 1 m，挂十字线稳好井圈、井盖。

④检查井升降完毕后，立即将井内里抹砂浆面，在井内与管头相接部位用 1∶2.5（体积比）砂浆抹平压实，最后把井内泥土杂物清除干净。

⑤井周除按原路面设计分层夯实外，在基层部位距检查井外墙皮 30 cm 中间，浇筑一圈厚 20~22 cm 的 C30 混凝土加固。顶面在路面之下，以便铺筑沥青混凝土面层。在井圈外仍用基层材料回填，注意夯实。

2. 雨水口施工

雨水口位置应符合设计规定，且满足路面排水要求。当设计规定位置不能满足路面排水要求时，应在施工前办理变更设计。

雨水口基底应坚实，现浇混凝土基础应振捣密实，强度符合设计要求。

砌筑雨水口应符合下列规定。

A. 雨水管端面应露出井内壁，其露出长度应不大于 2 cm。

B. 雨水口井壁应表面平整，砌筑砂浆应饱满，勾缝应平顺。

C. 雨水管穿井墙处，管顶应砌砖券。

D. 井底应采用水泥砂浆抹出雨水口泛水坡。

雨水支管与雨水口四周回填应密实。处于道路基层内的雨水支管应做 360 度混凝土包封，且在包封混凝土达到设计强度 75% 前不得放行交通。

（三）排水沟或截水沟施工

1. 施工放线

根据路基有关参数，用全站仪及钢卷尺等测量工具测出路基边沟和排水沟的位置中轴线，并测出相应标高，根据交底结果，用白灰或线绳拉出排水沟的轮廓线，算出相应的开挖深度。

2. 基槽开挖

根据已拉出的轮廓线，开挖基槽，开挖时严格按照交底标高开挖到设计标高。

3. 清底报验

基层开挖后，应进行自检，合格后报请监理工程师进行检验，合格后方可进行排水沟的砌筑。

4. 排水沟与截水沟砌筑

①排水沟与截水沟砌筑前应用水湿润，并清除表面泥土、水锈等污垢。

②砌筑时各层砌块应安放稳固，砂浆应饱满，黏结牢固，不得直接贴靠或脱空。

③砌筑上层砌块时，应尽量避免振动下层砌块，砌筑工作中断后恢复砌筑时，已砌筑的砌层表面应予以清扫和湿润。

④在砌筑过程中，要注意留缝，不允许出现通缝、瞎缝现象，并保持缝宽在 25 cm 之内。

5. 勾缝养护

沟体砌筑完毕后，应进行勾缝施工，缝宽 2~5 cm，勾缝时砂浆必须饱满，勾缝完成后必须洒水养护，养护时间为 3~7 d。

（四）护坡及护栏

1. 护坡施工

（1）施工准备。

施工前应准备施工所用材料及机具，平整坡面，放线定位并对水下施工的水深及流速进行测定。

（2）护坡砌筑。

砌筑护坡前，应按设计断面进行削坡。砌筑护坡块石时，应认真挂线，自下而上，错缝竖砌，大块封边，表面平整，注意美观，并不得破坏保护层。

（3）养护。

全部护坡施工完成后，进行坡顶、坡脚和上下游两侧接头的回填处理，同时进行护面混凝土的养护。一般养护期为 7 d，要求在此期间护坡表面处于湿润状态。

2. 护栏装设

护栏应由有资质的工厂加工。护栏的材质、规格形式及防腐处理应符合设计要求。加工件表面不得有剥落、气泡、裂纹、疤痕、擦伤等缺陷。

护栏立柱应埋置于坚实的基础内，埋设位置应准确，深度应符合设计规定。

护栏的栏板、波形梁应与道路竖曲线相协调。

护栏波形梁的起点、讫点和道口处应按设计要求进行端头处理。

（五）隔离墩与隔离栅

1. 隔离墩

隔离墩宜由有资质的生产厂供货。现场预制时宜采用钢模板，拼装严密、牢固，混凝土拆模时的强度不得低于设计强度的 75%。

隔离墩吊装时，其强度应符合设计规定，设计无规定时，应不低于设计强度的 75%。

安装必须稳固，坐浆饱满；当采用焊接连接时，焊缝应符合设计要求。

2. 隔离栅

隔离网、隔离栅板应由有资质的工厂加工，其材质、规格形式及防腐处理均应符合设计要求。

固定隔离栅的混凝土柱宜采用预制件。金属柱和连接件的规格、尺寸、材质应符合设计规定，并应做防腐处理。

隔离栅立柱应与基础连接牢固，位置应准确。

立柱基础混凝土达到设计强度的 75% 后，方可安装隔离栅板、隔离网。隔离栅板、隔离网应与立柱连接牢固，框架、网面平整，无明显凹凸现象。

（六）声屏障与防眩板

1. 声屏障

声屏障所用材质与单体构件的结构形式、外形尺寸、隔声性能应符合设计要求。

砌体声屏障施工应符合下列规定。

A. 施工中的临时预留洞净宽度应不大于 1 m。

B. 当砌体声屏障处于潮湿或有化学侵蚀介质环境中时，砌体中的钢筋做防腐处理。

金属声屏障施工应符合下列规定。

A. 焊接必须符合设计要求和国家现行有关标准的规定。焊接不应有裂缝、夹渣、未熔合和未填满弧坑等缺陷。

B. 屏体与基础的连接应牢固。

C. 采用钢化玻璃屏障时，其力学性能指标应符合设计要求。屏障与金属框架应镶嵌牢固、严密。

2. 防眩板

防眩板的材质、规格、防腐处理、几何尺寸及遮光角应符合设计要求。

防眩板应由有资质的工厂加工，镀锌量应符合设计要求。防眩板表面应色泽均匀，不得有气泡、裂纹、疤痕、端面分层等缺陷。

防眩板安装位置应准确，焊接或栓接应牢固。

防眩板与护栏配合设置时，混凝土护栏上预埋连接件的间距宜为 50 cm。

路段与桥梁上的防眩设施衔接应直顺。

施工中不得损伤防眩板的金属镀层，若出现损伤应在 24 h 之内进行修补。

第六章
城市道路排水（雨污）工程施工技术

第一节　城市排水工程概述

一、概论

（一）排水工程及其任务

在城镇生产和生活中产生的大量污水，如从住宅、工厂和各种公共建筑中不断排出的各种各样的污水和废弃物，需要及时妥善地排除、处理或利用。对这些污水如不加控制，任其直接排入水体或地下土体，使水体和土壤受到污染，将破坏原有的生态环境，从而引起各种环境问题。为保护环境和提高城市生活水平，现代城镇需要建设一整套工程设施来收集、输送、处理和处置雨水与污水。这种工程设施称为排水工程。

大规模的城市建设，实现了城市的现代化。城市规模变得越来越大，城市道路硬面化提高，雨水的收集、排除和利用也是城市排水工程的基本内容。

排水工程的基本任务是保障城市生活、生产正常运转，保护环境免受污染，解决城市雨水的排除和利用问题，促进城市经济和社会发展。其主要内容包括：①收集各种污水并及时输送至适当地点；②将污水妥善处理后排放或再利用；③收集城市屋面、地面雨水排除或利用。

排水工程是城市基础设施之一，在城市建设中起着十分重要的作用。

第一，排水工程的合理建设有助于保护和改善环境，消除污水的危害。随着现代工业的发展和城市规模的扩大，污水量日益增加，污水成分也日趋复杂，城镇建设必须注意经济发展过程中造成的环境污染问题，并协调解决好污水的污染控制、处理及利用问题，以确保环境不受污染。

第二，水是非常宝贵的自然资源，许多河流的水都不同程度地被其上下游的城市重复使用着，当水体受到严重污染，势必会降低淡水水源的使用价值或增加城市给水处理的成本。建设城市排水工程设施，保护水体免受污染，可以使水体充分发挥其经济和社会效益。同时，运用排水工程的技术，使城市污水资源化，可重复用于城市生活和工业生产，这是节约用水和解决淡水资源短缺的一种重要途径。

第三，随着气候的变化，强降雨导致城镇水害日益严重，如何及时排除、收集、利用城市雨雪水。而对于淡水资源匮乏的城市来说，成为不可忽视的问题之一。

总之，在城市建设中，排水工程对保护环境、促进城镇化建设具有巨大的现实意义和深远的影响。应当充分发挥排水工程在我国经济建设和社会发展中的积极作用，使经济建设、城镇建设与环境建设同步规划、同步实施、同步发展，以达到经济效益、社会效益和环境效益的统一。

（二）废水及分类

城市生活和生产活动都要使用大量的水，水在使用过程中会受到不同程度的污染，改变了其原有的化学成分和物理性质，成为污水或废水。废水也包括雨水和冰雪融化水。

废水按其来源的不同，可分为生活污水、工业废水和雨水 3 类。

1. 生活污水

人们在日常生活中用过的水，包括从厕所、浴室、盥洗室、厨房、食堂和洗衣房等处排出的水。它来自住宅、公共场所、机关、学校、医院、商店以及工厂中的生活区。

生活污水含有大量腐败性的有机物，如蛋白质、动植物脂肪、碳水化合物、尿素等；还含有许多人工合成的有机物，如各种肥皂和洗涤剂等；还含有粪便中出现的病原微生物，如寄生虫卵和肠系传染病菌等。此外，生活污水中也含有为植物生长所需要的氮、磷、钾等肥分。这类污水需要经过处理后才能排入水体、灌溉农田或再利用。

从建筑排水工程来看，建筑内用于淋浴、盥洗和洗涤的废水，由于污染比粪便污水轻，经过处理可以作为中水系统回用。因此，现在有的建筑排水将粪便污水和洗涤废水独立设置，把建筑内的生活排水分成生活污水和生活废水，这是未来的发展方向。

2. 工业废水

在工业生产中排出的废水。由于各种工业企业的生产类别、工艺过程、使用的原材料以及用水成分的不同，工业废水的水质变化很大。工业废水按照污染程度的不同，可分为生产废水和生产污水两类。

生产废水是指在使用过程中受到轻度污染或水温稍有增高的水。如冷却水便属于这一类，通常经简单处理后即可在生产中重复使用，或直接排入水体。

生产污水是指在使用过程中受到较严重污染的水。这类污水多具有危害性。例如，有的含大量有机物，有的含氰化物、铬、汞、铅、镉等有害和有毒物质，有的含多氯联苯、合成洗涤剂等合成有机化学物质，有的含放射性物质，等等。这类污水大都需经适当处理后才能排放，或在生产中重复使用。

废水中的有害或有毒物质往往是宝贵的工业原料，对这种废水应尽量回收利用，为国家创造财富，同时也减轻污水的污染。工业废水按所含污染物的主要成分分类，如酸性废水、碱性废水、含氰废水、含铬废水、含汞废水、含油废水、含有机磷废水和放射性废水等。这种分类明确地指出了废水中主要污染物的成分。

3. 雨水

大气降水，也包括冰雪融化水。雨水一般比较清洁，但其形成的径流量大，若不及时排泄，则将积水为害，妨碍交通，甚至危及人们的生产和日常生活。目前，在我国的排水体制中，认为雨水较为洁净，一般不需处理，直接就近排入水体。

天然雨水一般比较清洁，但初期降雨时所形成的雨水径流会挟带大气中、地面和屋面上的各种污染物质，使其受到污染，所以初期径流的雨水，往往污染严重，应予以控制排放。有的国家对污染严重地区雨水径流的排放作了严格要求，如工业区、高速公路、机场等处的暴雨雨水要经过沉淀、撇油等处理后才可以排放。近年来，由于水污染加剧，水资源日益紧张，雨水的作用被重新认识。长期以来雨水直接径流排放，不仅加剧了水体污染和城市洪涝灾害，同时也是对水资源的一种浪费。

在城镇的排水管道中接纳的既有生活污水也有工业废水，由于工业企业的废水水质差别较大，所以对工业企业污（废）水或其他废水排入城市排水系统的水质进行了限定，通常把这种混合污水称为城市污水，在合流制排水系统中，还包括生产废水和截流的雨水。城市污水由于是一种混合污水，其性质变化很大，随着各种污水的混合比例和工业废水中污染物质的特性不同而异。在某些情况下可能是生活污水占多数，而在另一些情况下又可能是工业废水占多数。这类污水需经过处理后才能排入水体或再利用。

（三）废水、污水的处理及处置

在城市和工业企业中，应当有组织地及时收集、处理、排除上述废水和雨水，否则有可能影响和破坏环境，影响生活和生产，威胁人体健康。排水的收集、输送、处理和排放等工程设施以一定的方式组合成的整体称为排水系统。排水系统通常是由管道系统（或称排水管网）和污水处理系统（即污水处理厂）两大部分组成。管道系统是收集和输送废水的设施，把废水从产生处输送至污水厂或出水口，它包括排水设备、检查井、管渠、泵站等工程设施。污水处理系统是处理和利用废水的设施，它包括城市及工业企业污水处理厂（站）中的各种处理构筑物及利用设施等。

城市排水一般包含生活污水和生产污（废）水，由于工业企业的废水水质差别较大，大多数工业企业有特殊的生产污（废）水需要单独处理，因水质差别大，处理工艺也不完全相同。

污水经处理后的最终去向有：①排放水体；②灌溉农田；③重复利用。

污水经达标处理后大部分可以直接排入水体，水体具有一定的稀释能力和净化恢复能力，所以排入水体是城市污水的自然回归，是城市水循环的正常途径。灌溉农田也是利用土地净化功能的一种方法。污水经处理达到无害化后排放并重复利用，是控制水污染、保护水资源的重要手段，也是节约用水的重要途径。城市污水重复利用的方式有以下几种。

1. 自然复用

一条河流往往既作给水水源，也受纳沿河城市排放的污水。流经下游城市的河水中，总是掺杂有上游城市排入的污水。因而地面水源中的水，在其最后排入海洋之前，实际已被多次重复使用。

2. 间接复用

将处理后的污水或雨水注入地下补充地下水，作为给水的间接水源，也可防止地下水位下降和地面沉降。

3. 直接复用

城市污水经过人工处理后直接作为城市用水水源，这对严重缺水地区来说是必要的。近年来，我国也提倡采用中水及收集利用雨水，而且已有不少工程实例。如处理后的水经提升送至城市河道上游进行补水，改善城市河道水体水质；处理后的水排至城市"亲水"公园或人工湿地公园；等等。

二、排水系统的体制及其选择

（一）排水系统的体制

如前所述，在城镇和工业企业中通常有生活污水、工业废水和雨水。这些废水既可采用一个管渠系统来收集与排除，又可采用两个或两个以上各自独立的管渠系统来收集和排除。废水不同的收集与排除方式所形成的排水系统，被称作排水系统的体制。排水系统的体制，一般分为合流制和分流制两种类型。

1. 合流制排水系统

若采用一个管渠系统来收集和排除生活污水、工业废水和雨水，则称为合流制排水系统，也称为合流管道系统，其排水量称为合流污水量。合流制排水系统又分为直排式和截流式。直排式合流制排水系统，是将收集的混合污水不经处理直接就近排入水体，国内外很多城镇的老城区仍保留这种排水方式。但这种排除形式因污水未经处理就排放，使受纳水体遭受严重污染，所以，这也是目前乃至今后很长一段时间内，老城镇改造中的重要工程。

随着城市化的推进和对水域环境保护的重视，对老城区及小城镇需进行基础设施改造，除了采用分流制排水系统外，最常见的排水系统改造是采用截污工程，即称为截流式合流制排水系统。这种系统是在邻河岸边建造一条截流干管，同时在合流干管与截流干管相交前或相交处设置溢流井，并在截流干管下游设置污水厂。晴天和初期降雨时所有污水都送至污水厂，经处理后排入水体，随着降雨量的增加，雨水径流也增加，当混合污水的流量超过截流干管的输水能力后，就有部分混合污水经溢流井溢出，直接排入水体。截流式合流制排水系统比直排式排水系统在污水管理上有了很大提高，但仍有部分混合污水未经处理就直接排放，从而使水体遭受污染，这是它的不足之处。

2. 分流制排水系统

若采用 2 个或 2 个以上各自独立的管渠来收集或排除生活污水、工业废水和雨水，则称为分流制排水系统。收集并排除生活污水、工业废水的系统称为污水排水系统，收集或排除雨水的系统称为雨水排水系统，这就是雨污分流形式。

由于排除雨水方式的不同，分流制排水系统又分为完全分流制和不完全分流制两种排水系统。完全分流制排水系统是同时建设有独立的污水排水管道和雨水排水管道，而且一般建有污水处理厂（站）。而不完全排水系统只建有污水排水系统，未建雨水排水系统，雨水沿天然地面、街道边沟、水渠等原有渠道系统排泄，或者通过对原有雨水排洪沟道的整治，来提高排水渠道系统的输水能力，待城市进一步发展再修建完整的雨水排水系统。

在工业企业中，一般采用分流制排水系统，然而，由于工业废水的成分和性质往往很复杂，不但与生活污水不宜混合，而且彼此之间也不宜混合，否则将加大污水厂污水和污泥处理的难度，并给废水重复利用和回收有用物质造成很大困难。所以，在多数情况下，采用分质分流、清污分流几种管道系统来分别排除。但如生产污水的成分和性质同生活污水类似时，可将生活污水和生产污水用同一管道系统排放。

大多数城市，尤其是较早建成的城市，往往是混合制的排水系统，既有分流制也有合流制。在大城市中，各区域的自然条件以及修建情况相差较大，因此应因地制宜地采用不同的排水体制。

（二）排水系统体制的选择

合理地选择排水系统的体制，是城市排水系统规划和设计的重要问题。它不仅从根本上影响排水系统的设计、施工、维护管理，而且对城市发展和环境保护影响深远，同时也影响排水系统工程的总投资、初期投资以及维护管理费用。通常，排水系统体制的选择应满足环境保护的需要，根据当地条件，通过技术经济比较确定。而环境保护应是选择排水体制时所考虑的主要问题。

1. 环境保护方面

如果采用合流制将城市生活污水、工业废水和雨水全部截流送往污水厂进行处理，然后再排放，从控制和防止水体的污染来看，是较理想的；但按照全部截留污水量计算，则截流主干管尺寸很大，污水厂处理规模也会成倍增加，整个排水系统建设费用和运营费用也相应提高。所以采用截流式合流制时，截留倍数的确定是均衡水体环境保护和处理费用两个因素的重要指标。应根据截流污水的水质、水量、排入水体的卫生要求、水文、气候、经济和排水区域大小等因素经计算确定，宜采用 1~5 倍。

采用截流式合流制时，在暴雨径流之初，原沉淀在合流管渠的污泥被大量冲刷，经溢流井溢入水体。同时雨天时有部分混合污水溢入水体。实践证明，采用截流式合流制的城市，水体污染日益严重。因此应考虑将雨天时溢流出的混合污水予以储存，待晴天时再将储存的混合污水全部送至污水厂进行处理，或者将合流制改建成分流制排水系统。

分流制通过独立设置的污水管道系统将城市污水全部送至污水厂处理，是城市排水系统较为理想的做法，但分流制雨水排水系统由于初期雨水未加处理就直接排入水体，对城市水体也会造成污染，这是它的缺点。近年来，国内外对雨水径流水质的研究发现，雨水径流特别是初期雨水径流对水体的污染相当严重。分流制虽然具有这一缺点，但它比较灵活，能适应社会发展的需要，一般又能符合城市卫生的要求，所以在国内外获得了广泛的应用，也是城市排水体制的发展方向。

2. 工程造价方面

国外有的经验认为合流制排水管道的造价比完全分流制一般要低 20%～40%，但合流制的泵站和污水厂的造价比分流制高。从总造价来看完全分流制比合流制可能要高。从初期投资来看，不完全分流制因初期只建污水排水系统，因而可节省初期投资费用，又可缩短工期，发挥工程效益也快；而合流制和完全分流制的初期投资均大于不完全分流制。

3. 维护管理方面

在合流制管渠内，晴天时污水只是部分充满管道，雨天时才形成满流，因而晴天时合流制管内流速较低，易于产生沉淀。但经验表明，管中的沉淀物易被暴雨冲走，这样一来，合流管道的维护管理费用可以降低。但是，晴天和雨天时流入污水厂的水量变化很大，增加了合流制排水系统污水厂运行管理的复杂性。而分流制排水系统可以保持管内的流速，不易发生沉淀；同时，流入污水厂的水量和水质比合流制变化小得多，污水厂的运行易于控制。

总之，排水系统体制的选择是一项复杂的工作。应根据城镇及工业企业的规划、环境保护的要求、污水利用情况、原有排水设施、水量、水质、地形、气候和水体状况等条件，在满足环境保护的前提下，通过技术经济比较综合确定。新建地区一般应采用分流制排水系统。但在特定情况下采用合流制可能更为有利。

三、排水系统的主要组成

城市排水系统因采用的体制不同，下面就常见的城市污水排水系统和雨水排水系统的主要组成部分分述如下。

（一）城市污水排水系统的主要组成

城市污水包括排入城镇污水管道的生活污水和工业废水。将工业废水排入城市生活污水排水系统，就组成城市污水排水系统，它由以下几个主要部分组成：室内污水管道系统及设备、室外污水管道系统、污水泵站及压力管道、污水处理厂、出水口。

1. 室内污水管道系统及设备

室内污水管道系统及设备的作用是收集生活污水，并将其送至室外居住小区的污水管道中。

在住宅及公共建筑内，各种卫生设备既是人们用水的器具，也是承接污水的容器，还是生活污水排水系统的起端设备。生活污水从这里经水封管、支管、立管和出户管等室内管道系统排入室外街坊或居住小区内的排水管道系统。

2. 室外污水管道系统

室外污水管道系统是分布在地下，依靠重力流输送污水至泵站、污水厂或水体的管道系统。它分为街坊或居住小区管道系统及街道管道系统。

（1）街坊或居住小区管道系统。

敷设在一个街坊或居住小区内，并连接一群房屋出户管或整个小区内房屋出户管的管道系统称为街坊或居住小区管道系统。

（2）街道管道系统。

敷设在街道下，用以排除从街坊或居住小区管道流来的污水。在一个市区内它由支管、干管、主干管等组成。支管承受街坊或居住小区流来的污水。在排水区界内，常按分水线划分成几个排水流域。在各排水流域内，干管是汇集输送由支管流来的污水，也常称为流域干管。主干管是汇集输送由两个或两个以上干管流来的污水，并把污水输送至总泵站、污水处理厂或出水口的管道。

（3）管道系统上的附属构筑物。

如检查井、跌水井、倒虹管、溢流井等。

3. 污水泵站及压力管道

城市污水的输送一般采用重力流形式，重力流污水管道需要有足够大的敷设坡度。随着管道的延伸，排水管道埋深会逐渐增加，当埋深过大时，不仅无法排至污水处理厂或水体，还会增加管道敷设难度及施工费用，这时就需要设置排水泵站。从泵站至高地自流管道或污水厂的承压管段，被称为污水压力管道。

4. 污水处理厂

污水处理厂由处理和利用污水与污泥的一系列构筑物及附属设施组成。城市污水厂一般设置在城市河流的下游地段，并与居民点和公共建筑保持一定的卫生防护距离。城市污水厂采用集中或分散建设，应在全面的技术经济比较的基础上合理确定，一般宜建设集中的大型污水处理厂。

城市污水处理厂建设规模一般根据城市规划以及确定服务区域的服务面积、服务人口和用水量标准等有关资料，再适当考虑特殊情况（如工厂等排污大户的情况），即可求出污水处理厂的建设规模。

5. 出水口

污水排入水体的渠道和出口称为出水口，它是整个城市污水排水系统的终点设施。事故排出口是指在污水排水系统的中途，在某些易于发生故障的组成部分前面所设置的辅助性出水渠，一旦发生故障，污水就通过事故排出口直接排入水体。

（二）雨水排水系统的主要组成

城市雨水排水系统是收集建筑屋面、庭院、街道地面等处的降雨及雪融水，通过排水管渠就近排至城市自然水体，雨水排水系统由下列几个主要部分组成：

1. 建筑物的雨水管道系统和设备，主要是收集工业、公共或大型建筑的屋面雨水，并将其排入室外的雨水管渠系统中。

2. 街坊或厂区雨水管渠系统。

3. 街道雨水管渠系统。

4. 排洪沟。

5. 出水口。

收集屋面的雨水由雨水口和天沟，并经水落管排至地面；收集地面的雨水经雨水口流入街坊或厂区以及街道的雨水管渠系统。从建设和设计界限来看，前述的雨水排水属于建筑排水工程范畴。而这里讲的城市雨水排水系统也称室外雨水排水系统，是指由雨水口、连接管、雨水排水主管渠、检查井等附属构筑物，以及城市排洪河道等构成的系统。

合流制排水系统的组成与分流制相似，同样有室内排水设备、室外居住小区以及街道管道系统。雨水经雨水口进入合流管道，在合流管道系统的截流干管处设有溢流井。

近年来，随着城镇化进程的加快，城市规模变得越来越大，地面径流条件改变，城市雨水排水系统负荷加大，城市洪涝灾害显著。同时，城市用水量增长，水资源紧缺，城市雨水作为低质水源利用已成为城市规划与建设的一个重要策略。但强降雨引起的地面径流，同时将地面污染物带入城市水体，造成水体的污染。

四、城市排水系统的规划设计

排水工程是城市和工业企业基本建设的一个重要组成部分，同时也是控制水污染、改善和保护环境的重要措施。排水工程的规划设计应在区域规划以及城市和工业企业总体规划的基础上进行。排水系统的设计规模、设计期限的确定以及排水区界的划分，应根据区域、城市和工业企业的规划方案而定。作为总体规划的组成部分，应符合总体规划所遵循的原则，并和其他工程建设密切配合。如城市道路规划、建筑物分布、竖向规划、地下设施、城市防洪规划等都会对排水工程规划设计产生影响。

（一）排水工程规划设计的原则

排水工程规划设计应遵循下列原则。

1. 符合城市总体规划，并应与城市和工业企业中其他单项工程建设密切配合，互相协调。

2. 城市污水应将点源治理与集中处理相结合，并以城市集中处理为主。

3. 城市污水、雨水是重要的水资源，应考虑再生回用。

4. 所设计排水区域的水资源应考虑综合处置与利用，如排水工程与给水工程、雨水利用与中水工程等协调，以节省总投资。

5. 排水工程的设计应全面规划，按近期设计，同时为远期发展留出扩建的可能。

6. 在规划和设计排水工程时，应按照国家和地方制定的有关规范和标准进行。

（二）城市排水规划的主要任务

根据城市用水状况和自然环境条件，确定规划期内污水处理量、污水处理设施的规模与布局，布置各级污水管网系统；确定城市雨水排除与利用系统规划标准、雨水排除出路、雨水排放与利用设施的规模与布局。

（三）城市排水规划的主要内容

城市排水规划设计内容，不同阶段有不同的要求，在城市总体规划中的主要内容有：

1. 确定排水体制。

2. 划分排水区域，估算雨水、污水总量，制定不同地区污水排放标准。

3. 进行排水管渠系统规划布局，确定雨水、污水主要泵站数量、位置，以及水闸位置。

4. 确定污水处理厂数量、分布、规模、处理排放等级以及用地范围。

5. 确定排水管渠的走向和出口位置。

6. 提出雨水、污水综合利用措施。

在城市详细规划中的主要内容有：

对污水排放量和雨水量进行具体的统计计算。

对排水系统的布局、管线走向、管径进行计算复核，确定管线平面位置、主要控制点标高。

提出污水处理工艺初步方案。

提出雨水管理与综合利用方案。

五、排水工程建设和设计的基本程序

城市排水工程是市政工程的一个内容，其建设程序应符合我国工程建设基本程序，可归纳为下列几个主要阶段。

（一）项目建议书阶段

项目建议书是工程建设程序的最初阶段，是投资决策前对拟建项目的轮廓设想，也称为立项阶段。排水工程项目建议书是由城市建设主管单位，根据城市总体规划要求，经过调查、预测分析后，提出的具体的排水工程建设项目建议文件，是可行性研究的依据。

（二）可行性研究阶段

可行性研究是对排水工程项目在技术上是否可行和经济上是否合理进行科学的分析和论证。通过对建设项目在技术、工程和经济上的合理性进行全面分析论证和多种方案比较，提出评价意见。

（三）设计阶段

设计阶段又分为初步设计阶段和施工图设计阶段。设计是对拟建排水工程的实施在技术上和经济上所进行的全面且详尽的安排，是排水工程建设计划的具体化，是把先进技术和科研成果引入到建设中的渠道，是整个工程的决定性环节，是组织施工的依据。它直接关系着工程质量和将来的使用效果。

当可行性研究报告经批准后，一般通过委托或招标选定设计单位，按照批准的可行性研究报告的内容和要求进行设计，编制设计文件。

（四）组织施工阶段

建设单位采用施工招标或其他形式落实施工工作。

（五）竣工验收交付使用阶段

建设项目建成后，竣工验收交付使用是工程施工的最后阶段。

排水工程设计应按设计任务书，全面了解项目可行性研究报告所提出的建设方案和主要技术经济指标。依据排水规划布置排水管道和排水提升泵站，计算排水设计流量，进行排水管道水力计算，编制排水设计说明书及概算书。污水处理厂设计应包括厂址选择及布置、污水处理工艺分析与设计等。排水工程设计应考虑近远期的结合，一般排水管道和排水泵站按远期设计，排水泵可按近期配置；污水厂布置应考虑远期发展的可能性，构筑物及设备按近期设计和选定，但应按远期预留场地。

第二节　排水沟槽开挖施工、支撑与排水

一、施工准备

排水管道施工准备主要包括施工现场准备、物质准备、工程交底、管道施工测量与放线等。

（一）施工现场准备

施工现场准备工作主要包括以下几个方面。

1. 在施工开始前，了解施工场地附近的交通及环境状况，并向附近的业主、监理等提交现场交通导流组织方案、拆迁报告及地下障碍物的改移保护方案。

2. 与施工地区的交通部门取得联系，请其协助疏导交通，为施工创造更好的环境。

3. 确定现场余土的外运场地。

（二）物质准备

工程开工前，应准备好各项设备和管材等，这里重点介绍管材的运输与进场。

1. 管材运输

管材在运输过程中，应避免滚动和碰撞，以防损坏。非金属管材可放在有凹槽的垫木上，上、下层之间应用垫木、草袋等物品隔开；金属管材可用缆绳或铁丝绑扎，绑扎的接触部位应衬有麻袋或草袋等软衬。

2. 管材进场

（1）验收。

管材送入施工现场时，必须进行现场验收。验收时应检查每批管材的规格、订购合同、质量合格证书、性能检验报告、使用说明书、生产合格证、进口产品商检报告及证件等，并按国家有关标准进行复验，验收合格后才可接收。

（2）吊放管道。

从运输工具上卸下管道时，可先用吊绳将管道捆绑起来，再用吊车吊放。在吊放时要注意以下几点。

①不得将吊绳穿过管腔吊放。

②吊绳与管道的夹角不宜过小，一般应大于45度。

③吊放过程中严禁管道相互碰撞和自由滚落。

3. 工程交底

设计图纸交底：设计单位应向施工单位进行交底，主要说明设计意图和要求；施工单位应进行图纸会审，认真研习承包合同、施工图纸等施工文件，理解设计意图和要求。

施工设计交底：施工人员应在工程师指导下，了解施工中可能遇到的问题，并讨论其解决方案，同时还要考虑必要的技术措施和安全施工条件。

4. 管道施工测量与放线

（1）管道施工测量。

管道施工测量就是利用钢卷尺（皮尺）、水准仪、经纬仪，按照设计图纸对每一条管道的走向、标高、高程、坐标、坡度等进行测量，使管道的实际平面位置、标高和尺寸等符合设计图纸的要求。管道的坐标、坡度是管道施工中最容易出错的地方，因此在施工中应反复测量并核实。

（2）管道放线。

管道放线的目的是确定管道沟槽开挖位置和深度等，其具体步骤如下。

①确定中心线：依据施工图给定的中线位置，用测量仪器测定管道的中心线。

②设中心桩：在中心线上设置中心桩，给水管道每隔 20 m 设中心桩，排水管道每隔 10 m 设中心桩。

③确定沟槽位置和开挖边线：在中心线两侧分别量出沟槽开挖宽度的 1/2，将每侧的测量点连成线，并沿线撒上白灰，定出沟槽开挖的位置和边线。

二、沟槽开挖

（一）沟槽断面

1. 沟槽断面形式

沟槽断面形式应根据施工地点的土质、地下水位情况、管径大小、管道埋深、地下构筑物情况、沟槽附近地上及地下构筑物的位置等因素合理确定，常见的有直槽、梯形槽、混合槽和联合槽等。

2. 沟槽断面尺寸

确定沟槽断面形式后，要根据设计要求、施工要求和土质等情况确定沟槽断面尺寸，具体包括挖深、底宽、上口宽度等。

挖深：指沟槽的深度，是由管道埋深决定的。

底宽：指沟槽底部的开挖宽度，底宽应满足管道的施工要求。

上口宽度：指沟槽上方开口的宽度，可根据沟槽的底宽和边坡坡度计算得到。

（二）沟槽开挖方法

沟槽开挖方法有人工开挖和机械开挖两种，应根据施工现场具体情况进行选择。

1. 人工开挖

在管径小、土方量少、施工现场狭窄、地下障碍物多等不宜采用机械挖土或深槽作业的情况下，通常采用人工开挖。沟槽挖深较大时，要采用分层开挖，并确定分层开挖的深度，具体应符合下列规定。

人工开挖沟槽的挖深超过 3 m 时应分层开挖，每层的深度不超过 2 m。

人工开挖多层沟槽的层间留台宽度应满足：放坡开挖时不小于 0.8 m，直槽开挖时不小于 0.5 m，安装井点设备时不小于 1.5 m。

2. 机械开挖

机械开挖适用于土方量大、施工现场较宽敞、地下障碍物不多等情况。沟槽挖深较大时，若采用机械开挖，沟槽分层的深度应按所选开挖机械的性能确定。常用的开挖机械有单斗挖掘机、多斗挖掘机、挖掘装载机和挖沟机。

三、沟槽支撑

沟槽支撑（简称支撑）是一种防止沟槽土壁坍塌的临时性挡土结构，一般由木材或钢材等做成。

是否设置支撑取决于土质、地下水情况、挖深、底宽、开挖方法、排水方法、地面荷载等因素。在下列情况下，通常需要设置支撑。

沟槽土质较差、深度较大而又需挖成直槽时。

地下水位高、土质为砂性，且采用了表面排水措施时。

（一）支撑的类型

在给排水管道施工中，常用的支撑类型有横撑、竖撑和板桩撑等。

1. 横撑

横撑由水平撑板、立柱和撑杠组成。

横撑可分为疏撑和密撑两种。

疏撑：又称断续式支撑，撑板之间有间距，适用于土质较好、地下水含量较少且挖深小于 3 m 的沟槽。

密撑：又称连续式支撑，各撑板密接铺设，适用于土质较差且挖深在 3~5 m 的沟槽。

采用横撑式支撑时，应随挖随撑。施工中应经常检查支撑是否牢固，如有松动变形等现象，应及时加固或更换。

2. 竖撑

竖撑由竖直撑板、横木、撑杠组成，挡土板垂直放置。竖撑适于土质较差、地下水较多的沟槽。竖撑的特点是撑板可先于沟槽挖土插入土中，回填后再拔出，操作相对方便、安全。竖撑也有疏撑和密撑之分。

3. 板桩撑

板桩撑一般有钢板桩和木板桩两种，使用较多的为钢板桩。钢板桩通常采用咬合排列布置。

板桩撑需要在沟槽开挖前就打入槽底以下一定深度，其优点是不会影响沟槽开挖及后续工程，能够创造良好的施工条件。板桩撑适用于挖深较大、地下水丰富、有流砂现象或砂性饱和的土层，以及一般支撑不适用的情况。

（二）支撑的设置与拆除

1. 支撑的设置

由于板桩撑是在开挖前打入槽底以下的，不涉及开挖，所以此处重点介绍的是横撑及竖撑的支撑设置。

若需要设置支撑，应在沟槽挖到一定深度，或快接近地下水位时开始。设置支撑时应按"撑板→立柱（或横木）→撑杠"的顺序进行。设置支撑时要注意以下方面。

逐层开挖、逐层支设。

撑板应紧贴槽壁，没有空隙。

支撑各部位要横平竖直，支设牢固。

每挖深 50~60 cm，下锤撑板一次。

撑杠间距一般控制在 1.2~1.5 m。

支撑应随沟槽的开挖及时支设，雨季施工不得空槽过夜。

施工中尽量不倒撑或少倒撑，要经常检查槽壁和支撑情况。

糟朽、劈裂的木料不得作为支撑材料。

发现槽壁有塌方预兆时，应增设支撑。

2. 支撑的拆除

沟槽内的工作全部完成后，应将支撑拆除（简称"拆撑"）。拆撑一般和沟槽回填同时进行，具体方法如下。

拆除横撑：应由下而上进行，先松动最下层的撑杠，抽出最下层撑板，然后回填，回填完成后再拆除上一层撑板，依次将撑板全部拆除，最后拔出立柱。

拆除竖撑：应先回填至最下层撑杠底面，接着松动最下层的撑杠，拆除最下层的横木，然后再回填；回填至上一层撑杠底面时，再拆除上一层的撑杠和横木，依次将撑杠和横木全部拆除；最后用吊车或导链拔出撑板。

拆除板桩撑：先回填，再将板桩撑拔出，最后回填桩孔。

拆撑的要求和注意事项如下。

拆撑前应检查槽壁及沟槽两侧地面有无裂缝，建筑物、构筑物有无沉降，支撑有无位移、松动等情况，应准确判断拆撑可能产生的后果。

多层支撑的沟槽，应按自下而上的顺序逐层拆除，待下层拆撑回填之后，再拆上层支撑。

采用明沟排水的沟槽，应由两座集水井的分水岭向两端延伸拆除。

撑板和立柱较长时，可在倒撑或回填后拆除。

一次拆除支撑有危险时，应考虑倒撑。

板桩撑拔出后应及时回填桩孔，并采取措施保证回填密实度。

四、沟槽排水

在沟槽内施工时，经常会遇到地下水、雨水及其他地表水等，当沟槽底面低于地下水位时，水会大量渗出。这时必须采取适当的排水方法将水排出，否则极易引起基底湿软、隆起，严重时还会造成地面塌陷、滑坡，引发流砂、管涌等现象，危及地下设施和施工人员的安全。

沟槽排水的方法可以分为两类：明沟排水法和人工降低地下水位法。

（一）明沟排水法

明沟排水法适用于岩石层、大块碎石类土壤和渗水量不大的黏性土壤。明沟排水系统由集水井和排水沟组成。

若要采用此方法，应在沟槽开挖时，在槽底设置集水井，在槽底周围或中央开挖排水沟，使水流入集水井中，然后用水泵将其抽走。抽水工作应持续到整个地段的管道安装完成、回填工作结束后才能停止。

（二）人工降低地下水位法

人工降低地下水位法指的是在沟槽开挖前，事先在沟槽周围的地下竖直打入一定数量的排水滤管，利用抽水设备不断将渗入滤管中的地下水抽出，使地下水位降到沟槽底面以下的排水方法。

人工降低地下水位法又可分为轻型井点法、管井法和深井井点法等，较常用的为轻型井点法和管井法。

1. 轻型井点法

轻型井点法的工作原理是沿沟槽的侧边，将一定数量较细的井点滤管间隔 0.75~4 m 竖直打入含水层内，用弯联管将各个滤管上端相连，再将其与抽水总管连接在一起，用抽水设备将水抽出，使沟槽内水位下降。

2. 管井法

管井法的工作原理是用管径较大（一般为 300~500 mm）的铸铁管或钢管作为滤管，将其沿沟槽一侧间隔 10~50 m 埋入含水层内，各井管分别布置一台抽水设备，地下水渗入滤管并达到一定液位后，再分别利用抽水设备将水抽出，使水面降至槽底以下。

3. 深井井点法

深井井点系统由深井泵或深井潜水泵及井管滤网组成，它具有排水量大、降水深、不受吸程限制、井距大等优点。但其一次性投资大，成孔质量要求高，因此较少采用。

第三节　排水管道铺设及接口施工

一、管道铺设

管道铺设的方法较多，常用的方法有平基法、垫块法、"四合一"施工法。应根据管道种类、管径大小、管座形式、管道基础、接口方式等合理选择管道铺设的方法。

（一）平基法

管道平基法是先浇筑平基混凝土，待平基达到一定强度后，再下管、安管（稳管）、浇筑管座及抹带接口的施工方法。这种方法常用于雨水管道，尤其适合于地基不良或雨期施工的场合。

平基法施工程序为：支平基模板→浇筑平基混凝土→下管→安管（稳管）→支管座模板→浇筑管座混凝土→抹带接口→养护。

平基法施工操作要点如下。

1. 浇筑混凝土平基顶面高程，不能高于设计高程，低于设计高程不超过 10mm。

2. 平基混凝土强度达到 5 MPa 以上时，方可直接下管。

3. 下管前可直接在平基面上弹线，以控制安管中心线。

4. 安管的对口间隙：管径不小于 700 mm，按 10 mm 控制，管径小于 700 mm 可不留间隙。安较大的管子，宜进入管内检查对口，减少错口现象，稳管以达到管内底高程偏差在 ±10 mm 之内，中心线偏差不超过 10 mm，相邻管内底错口不大于 3 mm 为合格。

5. 管子安好后，应及时用干净石子或碎石卡牢，并立即浇筑混凝土管座。

管座浇筑要点如下。

A. 浇筑管座前，平基应凿毛或刷毛，并冲洗干净。

B. 对平基与管子接触的三角部分，要选用同强度等级混凝土中的软灰，先行振捣密实。

C. 浇筑混凝土时，应两侧同时进行，防止挤偏管子。

D. 较大的管子，浇筑时宜同时进入管内配合勾捻内缝；直径小于 700 mm 的管子，可用麻袋球或其他工具在管内来回拖动，将流入管内的灰浆拉平。

（二）垫块法

把在预制混凝土垫块上安管（稳管），然后再浇筑混凝土基础和接口的施工方法，称为垫块法。采用这种方法可避免平基、管座分开浇筑，是污水管道常用的施工方法。垫块法施工程序为：预制垫块→安垫块→下管→在垫块上安管→支模→浇筑混凝土基础→接口→养护。

预制混凝土垫块强度等级同混凝土基础。垫块的几何尺寸：长为管径的 0.7 倍，高等于平基厚度，允许偏差±10 mm，宽不小于高。每节管垫块一般为两个，分别放在管两端。

垫块法施工操作要点如下。

1. 垫块应放置平稳，高程符合设计要求。

2. 安管时，管子两侧应立保险杠，防止管子从垫块上滚下伤人。

3. 安管的对口间隙：管径不小于 700 mm 的管子按 10 mm 左右控制；安较大的管子时，宜进入管内检查对口，减少错口现象。

4. 管子安好后一定要用干净石子或碎石将管卡牢，并及时浇筑混凝土管座。

（三）"四合一"施工法

将混凝土平基、稳管、管座、抹带四道工艺合在一起施工的方法，称为"四合一"施工法。这种方法速度快，质量好，是 DN≤600 mm 管道通常采用的施工方法，此法具有减少混凝土养护时间和避免混凝土浇筑施工缝的优点。

其施工程序为：验槽→支模→下管→排管→"四合一"施工→养护。

1. 支模、排管施工。根据操作需要，第一次支模为略高于平基或 90 度基础高度。模板材料一般采用 15 cm×15 cm 的方木，方木高程不够时可用木板补平，木板与方木用铁钉钉牢；模板内侧用支杆临时支撑，方木外侧钉铁钉，以免安管时模板滑动。

2. 管子下至沟内，利用模板作为导木，在槽内滚运至安管地点，然后将管子顺排在一侧方木模板上，使管子重心落在模板上，倚在槽壁上，要比较容易滚入模板内，并将管口洗刷干净。

3. 若为 135 度及 180 度管座基础，模板宜分两次支设，上部模板待管子铺设合格后再支设。

"四合一"施工做法如下。

平基。浇筑平基混凝土时，一般应使平基面高出设计平基面 20~40 mm（视管径大小而定），并进行捣固，管径 400 mm 以下者，可将管座混凝土与平基一次灌齐，并将平基面作成弧形以利于稳管。

稳管。将管子从模板上滚至平基弧形内，前后揉动，将管子揉至设计高程（一般高于设计高程 1~2 mm，以备下一节时又稍有下沉），同时控制管子中心线位置的准确。

管座。完成稳管后，立即支设管座模板，浇筑两侧管座混凝土，捣固管座两侧三角区，补填对口砂浆，抹平管座两肩。如管道接口采用钢丝网水泥砂浆抹带接口时，混凝土的捣固应注意钢丝网位置的正确。为了配合管内缝勾捻，管径在 600 mm 以下时，可用麻袋球或其他工具在管内来回拖动，将管口内溢出的砂浆抹平。

抹带。管座混凝土浇筑后，马上进行抹带，随后勾捻内缝，抹带与稳管至少相隔 2~3 节管，以免稳管时不小心碰撞管子，影响接口质量。

二、管材与接口

（一）混凝土管与钢筋混凝土管及其接口

混凝土管的规格为 DN300~600、长为 1 m；为了抵抗外力，管径较大时一般配以钢筋，制成钢筋混凝土管，钢筋混凝土管的规格为 DN300~2400、长为 2 m。混凝土管与钢筋混凝土管的管口形式有承插口、平口、圆弧口、企口等，广泛用于排水管道系统，也可用作泵站的压力管及倒虹管，两种管材的主要缺点是抗酸碱侵蚀及抗渗性能较差、管节多、接头多。在地震强度大于Ⅷ度地区及饱和松砂、淤泥、充填土、杂填土地区不宜使用。

混凝土管和钢筋混凝土管的接口形式分刚性接口和柔性接口两种。为了减少对地基的压力及管子的反力，管道应设置基础和管座，管座包角一般有90度、135度、180度3种，应视管道覆土厚度及地基土的性质选用。

1. 抹带接口

（1）水泥砂浆抹带接口。

水泥砂浆抹带接口是一种常用的刚性接口。此接口的抗弯折性能差。一般在地基较好、管径较小时采用。水泥砂浆抹带接口施工程序为：浇筑管座混凝土→勾捻管座部分管内缝→管带与管外皮及基础结合处凿毛清洗→管座上部内缝支垫托→抹带→勾捻管座以上内缝→接口养护。

水泥砂浆抹带材料及重量配合比：水泥采用32.5级普通硅酸盐水泥，砂子应过2 mm孔径筛子过筛，含泥量不得大于2%。质量配合比为水泥：砂＝1：2.5，水灰比一般不大于0.5。勾捻内缝为水泥：砂＝1：3，水灰比一般不大于0.5。带宽 $k=120\sim150$ mm，带厚 $f=30$ mm，抹带采用圆弧形或梯形。

水泥砂浆抹带接口工具有浆桶、刷子、铁抹子、弧形抹子等。

抹带接口操作：

①抹带。

A. 抹带前将管口及管带覆盖到的管外皮刷干净，并刷一遍水泥浆。

B. 抹第一层砂浆（卧底砂浆）时，应注意找正使管缝居中，厚度约为带厚的1/3，并压实使之与管壁黏结牢固，在表面划出线槽，以利于与第二层结合（管径400 mm以内者，抹带可一次完成）。

C. 待第一层砂浆初凝后抹第二层，用弧形抹子碾压成形，待初凝后再用抹子赶光压实。

D. 带、基相接处三角形（如基础混凝土已硬化需凿毛洗净、刷素水泥浆）灰要饱实，大管径可用砖模，防止砂浆变形。

②DN大于或等于700管勾捻内缝。

A. 管座部分的内缝应在浇筑混凝土时勾捻；管座以上的内缝应在管带缝凝后勾捻，也可在抹带之前勾捻，即抹带前将管缝支上内托，从外部用砂浆填实，然后拆去内托，将内缝勾捻整平，再进行抹带。

B. 勾捻管内缝时，人在管内先用水泥砂浆将内缝填实抹平，然后反复捻压密实，灰浆不得高出管内壁。

③DN 小于 700 管，应配合浇筑管座，用麻袋球或其他工具在管内来回拖动，将流入管内的灰浆拉平。

（2）钢丝网水泥砂浆抹带接口。

由于在抹带层内埋置 20 号 10 mm×10 mm 方格的钢丝网，因此接口强度高于水泥砂浆抹带接口。

施工程序：管口凿毛清洗（管径不大于 500 mm 者刷去浆皮）→浇筑管座混凝土→将钢丝网片插入管座的对口砂浆中并以抹带砂浆补充肩角→勾捻管内下部管缝→上部内缝支托架→抹带（素灰、打底、安钢丝网片、抹上层、赶压、拆模等）→勾捻管内上部管缝→内外管口养护。

抹带接口操作：

①抹带。

A. 抹带前将已凿毛的管口洗刷干净并刷水泥浆一道；在抹带的两侧安装好弧形边模。

B. 抹第一层砂浆应压实，与管壁粘牢，厚 15 mm 左右，待底层砂浆稍晾有浆皮儿后，将两片钢丝网包拢使其挤入砂浆浆皮中，用 20 号或 22 号细钢丝（镀锌）扎牢，同时要把所有的钢丝网头塞入网内，使网面平整，以免产生小孔漏水。

C. 第一层水泥砂浆初凝后，再抹第二层水泥砂浆使之与模板平齐，砂浆初凝后赶光压实。

D. 抹带完成后立即养护，一般 4~6 h 可以拆模，应轻敲轻卸，避免碰坏抹带的边角，然后继续养护。

②勾捻内缝及接口养护方法与水泥砂浆抹带接口相同。

钢丝网水泥砂浆接口的闭水性较好，常用于污水管道接口，管座采用 135 度或 180 度。

2. 套环接口

套环接口的刚度好，常用于污水管道的接口。分为现浇套环接口和预制套环接口两种。

现浇套环接口。采用的混凝土强度等级一般为 C18；捻缝用 1：3 水泥砂浆；

配合比（质量比）为水泥：砂：水 = 1：3：0.5；钢筋为 I 级。

施工程序：浇筑管基→凿毛与管相接处的管基并洗刷干净→支设马鞍形接口模板→浇筑混凝土→养护后拆模→养护。

捻缝与混凝土浇筑配合进行。

预制套环接口。套环采用预制套环可加快施工进度。套环内可填塞油麻石棉水泥或胶圈石棉水泥。石棉水泥配合比（质量比）为水：石棉：水泥 = 1：3：7；捻缝用砂浆配合比（质量比）为水泥：砂：水 = 1：3：0.5。

施工程序为：在垫块上安管→安套环→填油麻→填打石棉水泥→养护。

3. 承插管水泥砂浆接口

承插管水泥砂浆接口，一般适合小口径雨水管道施工。

水泥砂浆配合比（质量比）为水泥：砂：水 = 1：2：0.5。

施工程序：清洗管口→安第一节管并在承口下部填满砂浆→安第二节管、接口缝隙填满砂浆→将挤入管内的砂浆及时抹光并清除→湿养护。

4. 沥青麻布（玻璃布）柔性接口

沥青麻布（玻璃布）柔性接口适用于无地下水、地基不均匀沉降不严重的平口或企口排水管道。

接口时，先洗刷管口，并在管口上刷冷底子油，热涂沥青，做"四油三布"，并用钢丝将沥青麻布或沥青玻璃布绑扎，最后勾捻管内缝（1：3水泥砂浆）。

5. 沥青砂浆柔性接口

这种接口的使用条件与沥青麻布（玻璃布）柔性接口相同，但不用麻布（玻璃布），成本降低。

沥青砂浆质量配合比为石油沥青：石棉粉：砂 = 1：0.67：0.69。制备时，待锅中沥青（建筑 10 号石油沥青）完全熔化到超过 220℃时，加入石棉（纤维占 1/3 左右）、细砂，不断搅拌使之混合均匀。浇灌时，沥青砂浆温度控制在200℃左右，使其具有良好的流动性。

施工程序：管口凿毛及清理→管缝填塞油麻、刷冷底子油→支设灌口模具→浇灌沥青砂浆→拆模→勾捻内缝。

6. 承插管沥青油膏柔性接口

这是利用一种粘结力强、高温不流淌、低温不脆裂的防水油膏，进行承插管接口，施工较为方便。沥青油膏有成品，也可自配。这种接口适用于小口径承插口污水管道。沥青油膏质量配合比石油沥青：松节油：废机油：石棉灰：滑石粉 = 100：11.1：44.5：77.5：119。

施工程序为：洗刷管口保持干燥→刷冷底子油→油膏捏成圆条备用→安第一节管→将粗油膏条垫在第一节管承口下部→插入第二节管→用麻毡填塞上部及侧面沥青膏条。

7. 塑料止水带接口

塑料止水带接口是一种质量较高的柔性接口。常用于现浇混凝土管道，它具有一定的强度、很好的柔性和较好的抗地基不均匀沉陷性能，但成本较高。这种接口适用于敷设在沉降量较大的地基上，一般须修建基础，并在接口处用木丝板设置基础沉降缝。

（二）塑料类排水管及其接口

城镇塑料类排水管主要有排水硬聚氯乙烯管、大口径硬聚氯乙烯缠绕管、玻璃钢管等，管内径在 100~2000 mm 范围内。其接口方式主要有承插橡胶圈连接、承插粘接、螺旋连接等。

大口径硬聚氯乙烯缠绕管适用于污水、雨水的输送，管内径在 300~2000 mm 范围内，管道一般埋地安装。其覆土厚度在人行道下一般为 0.5~10 m，车行道下一般为 1.0~10 m。管道允许 5% 的长期变形度而不会损坏或漏水。

大口径硬聚氯乙烯缠绕管采用螺旋连接方式，即利用管材外表面的螺旋凸棱沟槽以及接头内表面的螺旋沟槽实现螺旋连接，螺纹间的间隙由聚氨酯发泡胶等密封材料进行密封。连接时，管口及接头均应清洗干净，拧进螺纹扣数应符合设计要求。

管道一般应敷设在承载力不小于 0.15 MPa 的地基基础上。若需铺设砂垫层，则按不小于 90% 的密实度压实，并应与管身和接头外壁均匀接触。砂垫层应采用中砂或粗砂，厚度应不小于 100mm。下管时应采用可靠的软带吊具，平稳、轻放下沟，不得与沟壁、沟底碰撞。

土方回填时，其回填土中碎石屑最大粒径小于 40 mm，不得含有各种坚硬物，管道两侧同时对称回填夯实。管顶以上 0.4 m 范围内不得采用夯实机具夯实，在管两侧范围的最佳夯实度大于95%，管顶上部大于80%，分层夯实，每层摊土厚度为 0.25~0.3 m 为宜。管顶以上 0.4 m 至地面，按用地性质要求回填。

（三）排水铸铁管、陶土管及其接口

1. 排水铸铁管及接口

排水铸铁管质地坚固，抗压与抗震性强，每节管子较长，接头少。但其价格较高，对酸碱的防蚀性较差。主要用于受较高内压、较高水流速度冲刷或对抗渗漏要求高的场合，如穿越铁路河流、陡坡管、竖管式跌水井的竖管以及室内排水管道等。

（1）承插式刚性接口。

承插式铸铁管刚性接口填料由嵌缝材料-敛缝填料组成。常用填料为麻-石棉水泥、橡胶圈-石棉水泥、麻-膨胀水泥砂浆、麻-铅等几种。

①麻及其填塞。麻是广泛采用的一种嵌缝材料，应选用纤维较长、无皮质、清洁、松软、富有韧性的麻，以麻辫形状塞进承口与插口间环向间隙。麻辫的直径约为缝隙宽的 1.5 倍，其长度较管口周长为 5~10 cm 作为搭接长度，用錾子填打紧密。填塞深度约占承口总深度的 1/3，距承口水线里缘 5 mm 为宜。

填麻的作用是防止散状接口填料漏入管内并将环向间隙整圆，以及在敛缝填料失效时对管内低压水起挡水作用。

②橡胶圈及其填塞。由于麻易腐烂和填打时劳动强度大，因此，可采用橡胶圈代替麻。橡胶圈富有弹性，具备足够的水密性，当接口产生一定量相对轴向位移和角位移时也不会渗水。

橡胶圈外观应粗细均匀，椭圆度在允许范围内，质地柔软，无气泡、无裂缝、无重皮，接头平整牢固，胶圈内环径一般为插口外径的 0.85~0.90 倍。

③石棉水泥接口。石棉水泥是一种使用较广的敛缝填料，有较高的抗压强度，石棉纤维对水泥颗粒有较强的吸附作用，水泥中掺入石棉纤维可提高接口材料的抗拉强度。水泥在硬化过程中收缩，石棉纤维可阻止其收缩，提高接口材料与管壁的黏着力和接口的水密性。

石棉水泥接口的抗压强度很高，接口材料成本降低，材料来源广泛。但其承受弯曲应力或冲击应力性能很差，并且存在接口劳动强度大，养护时间较长的缺点。

④膨胀水泥砂浆接口。膨胀水泥在水化过程中体积膨胀，增加其与管壁的黏着力，提高了水密性，而且产生封密性微气泡，可提高接口抗渗性能。

接口操作时，不需要打口，可将拌制的膨胀水泥砂浆分层填塞，用錾子将各层捣实，最外一层找平，比承口边缘凹进 1~2mm。

膨胀水泥水化过程中硫酸铝钙的结晶需要大量的水，因此，其接口应采用湿养护，养护时间为 12~24 h。

（2）承插式柔性接口。

上述几种承插式刚性接口，抗应变能力差，受外力作用容易产生填料碎裂与管内水外渗等事故，尤其在软弱地基地带和强震区，接口破碎率高。为此，可采用橡胶圈柔性接口。

承插口楔形橡胶圈接口，承口内壁为斜形槽，插口端部加工成坡形，安装时承口斜槽内嵌入起密封作用的楔形橡胶圈。由于斜形槽的限制作用，橡胶圈在管内水压的作用下与管壁压紧，具有自密性，使接口对于承插口的椭圆度、尺寸公差、插口轴向相对位移及角位移具有一定的适应性。

2. 陶土管及接口

陶土管内表面光滑，摩阻小，不易淤积，管材致密，有一定抗渗性，耐腐蚀性好，便于制造。但其质脆易碎，管节短，接头多，材料抗折性能差。适用于排除侵蚀性污水或管外有侵蚀性地下水的自流管及街坊内部排水与城乡排水系统的连接支管。

陶土管的接口方式与混凝土管接口方式基本相同。

第四节　检查井、雨水口与化粪池等
附属构筑物施工安装

一、检查井施工

检查井，也称普通窨井，是为便于对管渠系统做定期检查和清通，设置在排水管道交会、转弯、管渠尺寸或坡度改变、跌水等处，以及相隔一定距离的直线管渠上的井式地下构筑物。当检查井内衔接的上下游管渠的管底标高跌落差大于

1 m 时，为消减水流速度，防止冲刷，在检查井内应有消能措施，这种检查井称为跌水井。当检查井内具有水封设施，以便隔绝易爆、易燃气体进入排水管渠，使排水管渠在进入可能遇火的场地时不会引起爆炸或火灾，这样的检查井称为水封井。

检查井由井底（包括基础）、井身和井盖（包括盖底）3 部分组成。

（一）检查井施工图的识读

1. 总平面图中的检查井

在总平面图中，当排水检查井的数量超过 1 个时，应进行编号。

编号方法为：检查井代号−编号。在检查井处引一指引线，在指引线的水平线上面标注井底标高，水平线下面标注用管道种类及编号组成的检查井标号，如 W 为污水管，Y 为雨水管。标号顺序按水流方向，从管的上游向下游顺序编号。

检查井的编号顺序宜为：从上游到下游，先干管后支管。

2. 检查井详图的识读

检查井详图包括检查井平面图、立面图、剖面图，井盖及盖座详图。

识读整套图纸时应按照"总体了解、顺序识读、前后对照、重点细读"的方法；读单张图纸时，应由外向里、由大到小、由粗到细、详图与说明交替、相关图纸对照看，重点看轴线及各种尺寸的关系。

阅读施工图时，应注意以下几个问题。

第一，具备用正投影原理读图的能力，掌握正投影基本规律，并会运用这种规律在头脑中将平面图形转变成立体实物。同时，还要掌握构筑物的基本组成，熟悉构筑物基本构造及常用构配件的几何形状及组合关系等。

第二，检查井做法以及构配件所使用的材料种类繁多，它们都是按照建筑制图国家标准规定的图例符号表示的，因此，必须先熟悉各种图例符号。

第三，图纸上的线条、符号、数字应互相核对。要把施工图中的平面图、立面图、剖面图和详图对照查看清楚，必要时还要与施工图中的所有相应部位核对。

第四，阅读施工图，了解工程性质，不但要看图，还要查看相关的文字说明。

（二）检查井施工分析

市政排水设施需砌筑检查井等构筑物，传统的做法是用黏土砖砌或黏土砖、混凝土混合两类。国务院要求所有城市从 21 世纪初起全面禁止使用实心黏土砖，但是黏土砖砌筑的检查井在我国很多城市还占有相当大的比例。

1. 检查井类型

检查井按材料和砌筑方式可分为：砖砌检查井、预制装配式混凝土检查井、混凝土模块式检查井。

（1）砖砌检查井。

砖砌检查井的主要缺点。

①黏土砖强度低、耐久性差，使用 7~8 年就会发生因腐蚀而使黏土砖酥烂的现象，导致检查井下沉，使路面凹坑，影响道路行车质量。

②易渗漏。砖块酥烂后渗漏更为严重，污水的泄漏，使地下水质下降。

③机械化施工水平低，现场作业时间长、湿作业工作量大、养护时间长，开槽后较长时间不能回填，不能满足道路缩短施工工期、快速放行的要求，甚至影响四周环境和建筑物的安全，给人们生活带来不便。

④烧制黏土砖，会大量毁坏农田。

（2）预制装配式混凝土检查井。

预制装配式混凝土检查井井室、井筒由预制钢筋混凝土调节拼块拼装而成。检查井的形状有圆形、扇形或矩形。各调节拼块之间垂直方向的接缝为企口连接，由聚氨酯、橡胶圈或水泥砂浆密封；水平方向的接缝是螺栓连接，由聚氨酯或水泥砂浆密封。井室和管道有插口或承口，接口处由密封圈或砂浆密封。井室和井筒由不同模数的调节拼块层叠或侧连拼装而成；承插式钢筋混凝土排水管道无管基敷设，配合预制装配式混凝土检查井，可与柔性接口排水管配套，实现管道装配化快速施工。

①预制装配式混凝土检查井优点。

A. 不需要在现场进行大量湿作业，明显提高检查井的施工速度，可以实现管道装配化快速施工。

B. 整体性好，抗震能力强。

C. 容易做到井体和管材之间及井体各部件之间的接缝严密，或做成橡胶密封圈柔性连接，避免渗漏，防止对地下水源的污染。

D. 检查井刚度大，可用强夯提高检查井四周回填土的密实度，避免回填土下沉，提高道路质量。

E. 耐久性好，使用寿命长。

②装配式混凝土检查井缺点。

A. 自重大，施工时一般需用起重设备配合。

B. 井壁预留孔位置、方向由设计预定，在现场施工连接支管时改动较为困难。

C. 在已有的检查井中接入支管时，因混凝土强度高，开孔的难度及工作量较砖砌检查井大。

（3）混凝土模块式检查井。

混凝土模块由砂、石、水泥、粉煤灰等原材料按照一定配合比经高频振捣，垂直挤压成型。应用于圆形检查井的弧形模块的基本尺寸是将各类井型进行整体切割，利用周长与直径的关系形成单元块尺寸规格，用少数几种形式的模块，即可满足各类井型的应用需要，形成系列化尺寸模块。模块的上下左右四面设有凹凸槽结构，组合砌筑后形成链锁，使井壁墙体各个方向的抗剪力远远优于平摩擦砌体的结构形式。模块为中空结构，组合砌筑后形成纵向孔孔相贯，横向孔孔相通的网状孔，芯柱形式为现浇混凝土网状结构，起到闭水作用。

①混凝土模块式检查井优点。

A. 替代黏土烧结砖作为井体材料。

B. 施工时一般不需要起重设备。

C. 容易接入不同方向、不同管径、不同埋深的进水和出水管。

②混凝土模块式检查井缺点。

A. 仍需在现场进行湿作业，施工周期长。

B. 检查井砌体的结合缝较多，抗震、防渗效果不佳。

C. 管道与井体的连接难以做成柔性密封连接。

2. 检查井施工流程

（1）砖砌检查井。

①检查井类型及选用条件。

A. 圆形井。有 φ700 mm、φ1000 mm、φ1250 mm、φ1500 mm 4 种井径的井，适用于管径 D＝200～1000 mm 雨污排水管道。

B. 小方井。适用于管径 D＝200～400 mm 的污水管，井深不大于 1.5 m，不下人。

C. 跌水井。有竖管式和竖槽式两种形式，雨水管上下游跌差不小于 1 m，污水管上下游跌差不小于 50 cm 时必须使用跌水井。

②采用材料。

A. 砖砌体。采用 MU10 机制标准砖，用 M7.5 砂浆砌筑，内、外壁抹 20 mm 厚 1∶2 水泥砂浆（分层抹灰）。

B. 钢筋混凝土。盖板：C25。井圈：C30。钢筋：φ-HPB235。

C. 井基。采用 C10 混凝土。

D. 抹面。采用 1∶2（体积比）防水水泥砂浆抹面，厚 20mm。

E. 流槽。采用与井墙一次砌筑的砖砌流槽，如改用 C10 混凝土时，浇筑前应先将检查井的井基、井墙洗刷干净，以保证共同受力。

F. 预制盖板。应在适当位置加吊环。

③砖砌检查井施工工艺。

施工程序：放出中心线→按检查井尺寸（半径）摆出井壁砖墙大样→井壁砌筑→踏步安装→井盖安装→内墙抹灰→分层压实。

A. 在已安装好的混凝土管检查井处，放出检查井中心位置，按内径尺寸摆出井壁砖墙位置。

B. 检查井壁砌筑时应随时检查井径尺寸及垂直度。井筒砌筑采用 M7.5 水泥砂浆砌 MU10 砖，井筒内壁抹 20 mm 厚的 1∶2 防水水泥砂浆。

C. 踏步安装：按标准图要求安装，向心安放，外露长度应一致，必须安装牢固，位置正确。检查井内的踏步要随砌随安，埋入半壁的位置准确，踏步安装后，在砌筑砂浆或混凝土未达到规定抗压强度前不得踩踏。

D. 砌完井室后，应及时安装盖座。安装时砖墙顶面用水冲净后铺砂浆，按设计高程找平。

E. 井口抹面后，制作模具进行控制；采用两遍法施工，砂浆全部为 1∶2 水泥砂浆。必须做到抹面压光，无空鼓、裂纹，严禁刷浆。

F. 检查井砌筑至规定高程后，应及时安装井圈、盖好井盖，以保证现场施工安全。

④砖砌检查井的施工注意事项。

A. 砌筑所用材料应符合设计要求，砖强度达到规定等级，砂采用中砂、粗砂，采用设计规定的标号并保证具有良好的流动性、保水性、拌和均匀性。

B. 砌筑前应将砖用水浸透，保证砌筑砖含水量为 10%~15%。砌筑应满铺满挤、上下搭砌，水平缝厚度与竖向缝厚度宜为 10 mm；不得有竖向通缝，必须为上、下错缝，内外搭接。如井身不能一次砌完，在二次接高时，先将原砖面上的泥土杂物清理干净，然后用水清洗砖面并浸透。

C. 砌筑井室，用水冲净基础后，先铺一层砂浆，再压砖砌筑，做到满铺满挤，砖与砖间灰缝保持 1 cm。

D. 壁面处理前必须清除表面污物、浮灰等。

E. 盖板、井盖安装时加 1∶2 防水砂浆坐浆及抹三角灰，井盖顶面要求与路面相平。

F. 混凝土盖板均为底层配筋，盖板在运输时不得倒置。

G. 若支、干管基础落于井室肥槽中时，肥槽须进行处理。其做法：用级配砂石、混凝土或砖填实。

H. 钢筋及混凝土的制作要求，按《混凝土结构工程施工质量验收规范》有关条款执行。

I. 回填土必须在隐蔽工程验收后进行。回填土时，先将盖板坐浆盖好，在井墙和井筒周围同时回填，回填土密度根据路面要求而定，但不应低于 95%。回填土前要清除肥槽内杂物，要严格控制回填土质量，回填时土中不得含碎砖、石块及大于 10 cm 的硬土块。检查井周围回填土要严格分层夯实，确保检查井周围不沉降。

（2）预置装配式钢筋混凝土排水检查井。

①检查井类型及选用条件。

A. 使用时应根据接入管的管径、数量、方向、转角、高程、覆土厚度和有无井室盖板等条件选用井型。

B. 接入圆形检查井和矩形检查井的支管（接户管或连接管）数不宜超过3条。

C. 矩形三通、四通式检查井适用于上游管中心线与下游管中心线分别成90度、180度、270度交角的管道上。

D. 圆形检查井和矩形检查井适用范围，见表6-1和表6-2。

表6-1　圆形检查井井型适用范围表

检查井井径 φ	下游管顶覆土厚度/m	适用管径范围/mm	检查井井径 φ	下游管顶覆土厚度/m	适用管径范围/mm
700	≤1	≤400	1200	≤5	600~700
800	≤1	≤400	1500	≤5	700~800
1000	≤5	≤600			

表6-2　矩形检查井井型适用范围表

检查井尺寸	下游管顶覆土厚度/m	适用管径范围/mm
1360×1360	≤5	700~800
1600×1600	≤5	700~800

②采用材料。

A. 混凝土最低强度等级为C30，抗渗等级为S8，最大水灰比为0.50，最小水泥用量为300kg/m³，最大氯离子含量0.1%，最大碱含量为3.0kg/m³。

B. 钢筋采用HPB235级、HRB335级，钢筋的混凝土保护层厚度一般为井室底板下层筋及盖板下层筋保护层为40mm，其他部位为35mm。

C. 构件吊环所用钢筋采用HPB235级，严禁使用冷加工钢筋。吊环应焊接或绑扎在钢筋骨架上。

D. 井室、井筒采用塑钢或铸铁小踏步。

③预置装配式钢筋混凝土排水检查井施工工艺。

施工程序：铺筑碎石砂垫→井底板、底座吊装→排水干管接入→井室段吊装

→支管插入段安装→收缩口段吊装→现浇混凝土井环→管接口处理→防盗井盖安装。

A. 吊装。装配式检查井由各预制配件组合构成，施工时采用吊机由下至上，逐一吊装各预制配件，混凝土配件的装嵌要严格按照设计要求施工。每段预制井构件设计有4个装配吊环，对称分布在构件外壁四周，吊起时吊角必须大于60度，防止出现过大的水平应力导致构件受损。起吊过程中调节绳索长度保证构件平放，现场由人工配合起重机械进行安装。

B. 管接口处理。检查井每段预制件安装完后，在预制件顶部安装止水胶圈，止水胶圈为2 cm厚的橡胶圆环，安装好后即可进行下段预制件吊装。为保证橡胶圈的止水效果，预制件搭接处的内外空隙部位，要用水泥浆填封。支管口接入时应插进井筒内壁，伸出的管头用铁锤砸掉后用砂浆修整平顺。连接预制构件时，利用机械油封原理由上部井身自重将接口橡胶条压紧即可，可节约施工时间，且能很好地适应现场施工环境，对辅助措施（如抽水、支护等）要求大大降低。

C. 预制井装嵌完毕后，现浇C35井环混凝土，井盖按设计要求放置平稳，与路面的高差由井环高度调节。完工后确保与路面标高保持一致。

④预置装配式钢筋混凝土排水检查井的制作及施工安装注意事项。

A. 预制混凝土检查井与管道接口接触面均应凿毛处理。

B. 接缝做法。检查井与钢筋混凝土管、混凝土管及铸铁管连接时采用1:2水泥砂浆或采用聚氨酯掺合水泥砂浆（掺合量为代替20%~50%的水量），接缝厚度为10~15mm。当采用塑料管等其他管材时，应按其管材要求进行。

C. 填土时，在井室或井筒周围同时回填，回填土密实度根据路面要求而定，但不应低于95%。冻土深度范围内，应回填300 mm宽的非冻胀土。

D. 若支、干管基础落于井室肥槽中时，肥槽须进行处理。其做法：可用混凝土、级配砂石或其他无毛细吸水性能的土料填实，并控制压实密度，压实系数不应低于97%。

E. 检查井底板下铺100 mm厚碎石层。

F. 检查井井筒和圆形检查井井室钢筋采用滚焊机成型，其余绑扎成型，预留孔处钢筋截断并做加强处理。

G. 厂家可利用现有成熟制管工艺制造圆形构件，矩形井及圆形井的构件质量应符合钢筋混凝土管道产品标准。

H. 吊环严格按照图纸所示位置设置，严禁在预留孔位置上方安装起吊环。

（3）混凝土模块式排水检查井。

①检查井类型及选用条件。

A. 圆形井。有 φ4700 mm、φ800 mm、4900 mm、φ1100 mm、φ1300 mm、φ1500 mm 6 种直径的井，分别适用于管径 $D=200\sim800$ mm 的雨污水管道。

B. 矩形井。分为直线井、90 度三通井及 90 度四通井，分别适用于管径 $D=900\sim2000$ mm 的雨水管道和管径 $D=900\sim1500$ mm 的污水管道。

C. 跌水井。有竖管式、竖槽式和阶梯式 3 种形式，适用于污水管上下游跌差不小于 0.5 m 的情况。

②混凝土模块式排水检查井施工工艺。

施工程序：准备工作→混凝土垫层→井室砌筑→流槽→踏步安装→盖板安装→井筒砌筑→抹面勾缝→井圈及井盖安装。

A. 放线。圆形井以两节管预留间距中心为圆心画圆，矩形井以两节管预留间距中心按设计尺寸向四边放线。为防止塌方，放线时要随时跟踪放坡大小，同时根据图纸控制好检查井标高。

B. 砌筑。首层混凝土模块应按设计图纸要求定位，根据检查井尺寸正确地摆放模块。圆形井每层模块数量为 d/100（其中 d 为检查井的直径）。例如，φ1100 圆形检查井采用 1100 弧形块，每层为 11 块。矩形井根据标准块、转角块的尺寸来确定每层砌块摆放数量。当连接入管时，模块可用切割机切割，切割后的连接缝应控制在 10～15 mm，坐浆应密实，凹凸槽口衔接牢固，以便流入砂浆，防止渗漏。

C. 灌芯。混凝土灌芯前应将杂物及落灰清理干净，墙体做必要的支撑加固。分次灌注时，应灌至灌注最上层砌块的 2/3，剩下的 1/3 灌注容量要等下次灌注施工时灌注，混凝土灌芯应分层捣固，但两个灌层灌注间隔时间不得超过下层混凝土的冷凝时间。灌芯最好连续，确保混凝土的连续性和整体黏结性。

D. 勾缝。井壁应进行勾缝，随砌随勾缝，勾缝采用 1：2 防水水泥砂浆，在砌筑检查井时应同时安装预留支管，预留支管的管径、方向、高程应符合设计要求，管道与井壁衔接处应严密。

E. 流槽。流槽与井室同时进行砌筑。流槽表面采用 20 mm 厚的 1：2.5 水泥砂浆抹面，压实抹光，与上下游管道平顺一致，以减少摩阻。

F. 踏步安装。踏步可直接镶嵌于两层砌块之间，用切割机在设计安装位置切割数刀，凿出槽孔，放入踏步，用混凝土包裹严实，同时调整好踏步夹角、平整度、外露长度。踏步安装，应随砌随安，混凝土凝固前不得踩踏步。

G. 安装盖板、井圈、井盖。检查井砌筑或安装至规定高程后，应及时浇筑或安装盖板、井圈，盖好井盖。检查井施工完毕后，应加强养护，混凝土及砂浆未达到设计强度前不得进行回填，如有特殊要求，由设计人员确定回填时间，并提出相应的技术保障措施。

③施工注意事项。

A. 所有砌体均应灌芯，砌体施工质量控制等级为 B 级。

B. 预制和现浇混凝土构件须保证表面半整、光滑。

C. 混凝土模块进入施工现场必须提供产品的合格证，标明生产厂家以及模块的强度等级、型号、批次和生产日期等。

D. 井筒或井室在地面至地面以下 1500 mm 范围内以及寒冷地区地面至冻土线以下 800 mm 范围内应配筋，每孔内配 1Φ12 竖筋，工程量自行计算。

E. 流槽施工前应先将检查井的井基、井墙及模块接触表面洗刷干净。

F. 混凝土盖板均为底层配筋，盖板在运输及堆放时不得倒置。

G. 盖板、井盖安装时加 1：2 防水水泥砂浆坐浆及抹三角灰，井盖顶面标高要求与铺装路面相平，设于非铺装地面时顶面应高出地面 50 mm 或由设计人员确定。

H. 回填土前应先将盖板盖好，井墙与井筒周围回填土需同时进行，回填土压实系数根据路面要求确定，但不应低于 0.95，寒冷地区井壁在冰冻线以上回填时，沿井壁外侧加填 300 mm 宽的非冻胀土并满足路基要求（用于车行道下）。

I. 支、干管基础落于井室肥槽土中，肥槽须进行处理。其做法为：用级配砂石或素混凝土等填实。

J. 圈梁遇管道时断开，圈梁主筋锚入管道包封内 35 d（d 为钢筋直径）。

K. 砌筑前应清理模块表面和孔洞内的杂物及污物，气候炎热干燥时，砌筑前 1~2 h 应将模块喷水湿润。

L. 首层混凝土模块应按设计图纸要求定位。

M. 砌筑时宜采用专用工具施工，确保砂浆饱满，灰浆均匀，井壁应进行勾缝，随砌随勾缝，勾缝采用 1：2 防水水泥砂浆。严禁使用断裂、壁肋上有竖向裂缝的模块砌筑。当砌筑 3~4 层时，应备好模板，紧锢器将模块周边收紧，防止模块移位，同时随砌随复核井室尺寸。

N. 砌筑过程中应注意上下层对孔、错缝，严禁在模块砌体上留设脚手架孔。

O. 灌芯混凝土应符合有关规范及规程的要求，当采用泵送混凝土时，其坍落度为 140~160mm。灌芯时混凝土灌注量应达到计算需用量，质量检查时，用小锤敲击砌体，应无异常、无空洞，必要时应凿开异常声响处的模块，进行灌芯混凝土质量检查。

3. 检查井质量检查与竣工验收

（1）质量检验。

①钢筋工程。

A. 保证项目

a. 钢筋的品种和质量必须符合设计要求和有关标准规定。进口钢筋焊接前必须进行化学成分检验和焊接试验，符合有关规定后方可焊接。检查钢筋出厂质量证明书和试验报告。

b. 钢筋表面应保持清洁。带有颗粒状或片状老锈，经除锈后仍有麻点的钢筋严禁按原规格使用。

c. 钢筋对焊或电焊焊接接头：按规定取试件，其机械性能试验结果必须符合钢筋焊接及验收专门的规定。

B. 基本项目

a. 钢筋绑扎、缺扣、松扣的数量不超过绑扣数的 10%，且不应集中。

b. 弯钩的朝向正确。绑扎接头应符合施工规范的规定，其中搭接长度均不少于规定值。

c. 用 I 级钢筋或冷拔低碳钢丝制作的箍筋，其数量、弯钩角度和平直长度均应符合设计要求和施工规范的规定。

d. 对焊接头无横向裂纹和烧伤，焊包均匀，接头处弯折不大于 4 度，轴线位移不大于 0.1d 且不大于 2mm。电弧焊接头、焊缝表面平整，无凹陷、焊瘤，接头处无裂纹、气孔、夹渣及咬边。接头处不大于 4 度，轴线位移不大于 0.1 d 且不大于 3 mm。焊接厚不大于 0.05 d，宽不小于 0.1 d，长不小于 0.5 d。

C. 允许偏差项目。见表 6-3。

表 6-3　允许偏差项目

项次	项目		允许偏差/mm	检验方法
	骨架的宽度、高度		±5	尺量检查
2	骨架的长度		±10	尺量检查
3	受力钢筋	间距	±10	尺量两端中间各一点取最大值
		排距	±5	
4	箍筋、构造筋间距		±20	尺量连续三挡取其最大值
5	焊接预埋件	中心线位移	5	尺量检查
		水平高差	+3, 0	
6	受力筋保护层		±5	尺量检查

②模板工程。

A. 保证项目。模板及其支架必须具有足够的强度、刚度和稳定性，其支撑部分应有足够的支撑面积，如安装在基土上，基土必须坚实，并有排水措施。对湿陷性黄土，必须有防水措施；对冻胀性土，必须有防冻融措施。

B. 基本项目。模板接缝处应严密，预埋件应安置牢固，缝隙不应超过 1.5mm。模板与混凝土的接触面应清理干净并采取防止黏结措施，黏浆和漏刷隔离剂累计面积应不大于 400 cm²。模板涂刷隔离时应涂刷均匀，不得漏刷或沾污钢筋。

C. 模板工程允许偏差项目。见表 6-4。

表 6-4　模板工程允许偏差项目

项次	项目	允许偏差/mm		检验方法
		单层、多层	多层大模	
1	轴线位移	5	5	尺量检查
2	标高	±5	±5	用水准仪或拉线和尺量检查
3	截面尺寸：柱、梁	+4、−5	±2	尺量检查

续表

项次	项目	允许偏差/mm		检验方法
		单层、多层	多层大模	
4	每层垂直度	3	3	用2m托线板检查
5	相邻两板表面高低差	2	2	用直尺和尺量检查
6	表面平整度	5	2	用2m靠尺和楔形塞尺检查
7	预埋钢板中心线位移	3	3	拉线和尺量检查

③抹灰工程。

A. 保证项目。所用的材料品种、质量必须符合设计要求，各抹灰层之间及抹灰层与基体之间必须黏结牢固，无脱层、空鼓，面层无爆灰和裂缝（风裂除外）等缺陷。

B. 抹灰工程允许偏差项目。见表6-5。

表6-5　抹灰工程允许偏差项目

项次	项目	允许偏差/mm		检验方法
		中级	高级	
1	立面垂直	5	3	用2m托线板检查
2	表面平整	4	2	用2m靠尺及楔形塞尺检查
3	阴阳角垂直	4	2	用2m托线板检查
4	阴阳角方正	4	2	用2m方尺及楔形塞尺检查
5	分格条（缝）平直	3	–	拉5m小线和尺量检查

④回填土工程。

A. 保证项目

a. 基底处理必须符合设计要求或施工规范的规定。

b. 回填的土料必须符合设计要求或施工规范的规定。

c. 回填土必须按规定分层夯压密实。取样测定压实后的干土质量密度，其合格率不应小于90%；不合格的干土质量密度的最低值与设计值的差不应大于0.08g/cm³，且不应集中。环刀取样的方法及数量应符合规定。

B. 回填土工程允许偏差项目

见表6-6。

表6-6　回填土工程允许偏差项目

项次	项目	允许偏差/mm	检验方法
1	顶面标高	0、-50	用水准仪或拉线尺量检查
2	表面平整度	20	用2 m靠尺和楔形塞尺尺量检查

（2）检查井质量验收。

①井壁必须互相垂直，不得有通缝，必须保证灰浆饱满，灰缝平整，抹面压光，不得有空鼓、裂缝等现象。

②井内流槽应平顺，踏步应安装牢固，位置准确，不得有建筑垃圾等杂物。

③井框、井盖必须完整无损，安装平稳，位置正确。

④检查井允许偏差见表6-7。

表6-7　检查井允许偏差

项目		允许偏差/mm	检验频率		检验方法
			范围	点数	
井身尺寸	长、宽	±20	每座	2	用尺量、长宽各计1点
	直径	±20	每座	2	用尺量
井盖高程	非路面	±20	每座	1	用水准仪测量
	路面	与道路的规定一致	每座	1	用水准仪测量
井底高程	D 小于 1000 mm	±10	每座	1	用水准仪测量
	D 大于 1000 mm	±15	每座	1	用水准仪测量

二、雨水口施工

雨水口一般设在交叉路口、路面最低点以及道路路牙边每隔一定距离处，其作用是及时地将路面雨水收集并排入雨水管渠内。雨水口的设置位置，应能保证迅速有效地收集地面雨水。

雨水口按进水箅在街道上的设置位置可分为以下几种。

边沟雨水口，进水箅稍低于边沟底水平放置。

边石雨水口，进水箅嵌入边石垂直放置。

联合式雨水口，在边沟底和边石侧面都安放进水箅。

（一）雨水口的选用原则

1. 雨水口的泄水能力与道路的坡度、雨水口的形式、箅前水深等因素有关。根据对不同形式的雨水口、不同箅数、不同箅形的室内 1∶1 的水工模型的水力实验（道路纵坡 3%~3.5%、横坡 1.5%，箅前水深 40 mm），各类雨水口的设计泄水能力见表 6-8。

表 6-8　各类雨水口设计泄水能力

雨水口形式		泄水能力/（L/s）
平箅雨水口	单箅	20
偏沟式雨水口	双箅	35
立箅式雨水口	多箅	15
联合式雨水口	单箅	30
	双箅	50
	多箅	20

2. 串联雨水口连接管管径的选用，见表 6-9。

表 6-9　串联雨水口连接管管径选用表

串联雨水口数量/个　雨水连接管管径/mm　雨水口形式		1	2	3
联合式雨水口	单箅	200	300	300
	双箅	300	300	400
	多箅	300	300	400

注：此表只适用于同形式雨水口串联，如为不同形式雨水口串联，由计算确定。

（二）采用材料

1. 混凝土预制构件材料

A. 井圈、过梁、盖板。

B. 混凝土：C30。

C. 钢筋：φ-HPB235，φ-HRB335，φ-CPB550。

2. 预制混凝土装配式雨水口预制构件

A. 混凝土墙：C30，S4，F150（根据需要选用）。

B. 底板：C25，S4，F150（根据需要选用）。

C. 钢筋：φ-HPB235，φ-HRB335。

（三）雨水口施工工艺

施工程序：测量放线→挖槽→混凝土基础→墙体砌筑及勾缝→混凝土泛水找坡→过梁安装、井圈及井箅安装。

1. 基槽开挖

人工开挖雨水口基槽，按照所放开挖边线进行开挖。开挖过程中，核对雨水口位置，有误差时以支管为准，平行于路边修正位置。

2. 混凝土基础

在浇筑混凝土基础之前，对槽底仔细夯实，槽底松软时换填 3∶7 的灰土。混凝土浇筑过程中，采用人工振捣，表面用木抹子抹毛面。浇筑完成后，及时进行养护。

3. 井室砌筑及勾缝

A. 雨水口混凝土基础强度达到设计要求后，方可进行雨水口砌筑。根据试验室提供的水泥砂浆配合比，现场搅拌水泥砂浆。

B. 测放雨水墙体的内外边线、角桩，据此进行墙体砌筑。按雨水口墙体位置挂线，先砌筑一层砖，根据长度尺寸核对对角线尺寸，核对方正。墙体砌筑，灰缝上、下错缝，相互搭接。

C. 雨水口砌筑灰缝控制在 8~12mm。灰缝须饱满，随砌随勾缝。每砌筑 300mm 将墙体肥槽及时回填夯实。回填材料采用二灰混合料或低强度等级混凝土。

D. 雨水支管与墙体间砂浆须饱满，管口与墙面齐平。

E. 为确保雨水口与路面顶面的平顺，按照设计高程，在路面上面层施工前，安装完成雨水口井圈及井盖。

F. 道路雨水口顶面高程比该处道路路面高，便于雨水排出。

4. 混凝土返水找坡

雨水口砌筑完成后，底部用混凝土抹出向雨水支管集水的返水坡。

5. 过梁、井圈及井箅安装

A. 雨水口预制过梁安装时要位置准确，顶面高程符合要求；安装牢固、平稳。

B. 预制混凝土井圈安装时，底部铺 20 mm 厚的 1∶3 水泥砂浆，位置要求准确，与雨水口内壁一致，井圈顶与路面平齐或稍低 30 mm，不得突出。

（四）雨水口施工注意事项

1. 雨水口井圈表面高程应比该处道路路面低 30 mm（立箅式雨水口立箅下沿高程应比该处道路路面低 50 mm），并与附近路面接通。当道路无路面结构时（土路），应在雨水口四周浇筑混凝土路面，路面做法按道路标准。当雨水口在绿地里时，可不做路面，只需满足上述高程及范围。

2. 砌体砂浆必须饱满，砌筑不应有竖向通缝。

3. 雨水口管及雨水口连接管的敷设、接口、回填土都应视同雨水管，按有关技术规程施工，管口与井内墙齐平。

4. 联合式雨水口的盖板下应满铺水泥砂浆，并在砂浆未初凝时稳固在砖墙上。

5. 雨水口管坡度不得小于 1%。

6. 砖材料应选用满足耐水性、抗冻性及强度等级要求的烧结普通砖（实心砖）。

7. 当有冻胀影响时，雨水口肥槽回填土要求采用矿渣等非冻结材料；对于预制混凝土装配式雨水口肥槽回填土，要求四周同时进行分层夯实，防止预制构件错位。

8. 雨水口出水管的方向随接入井的方向设置。

9. 预制混凝土装配式雨水口的预制构件应注意在制造、运输、堆放及安装的过程中保持构件的完好性，避免破损。

10. 雨水口算子必须有可靠的措施连接在雨水口井圈（或雨水口井墙）上，以防丢失，具体构造做法由生产厂家确定。

三、化粪池施工

化粪池指的是将生活污水分格沉淀，即对污泥进行厌氧消化的小型处理构筑物。它是处理粪便并加以过滤沉淀的设备，其原理是：固化物在池底分解，上层的水化物体，进入管道流走，防止了管道堵塞，给固化物体（粪便等垃圾）充足的时间水解。

化粪池按照材料、砌筑方式分为砖砌化粪池、钢筋混凝土化粪池、混凝土砌块化粪池、玻璃钢化粪池。

（一）化粪池的选用

1. 化粪池的选用表给出了在不同建筑物、不同用水量标准、不同的清掏周期、粪便污水与生活废水合流及粪便污水单独排入化粪池等情况下，计算的化粪池设计总人数，设计人员可直接按表查出。当表内各项参数与具体工程设计参数不符时，由设计人员另作计算确定。

2. 化粪池分无覆土和有覆土两种情况。$20 \sim 50 \ m^3$ 及沉井式化粪池 $6 \sim 30 \ m^3$ 按无覆土和有覆土两种情况设计；$75 \ m^3$、$100 \ m^3$（单池及双池）均按有覆土设计。

3. 在选用化粪池时，应注意工程地质情况和地下水位的深度。无地下水，指地下水位在池底以下；有地下水，指地下水位在池底以上，最高达设计地面以下 $0.5 \ m$ 处。

4. 化粪池的设置地点距离生活饮用水水池不得小于 $10 \ m$，距离地下取水构筑物不得小于 $30 \ m$，化粪池外壁距离建筑物外墙净距不应小于 $5 \ m$，并不得影响建筑基础。

5. 选用化粪池时，应注意地面是否过汽车，化粪池顶面不过汽车时的活荷载标准值为 $10kN/m^2$，顶面可过汽车时的活荷载为汽车-超 20 级。

6. 井盖。不过汽车时，采用加锁轻型双层井盖及盖座；可过汽车时，采用加锁重型双层井盖及盖座。

7. 化粪池均设置通气管。通气管设置位置：无覆土化粪池可由池顶接出，或由侧壁接出；有覆土化粪池由人孔的井壁接出。设计人员应根据工程的具体情况将通气管与室内排水管的通气管相连，或设置于不影响交通安全和环保的草坪上，并在管口加盖管罩。通气管也可以引至高空（距设计地面以上 2.5 m）排放，但必须符合建筑给水排水设计规范的要求，在通气管口周围 4 m 以内有门窗时，通气管应高出窗顶 0.6 m，或引向无门窗的一侧。

8. 无覆土化粪池考虑到小区绿化的需要，或道路广场铺砌的需要，可在池顶上留有 200 mm 的覆土，井盖与地面平。在有铺砌地面处，井盖可适当降低至铺砌地面砖下，但井盖上的铺砌地面砖必须在需要打开井盖时可以开启。

9. 化粪池进、出水管有 3 个方向由设计人员任选，进出水管必须设置三通导流管。导流管管材：当 DN 小于或等于 200 mm 时，选用预制排水铸铁管；当 DN 大于 200 mm 时，宜用给水铸铁管。

10. 在寒冷地区，当地采暖计算温度小于 $-10℃$ 时，必须采用有覆土化粪池，在最冷月平均气温低于 $-13℃$ 的地区，设计人员在考虑化粪池的设置深度时，化粪池的水面应设置在该地区的冰冻线以下为宜。

（二）采用材料

1. 钢筋混凝土化粪池。池壁、底板及盖板的混凝土强度等级采用 C25 或 C30，垫层采用 C10。当环境类别为二类 b 时，混凝土强度等级最低用 C30。

砖砌化粪池。池壁：砖采用 MU10 级烧结黏土砖，烧结粉煤灰砖，烧结页岩砖，烧结煤矸石砖（均为实心砖），或等强度代用砖。砂浆采用 M10 级水泥砂浆。当采用其他代用砖，应保证砌体强度不降低。

2. 钢筋。HPB235 级、HRB335 级；焊条 E43、E50。

3. 抹面。池顶盖及井筒内外均用防水砂浆（1：2 水泥砂浆内掺水泥重量的 5% 的防水剂）抹面，厚 20mm。

4. 混凝土的密实性应满足抗渗要求，抗渗等级为 S6。

5. 当地下水具有硫酸盐侵蚀性时，要求用火山灰水泥或矿渣硅酸盐水泥。

6. 混凝土可根据需要适当采用外加剂，但不得采用氯盐防冻、早强掺合料。采用外加剂时应符合现行国家标准。

（三）钢筋混凝土化粪池施工工艺及施工注意事项

施工流程：化粪池基坑土方开挖→基坑土体护坡加固→基坑降水→基坑底部清槽→铺垫层下卵石或碎石层→混凝土垫层→砌筑池壁支模、绑筋、浇筑混凝土→化粪池顶盖及圈梁支模、绑筋、浇筑混凝土→化粪池顶盖预制板制作→化粪池顶盖拆模→化粪池内壁、外壁抹防水砂浆，化粪池外壁涂热沥青→化粪池 24 h 灌水试验→土方回填→化粪池预制顶盖安装。

1. 混凝土构件必须保证构件平整光滑，无蜂窝麻面，制作尺寸误差不大于 3mm。

2. 壁面处理前，必须清除表面污物灰尘等。

3. 现浇盖板与各个盖板之间的缝隙用 1∶2 水泥砂浆填实，预制盖板的支承长度为 90mm。

4. 现浇盖板在浇筑混凝土时，随打随抹光。

5. 所有外露铁件均涂防锈漆两道。

6. 各个型号的化粪池底板均为双层钢筋，要求施工时在上下层钢筋之间加马凳，用 φ10 钢筋，间距@ 600，梅花形布置，所需材料另计。

7. 池壁双层钢筋间需加拉接筋，用 φ10 钢筋，间距@ 600，梅花形布置，所需用料另计。

8. 受拉钢筋位于同一连接区段内的搭接钢筋面积百分率为 25%，其绑扎搭接长度为 1.2，且不小于 300mm。

9. 在化粪池满水试验后，安装混凝土盖板，然后在其周围进行回填土，要求对称均匀回填，分层夯实。

10. 在寒冷地区，化粪池在冰冻线以上回填土时，沿池外壁加填 300 mm 厚的松散的砂土或煤渣，防止池壁因土壤冰冻膨胀挤压而开裂。

11. 在有地下水或雨季施工时，要做好排水措施，防止基坑内集水及边坡坍塌。

12. 管道穿井（池）壁及盖板处防水做法：要预埋防水套管。

13. 进出水管、通气管的材料、管径由设计人员选定。

14. 井口施工时必须根据到货的井盖及盖座尺寸与土建密切配合施工，以确保施工质量。

第五节　管道工程质量检验与排水沟槽回填

一、管道工程质量检验

安装管道之后，进行沟槽回填之前，要对工程质量进行检验，检验合格后才能进行回填。检验主要通过严密性试验进行。

（一）给水管道严密性试验

给水管道（一般为压力管道）的严密性试验通常为水压试验。当管道工作压力大于或等于 0.1 MPa 时，须进行水压试验。水压试验要按照"试验准备→预实验→主试验"的顺序进行。

1. 试验准备

试验准备工作主要包括设置试压装置、充水浸泡管道和确定试验压力等。

设置试压装置：试压装置主要包括管道进水管、进水阀、加压泵、压力表、放水阀、排气阀、堵板和后背等。试验管段不得采用闸阀做堵板，不得含有消火栓、安全阀、水锤消除器、自动排气阀等附件。

充水浸泡管道：将试验管段充满水，在不大于工作压力的条件下充分浸泡管道。

2. 预试验

将管道内水压缓缓地升至试验压力，并稳压 30 min，期间压力如有下降，可注水补压，但不得高于试验压力。升压及稳压过程中应检查管道接口、配件处有无漏水、损坏现象，如有漏水、损坏现象时应及时停止试压，待查明原因并采取相应措施后再重新试压。

3. 主试验

在主试验中，水压试验合格的判定依据有压力降值和渗水量两种，具体选择哪一种应根据设计要求确定。若无设计要求，应根据工程实际情况，选择其中一种或同时采用两种作为最终判定依据。

（1）测定压力降值判断

停止注水补压，稳压 15 min；15 min 后，压力下降不超过允许压力降值时，将试验压力降至工作压力并稳压 30 min，进行外观检查，若无漏水现象，则水压试验合格。

（2）测定渗水量判断

当水压升至试验压力后开始计时，每当压力下降，应及时向管道内补水，但压力下降不得大于 0.03 MPa，稳压一段时间（不得小于 2 h），并统计稳压时间内补入管道内的水量，再通过公式计算实测渗水量，计算公式为：

$$q = \frac{W}{TL} \times 1000$$

式中：q——实测渗水量 [L/（min·km）]；

W——稳压时间内补入管道的水量（L）；

T——从开始计时到稳压结束的时间（min）；

L——试验管段长度（m）。

（二）排水管道严密性试验

排水管道（一般为无压管道）的严密性试验包括闭水试验和闭气试验等，较为常用的是闭水试验，闭气试验常在水源缺失的情况下使用。这里我们主要介绍闭水试验。

闭水试验包括三个过程：充水浸泡、记录渗水情况、计算实测渗水量并判断工程是否合格。

1. 充水浸泡

将试验管段的两端管口封堵，再向试验管段内充水，充水时注意排气。试验管段灌满水后浸泡时间不少于 24 h。浸泡结束后，应确认砖堵、管身、接口没有渗漏。

2. 记录渗水情况

将闭水水位提升至试验水头水位，观测管道的渗水量。观测过程中，应不断向试验管段内补水，保持标准水头恒定，渗水量的观测时间不小于 30 min。观测渗水量的同时应进行管道外观检查，不得出现漏水现象。

3. 计算实测渗水量并判断工程是否合格

实测渗水量的计算公式为：

$$q = \frac{W}{TL}$$

式中：q——实测渗水量［L／（min·m）］；

$\quad\quad W$——补水量（L）；

$\quad\quad T$——渗水量观测时间（min）；

$\quad\quad L$——试验管段长度（m）。

当管道内径大于排水管道（无压管道）闭水试验允许渗水量的值时，允许渗水量应按下式计算，实测渗水量应小于或等于计算出的允许渗水量。

$$q = 1.25 \sqrt{D_i}$$

式中：q——允许渗水量［m³／（24h·km）］；

$\quad\quad D_i$——管道内径（mm）。

二、化粪池质量检查与竣工验收

（一）质量检验

钢筋、模板、抹灰、回填土等工程的质量检验与检查井、雨水口相同。

（二）质量验收

1. 主控项目

化粪池的底板强度必须符合设计要求。

检验方法：现场观察和尺量检查，检查混凝土强度报告。

化粪池的底板及进、出水管的标高必须符合设计要求，其允许偏差为±5mm。

检验方法：用水准仪及尺量检查。

2. 一般项目

化粪池的规格、尺寸和位置应正确，砌筑和抹灰符合要求。

检验方法：观察及尺量检查。

盖板选用应正确，标志应明显，标高应符合设计要求。

检验方法：观察、尺量检查。

三、雨水口质量检查与竣工验收

（一）质量检验

钢筋、模板、抹灰、回填土等工程质量检验与检查井相同。

（二）质量验收

1. 位置、尺寸应符合设计条件，平面尺寸误差不超过±10 mm，高程误差不超过±10 mm；混凝土井圈加工尺寸误差±2 mm；预制混凝土装配式雨水口所有预制构件尺寸误差不超过±2 mm，对角线尺寸误差不超过±2 mm；铸铁箅子及铸铁井圈尺寸误差不超过±1mm。

2. 位置应符合设计要求，不得歪扭。

3. 雨水支管的管口应与井墙平齐。

4. 雨水口与检查井的连管应直顺、无错口；坡度应符合设计规定；雨水口底座及连管应设在坚实土质上。

5. 雨水口允许偏差，见表6-10。

表 6-10　雨水口允许偏差

项目	允许偏差/mm	检验频率		检验方法
		范围	点数	
井圈与井壁吻合	10	每座	1	用尺量
井口高	0~10	每座	1	与井周路面比
雨水口与路边线平行位置	20	每座	1	用尺量
井内尺寸	0~20	每座	1	用尺量

四、沟槽回填

沟槽回填是管道开槽施工的最后一项工作，具体包括还土、摊平、夯实和检查。

（一）还土

还土就是将符合规定或设计要求的回填土或其他回填材料运入沟槽内的过程。还土时要注意以下几点。

1. 还土前应清除沟槽内的积水和有机杂物等。

2. 还土时一般用沟槽原土，但土中不应含有粒径大于 30 mm 的砖块或坚硬的土块，粒径较小的石子含量也不应超过 10%。

3. 所用的回填土应能保证还土的密实度，不能使用淤泥土、液化桩粉砂、细砂、黏土、有机土等，若原土属于此类土，应予以更换。

4. 还土时不得损伤管道及其接口。

（二）摊平

每还一层土时，都要人工将土摊平，使每层土都接近水平。每层回填土的虚铺厚度应根据所用的压实机具和要求的压实度选取，见表 6-11。

表 6-11 每层回填土的虚铺厚度

压实机具	虚铺厚度/mm
木夯、铁夯	≤200
轻型压实设备	200~250
压路机	200~300
振动压路机	≤400

（三）夯实

回填土的夯实有人工和机械两种方法。人工夯实可以用木夯和铁夯，机械夯实可以使用轻型压实设备（如蛙式夯、内燃打夯机等）以及重型压实设备（如压路机等）。

　　回填土的一部分重量是由管道承受的，若提高管道两侧和管顶的回填土密实度，则可以减少管顶垂直部分回填土的压力，但若管顶以上回填土的密实度太大，夯实过程可能会破坏管道。因此，沟槽回填土对不同部位应有不同的密实度要求，以达到既保护管道安全，又能够承受动、静荷载的目的。

（四）检查

　　每层还土完成，应及时通知质检员取样测试回填土密实度，检验合格后方可进行下一层的还土工作。

　　沟槽回填结束后，开槽施工即基本完成。

参考文献

[1] 肖艳阳. 城市道路与交通规划 [M]. 武汉：武汉大学出版社，2019.

[2] 刘赛花. 道路工程设计软件应用 [M]. 武汉：武汉大学出版社，2019.

[3] 张文勇. 城市景观设计 [M]. 北京：北京理工大学出版社，2019.

[4] 任雪冰. 城市规划与设计 [M]. 北京：中国建材工业出版社，2019.

[5] 阮琳，文才臻，刘兴跃. 华南地区道路绿化设计与施工实践 [M]. 广州：华南理工大学出版社，2019.

[6] 陈罡. 城市环境设计与数字城市建设 [M]. 南昌：江西美术出版社，2019.

[7] 关宏图，朱晶，赖琰. 城市道路交通系统可持续发展规划设计 [M]. 北京：北京工业大学出版社，2020.

[8] 廖明军，张永强，李丹丹. 道路勘测设计（第 2 版）[M]. 武汉：武汉大学出版社，2020.

[9] 姚波，王晓. 道路工程 [M]. 南京：东南大学出版社，2020.

[10] 王江萍. 城市景观规划设计 [M]. 武汉：武汉大学出版社，2020.

[11] 徐海博. 滨海市政道路设计实践 [M]. 青岛：中国海洋大学出版社，2021.

[12] 汤明惠，刘名伟，李晓艳. 城市设计与规划管理 [M]. 长春：吉林科学技术出版社，2020.

[13] 朱勋. 城市规划设计分析方法 [M]. 上海：同济大学出版社，2020.

[14] 朱永刚. 城市公交网络设计与优化方法研究 [M]. 长春：吉林大学出版社，2020.

[15] 游克思，陈丰，罗建晖. 城市地下道路交通指引设计理论与实践 [M]. 上

海：同济大学出版社，2021.

[16] 廖明军，孟宪强. 道路勘测设计 ［M］. 北京：机械工业出版社，2021.

[17] 蒋雅君，郭春. 城市地下空间规划与设计 ［M］. 成都：西南交通大学出版社，2021.

[18] 刘斌，于福林. 城市道路设施运行风险防控 ［M］. 上海：同济大学出版社，2021.

[19] 王春红，胥静，张运德. 城市园林规划与设计研究 ［M］. 天津：天津科学技术出版社，2021.

[20] 过震文. 城市固废路用材料资源化 ［M］. 上海：上海科学技术出版社，2021.

[21] 张义海. 公路勘测设计 ［M］. 北京：北京理工大学出版社，2021.

[22] 张恒基，朱学文，赵国叶. 园林绿化规划与设计研究 ［M］. 长春：吉林人民出版社，2021.

[23] 杨进，邵知宇，龚华凤. 山地城市宽容性道路设计 ［M］. 重庆：重庆大学出版社，2022.

[24] 马新，王晓晓，任卿，夏海鸥，张诚. 城市道路景观设计 ［M］. 重庆：重庆大学出版社，2022.

[25] 周建国，宋广骞，杨海燕. 城市道路建设与管理 ［M］. 长春：吉林科学技术出版社，2022.

[26] 袁胜强. 城市快速路规划设计理论与实践 ［M］. 上海：同济大学出版社，2022.

[27] 林涛. 山地城市土地利用与交通一体化规划设计 ［M］. 重庆：重庆大学出版社，2022.

［28］邢岩，刘伟东，刘阳，范姗姗. 城市道路交叉口交通信号优化方法［M］.

长春：吉林出版集团股份有限公司，2022.

［29］周玲，许雯，高晨珂. 道路工程［M］. 西安：西安交通大学出版社，2022.

［30］马潇潇. 城市滨水绿道景观设计［M］. 南京：江苏凤凰科学技术出版

社，2022.